普通高等学校公共体育新形态教材

大学体育

（第二版）

耿道熙　闵凡亭　秦志华　赵　健　主　编

高等教育出版社·北京

内容简介

本教材是在第一版教材的基础上，深入贯彻落实党的二十大精神、全国教育大会精神，紧密围绕教育部颁布的《全国普通高等学校体育课程教学指导纲要》《高等学校体育工作基本标准》等文件，融入了习近平总书记关于新时代体育发展的重要讲话精神本着“健康第一”的原则编写而成的，具有实用性、时代性和包容性等特点。本书分为基础理论和实用运动技能两篇，共 17 章，主要内容包括：体育与健康概述、体育锻炼的基本知识、特殊群体的体育锻炼与保健、大学生体质健康的测量与评价、田径运动、篮球运动、排球运动、足球运动、乒乓球运动、羽毛球运动、网球运动、武术、跆拳道、体操、游泳、风筝、传统养生理论与方法。本教材链接了大量二维码资源，便于学生自学自练。

本书既可作为普通高等学校公共体育教材，又可作为体育锻炼者的参考用书。

图书在版编目（CIP）数据

大学体育 / 耿道熙等主编. -- 2 版. -- 北京 ：高等教育出版社，2021. 9 (2024.8重印)
ISBN 978-7-04-056796-0

Ⅰ. ①大… Ⅱ. ①耿… Ⅲ. ①体育-高等学校-教材 Ⅳ. ①G807. 4

中国版本图书馆 CIP 数据核字(2021)第 170794 号

Daxue Tiyu

策划编辑　王　曼　　责任编辑　王　曼　　封面设计　张　楠　　版式设计　马　云
责任校对　吕红颖　　责任印制　高　峰

出版发行	高等教育出版社	网　　址	http://www.hep.edu.cn
社　　址	北京市西城区德外大街 4 号		http://www.hep.com.cn
邮政编码	100120	网上订购	http://www.hepmall.com.cn
印　　刷	北京市艺辉印刷有限公司		http://www.hepmall.com
开　　本	787 mm×1092 mm　1/16		http://www.hepmall.cn
印　　张	15. 5	版　　次	2017 年 8 月第 1 版
字　　数	370 千字		2021 年 9 月第 2 版
购书热线	010-58581118	印　　次	2024 年 8 月第 4 次印刷
咨询电话	400-810-0598	定　　价	32. 00 元

本书如有缺页、倒页、脱页等质量问题，请到所购图书销售部门联系调换

物 料 号　56796-A0

编写组成员

主　编：耿道熙　闵凡亭　秦志华　赵　健

参　编（以姓氏笔画为序）：

马　英　王　龙　王加银　刘子瑜　刘寿元

闫　英　辛宗信　张秀丽　张国梅　张钦福

张　涛　陈东伟　陈全林　陈晓利　赵文东

赵伏生　姜鲁川　宫乐贞　琚玉梅　管培国

前　言

大学体育是高等教育的重要组成部分，是培养德智体美劳全面发展的社会主义建设者和接班人的重要途径。党的二十大指出，要“加强青少年体育工作”。2018 年 9 月，习近平在全国教育大会上指出：“要树立健康第一的教育理念，开齐开足体育课，帮助学生在体育锻炼中享受乐趣、增强体质、健全人格、锤炼意志。”为贯彻落实《“健康中国 2030”规划纲要》《关于全面加强和改进新时代学校体育工作的意见》《全国普通高等学校体育课程教学指导纲要》《国家学生体质健康标准（2014 年修订）》等文件精神，我们在上一版教材的基础上，认真总结当前大学体育教学的经验并结合学生学习需求编写了本教材。

本书在内容的选择上充分考虑到了大学生的可接受性，注重教材内容的科学性、系统性、包容性和可读性。本书有以下两个比较鲜明的特点：

一是实用性强。本着“健康第一”的指导思想，结合大学生的实际需求，围绕“实用至上”的原则选择教材内容，将教材分为基础理论和实用运动技能两篇，既有基本的体育理论和健康教育的知识，又有运动技能的内容。其中，基础理论篇包含体育与健康概述、体育锻炼的基本知识、特殊群体的体育锻炼与保健、大学生体质健康的测量与评价内容；实用运动技能篇包含田径运动、球类运动、武术、体操、游泳、风筝和传统养生等内容。

二是时代特征明显。主要表现在以下三个方面：① 对传统运动项目进行了适当的改编，如尽可能地淡化项目的竞技性，使其更加便于掌握并增加其健身的实效性；② 增加了健康教育的内容，使体育与健康更加紧密地结合在一起，更加突出“健康第一”的指导思想，更有利于培养学生的“终身体育”意识，使其养成良好的体育锻炼习惯和健康的生活方式；③ 增加了二维码链接，使动作技能学习更直观、更形象、更生动。

全书由耿道熙、赵健、闵凡亭、秦志华、张涛、王加银等编写。本教材在编写过程中参阅和引用了一些国内体育界同行的研究成果，在此，向所有被参阅和引用文献的原作者致以由衷的感谢。

由于编者水平有限，书中不妥之处在所难免，衷心希望广大师生和专家学者提出宝贵意见，以便再版时及时修正，使之更加完善。

编者

2021 年 7 月

目　　录

基础理论篇

实用运动技能篇

大学体育

基础理论篇

第一章 体育与健康概述

第一节 体育的起源

一、体育的起源

关于体育的起源问题，传统的观点认为“劳动是体育产生的唯一源泉”。但随着体育科学研究的深入和各学科间的互相渗透，体育学术界的视野和思路更加开阔，人们对“劳动产生体育说”也展开了多层次、多方面的补充与论述。概括起来主要有以下几种：

（1）起源于生活和劳动。人类为了满足生存与劳动需要，有意识地锻炼某些跑、跳、投掷的技能，提高自己在技术、速度、耐力等多方面的能力，从而逐步形成了体育（图 1-1-1）。

图 1-1-1　源于生活和劳动的体育

（2）起源于军事。人类为了在军事冲突中获胜而进行骑马、射箭、摔跤、格斗等训练，从而形成了体育。

（3）起源于宗教。原始宗教包含许多的祭祀、竞赛等活动，这是后世体育发展的先河。

（4）起源于游戏。人们利用余暇时间从事休闲娱乐游戏活动，以发展自身体质与技能，逐渐形成了体育。

总之，体育是人类社会一种特有的文化现象，它是和人类社会的产生与发展相适应的，其起源应是多因素综合的结果。

二、体育一词的来源

“体育”一词最早出现在 18 世纪 60 年代的法国。1760 年，在法国报刊上论述儿童身体教育问题时，首先使用了“体育”（éducation physique）一词。1762 年，著名的法国启蒙思想家卢梭，在其所著《爱弥儿》中也使用了“体育”（E. P）这个词来描述对爱弥儿的身体教育过程。由于这本书激烈地批判了当时的教会教育，因而在世界上引起了很大反响。后来，英国也广泛使用了卢梭所用的“体育”一词。由此，“体育”一词在世界各国逐渐流传开来。

“体育”一词在我国的使用有一个演变过程。在古代，我国使用“养生”“导引”“武术”

等名词。1894 年前后，德国和瑞典的体操开始传入我国，当时我国就采用“体操”这个术语来表示广义体育的含义。1904 年清朝政府批准执行的《奏定学堂章程》，明文规定各级各类学校要开设“体操科”（体育课）。但在 1902 年，我国一些在日本的留学生已经从日本引入了“体育”这一术语。1904 年，基督教天津青年会干事饶伯森在京、津各校宣传“西洋体育”时，也运用了“体育”一词。

后来，随着西方文化不断涌入我国，学校体育的内容也由单一的体操向多元化发展，课堂上出现了篮球、田径、足球等，当时称之为“体操科”。后来，许多有识之士提出不能把学校体育课称为体操科，认为必须理清概念。1923 年，《中小学课程纲要》草案把“体操科”改为“体育课”。从此，“体育”一词成了标志学校中身体教育的专门术语。

三、体育的概念

由西方传入的“体育”（physical education）一词，其意是指与维持和发展身体的各种活动有关联的一种教育过程。而近几十年来，随着人类社会的不断进步和体育实践的日益丰富，原指体育教育的“体育”概念已不能涵盖具有相对独立体系的竞技运动和身体锻炼。《中国大百科全书·体育卷》把体育的概念分为广义的体育和狭义的体育。

（一）广义的体育（亦称体育运动）

广义的体育指以身体练习为基本手段，以增强人的体质，促进人的全面发展，提高运动技术水平，在一定历史条件下改善社会文化生活和促进社会精神文明为目的的有意识、有组织的社会活动。它属于社会文化教育的范畴，受一定社会政治、经济的影响和制约，也为一定的社会政治和经济服务。

（二）狭义的体育（亦称体育教育）

狭义的体育是指以促进人的身体发展，增强人的体质，传授身体锻炼的知识、技能，培养道德品质和心理意志的教育过程。它是学校教育的重要组成部分，是培养全面发展人才的一个重要方面。

第二节　健康与健康教育

一、健康的定义

健康是一个充满时代特色的概念。随着人类社会政治、经济、文化和科学技术的发展，人们对健康的认识和理解也在不断深化。1948 年，世界卫生组织（WHO）成立时，在其宪章中将健康定义为“健康不仅仅是没有疾病或虚弱，而是身体、心理和社会适应的完好状态”。从而使对健康的界定不仅基于医学和生物学的范畴，而且扩大到心理学和社会学领域。由此可见，一个人只有在身体和心理上保持健康的状态，并具有良好的社会适应能力，才算得上真正的健康。1989 年，世界卫生组织对健康的定义又做了补充，认为“健康不仅是没有疾病，而是包括躯体健康、心理健康、社会适应良好和道德健康。”美国学者奥林斯提出了一种三维健康模式，强调从生物、心理和社会三方面来评价人的生命状态，每个方面均包括健康和疾病两极，由此得出关于人的健康状况的三维表象。根据这种表象所确定的方案，可以大致区分出普通人的 8 种健康模式（表 1-2-1）。

表 1-2-1　8 种健康模式

类型	标志	身体方面	心理方面	社会方面
1	正常健康	健康	健康	健康
2	悲观	健康	不健康	健康
3	社会方面不健康	健康	健康	不健康
4	患疑难病症	健康	不健康	不健康
5	身体不健康	不健康	健康	健康
6	长期受疾病折磨	不健康	不健康	健康
7	乐观	不健康	健康	健康
8	严重疾病	不健康	不健康	不健康

二、健康的标准

早在 1978 年，世界卫生组织就提出了健康的 10 条标准：① 充沛的精力，能从容不迫地担负日常生活和繁重工作而不感到过分紧张和疲劳；② 处事乐观，态度积极，乐于承担责任，事无大小，不挑剔；③ 善于休息，睡眠好；④ 应变能力强，能适应外界环境中的各种变化；⑤ 能够抵御一般感冒和传染病；⑥ 体重适当，身材匀称，站立时头、肩位置协调；⑦ 眼睛明亮，反应敏捷，眼睑不发炎；⑧ 牙齿清洁，无龋齿，不疼痛，牙龈颜色正常，无出血现象；⑨ 头发有光泽，无头屑；⑩ 肌肉丰满，皮肤有弹性。

然而，据有关研究报道，按上述 10 条健康标准评价，只有少数人能达到健康标准，大多数人是介于健康与疾病之间的一种状态，这种状态即亚健康。所谓亚健康是指无明确疾病，但却表现出在一定时间内精神活力下降和适应能力减退。这可表现为身体和心理上的不足，如疲乏无力、精神不振、焦虑、头痛、失眠、食欲减退等，但经现代仪器检测或临床医师的诊断均未达到疾病的标准。在这种状态下，人的机能、免疫功能有所下降，容易患病。

三、影响健康的因素

人体的健康受多种因素的影响，这些因素互相渗透、互相制约、互相作用。这些因素归纳起来主要有两个方面，即先天因素和后天因素。

（一）先天因素

影响人体健康的先天因素是遗传。遗传是指自然界多种生物通过一定的生殖方式，将遗传物质从上一代传给下一代的一种生物现象。人类遗传学告诉我们，人体细胞内含有的染色体 DNA（脱氧核糖核酸）是遗传物质的基础，有遗传意义的 DNA 称为基因。人体的遗传正是这些遗传基因不断地向后代传递的结果。目前，已经发现 5 000 多种遗传病。但随着科学技术的发展，各基因功能的明确，部分遗传病已经可以治愈。

（二）后天因素

（1）行为和生活方式。生活方式是指人们的衣、食、住、行，以及工作、生活、娱乐、社交等活动方式。生活方式对健康影响很大，具有潜在性、累积性和广泛性的特点。良好的生活方式是人体健康与延年益寿的保证；不良的生活方式会导致各种疾病，严重损害人体的健康与缩短寿命。如经常暴饮暴食、营养不合理，容易造成营养过度而导致肥胖，使血液中胆固醇含量过高，诱发心脑血管疾病和糖尿病；若经常饮浓茶、抽烟、酗酒，甚至吸毒，会严重损害神经系统的正常功能；若陶醉于色情场所或打牌赌博寻求“刺激”，会损害人的身心健康；若养成纵欲行为，甚至嫖娼、卖淫，易染上各种性病，并败坏人格和社会精神文明。据世界卫生组织的统计，在全球人类死因中，不良生活方式所引起的疾病占60%，其中，发达国家高达70%~80%，发展中国家也达到50%~60%。另有研究指出，在美国，前10位疾病死亡原因中，不良行为和生活方式在致病因素中占70%；在中国，占44.7%。前世界卫生组织总干事中岛宏曾严肃地告诫人们，发达国家和发展中国家的死亡原因大致相同，而不良的生活方式所致的疾病将成为世界“头号杀手”。

（2）医疗卫生服务。医疗卫生服务是指促进及维护人类健康的各类医疗、卫生活动。它包括医疗机构提供的诊断、治疗服务，也包括卫生保健机构提供的各种预防保健服务。一个国家医疗卫生服务资源的分布及利用将对其人民的健康状况起着重要的作用。

（3）环境。人类的健康状况离不开生存的环境。环境包括自然环境与社会环境，对健康会产生直接或间接的影响。自然环境是指天然形成的水、空气、土壤、阳光等构成的生存系统，它是人类生存的物质基础。良好的自然环境与人体保持着一种平衡关系——生态平衡，对人体健康有促进作用。社会环境是指人类生存及活动范围内的社会物质、精神条件的总和。社会环境对人的形成、发展和进化起着重要作用，同时人类活动也对社会环境产生深刻的影响，人类本身在适应、改造社会环境的过程中也在不断变化。工农业生产的发展或某些人为的因素，也会造成自然环境的污染，从而破坏大自然与人体之间的生态平衡，使人体健康和寿命受到威胁，甚至诱发疾病和死亡。据报道，1949年我国的人均寿命是35岁，2015年是76.3岁。随着经济的发展和科学技术水平的提高，人们工作和劳动的条件不断改善，受教育的面与程度不断扩展，物质文化生活越来越丰富，公共性服务与医疗服务也在不断改革、完善，从而使得人们的健康水平大大提高。

（4）心理因素。人的心理活动对人体健康的影响越来越引起人们的重视。人的心理活动是客观存在的，是人的大脑对社会客观现实的反映。积极的情绪对健康有良好的促进作用，使大脑功能改善，机体免疫功能增强，机体防病和治病能力提高，使人感到精力充沛；而消极的情绪则与疾病的发生和发展有着密切的关系。常常处于闷闷不乐、忧虑、紧张、压抑的精神状态，会导致躯体生命系统整体功能的失调，进而引起各种疾病，损害健康。

四、健康教育

（一）健康教育的概念

健康教育的概念，是与医学模式的演变和对健康概念的界定相关的。在生物医学模式的时代，人们把对健康的追求归结为对疾病的积极诊断和治疗，此时，健康教育仅仅是传播医学卫生知识的手段，被称为“卫生教育”或“卫生宣传工作”。20世纪六七十年代以后，由于世界范围内疾病谱和死亡谱的演变，人们开始认识到人的行为和生活方式与习惯是影响健康的主要原因，纯生物医学模式逐渐被生物—心理—社会医学模式所取代，健康教育成为联结健康知识与健康行为的桥梁。正如世界卫生组织健康教育处前处长慕沃勒非1981年所提出的："健康教育帮助并鼓励人们有达到健康状态的愿望，知道怎样做才能达到这样的目的，促进每个人或集体努力做好本身应做的一切，知道在必要时如何寻求适当的帮助。"

由此可见，健康教育是有计划、有组织、有系统的社会和教育活动，促使人们自愿地改善不良的健康行为和影响健康行为的相关因素，消除或减轻影响健康的危险因素，预防疾病，促进健康和提高生活质量，并对教育效果做出评价的过程。

（二）大学健康教育的内容与目标

在大学开展健康教育，主要是讲授基本的卫生知识，传播有益的科学信息，帮助大学生树立追求健康、珍惜生命、热爱生活的科学观念，并提供形成培养习惯所需的卫生保健、心理卫生、安全防病、性健康、营养卫生、人际关系等方面的知识、技巧和方法。其具体目标如下：

（1）丰富大学生的医疗保健知识，使其进一步了解健康的价值和意义，增强维护健康的责任感和自觉性，提高自我保健和预防疾病的能力。

（2）帮助大学生自觉选择健康的行为和生活方式，消除或减少影响健康的危险因素，从而促进身心健康，改善生活质量。

（3）使大学生认识到不良的行为和生活方式（如吸烟、酗酒、饮食结构不合理、缺少体育运动、生活无规律等）是诱发多种疾病（如高血压、冠心病、恶性肿瘤等）的重要原因。

（4）帮助大学生树立现代的健康观念，使他们意识到现代人的健康不仅是躯体无病、体格健壮，更应有良好的心理素质、社会适应能力和道德健康。

第三节　体育锻炼对健康的作用

一、体育锻炼对生理健康的作用

（1）体育锻炼能够预防骨骼、肌肉、韧带、关节等的损伤和退化，使运动系统功能得到改善。

（2）体育锻炼对心血管的形态结构和机能有着积极的作用。体育锻炼时，心脏的工作量增加，心肌的血液输送过程加强。经常参加锻炼，不但可使心脏收缩力加强，而且还能增加心脏容量，从而使心脏的每搏输出量和每分输出量增加。体育锻炼还可使血红蛋白和红细胞数量增加，使血液的氧容量增加。苏联学者研究证实，长期锻炼可使机体的碱储备增加，因而也增强了血液的缓冲能力，在进行剧烈的肌肉活动时，虽有大量的酸性代谢产物进入血液，但血液也能在较长时间内保持正常，不会因酸性产物过多而对各器官组织造成不良影响。

（3）体育锻炼能提高呼吸系统的机能，主要表现为体育锻炼使呼吸肌发达，收缩能力增强，最大通气量变大，肺活量增大，呼吸加强。一般成年人肺活量为2 500~4 000毫升，而经常锻炼者的肺活量为4 500~6 500毫升。此外，长期坚持锻炼使人的缺氧耐受力增强，对氧的吸收利用率增高，机体调节呼吸节奏的能力增强。

（4）体育锻炼对消化器官机能有良好的促进作用，它能使胃肠的蠕动加强，消化液的分泌增多，从而增强机体消化和吸收的能力，增加食欲。但饭后立即进行比较剧烈的运动或在比较剧烈的运动后立即进食，对消化系统有不良的影响。

（5）体育锻炼可以改善和提高中枢神经系统的工作能力，增强机体适应变化的能力和工作的能力。经常参加体育锻炼的人与很少参加体育锻炼的人相比，具有灵活性高、反应速度快、反应时间短的特点。

表 1-3-1 列出了不参加体育锻炼者与经常参加体育锻炼者的生理指标的对比状况，从表中可以看出，经常参加体育锻炼者各器官系统的功能明显优于不参加体育锻炼者。

表 1-3-1　不参加体育锻炼者与经常参加体育锻炼者生理指标对比

生理系统	人群	
	不参加体育锻炼者	经常参加体育锻炼者
神经系统	灵活性低、反应速度慢、反应时间长	灵活性高、反应速度快、反应时间短
运动系统	肌肉重量占体重的 35%～40% 股骨的承受力约 300 千克	肌肉重量占体重的 50% 股骨的承受力约 350 千克
血液循环系统	心脏重量约为 300 克 心脏容积为 600～700 立方厘米 心脏容量为 765～785 毫升 心脏横径为 11～12 厘米 每搏输出量为 50～70 毫升 极限运动时每搏输出量为 100～120 毫升	心脏重量为 400～450 克 心容积为 1 000 立方厘米 心容量为 1 015～1 027 毫升 心横径为 13～15 厘米 每搏输出量为 80～100 毫升 极限运动时每搏输出量为 200 毫升
呼吸系统	安静时脉搏为 70～80 次/分 肺活量男子为 3 500 毫升，女子为 2 500 毫升 呼吸频率安静时为 12～18 次/分 呼吸差为 5～8 厘米	安静时脉搏为 50～60 次/分 肺活量男子为 4 000～7 000 毫升， 女子为 3 500 毫升 呼吸频率安静时为 8～12 次/分 呼吸差为 9～16 厘米

二、体育锻炼对心理健康的作用

对于大学生而言，保持积极的情绪状态，正确对待生活中不可避免的困难和挫折，充分发挥自己的潜能，对其一生来说是十分重要的。但如何保持良好的心理健康状态呢？对此，有多种应对措施，如主动参与社会交往，建立良好的人际关系，增进自我了解，正确地评价自我，培养健全的人格等。其中，参加体育活动是调节个体的情绪状态、促进心理健康发展的重要手段之一。体育锻炼对心理健康的作用主要有以下几点：

（一）调节情绪

情绪是人对客观事物是否符合自己需要而产生的态度体验，是心理健康最主要的指标。大学生常因学习的压力、同学之间的竞争、人际关系的复杂，以及对未来前程的担心而持续产生紧张、焦虑、压抑和不安等消极情绪。而体育锻炼可转移个体不愉快的意识、情绪和行为，使人从烦恼和痛苦中解脱出来。

（二）有助于形成和谐的人际关系

现代社会生活节奏的加快使人们越来越趋向封闭的状态，从而产生人与人之间缺乏感情交流、疏远人际关系的现象。体育活动可打破这种封闭状态，让不同职业、年龄、性别、文化素养的人相聚在运动场上，增加互动和互相了解的机会，使平等、友好、和谐的交往成为可能，使人们彼此之间有效地进行情感和信息的交流，相互之间产生默契和交融。研究表明，增加与社会的联系，会给个体带来心理上的益处。美国有一项研究显示，25%的女性和18%的男性认为，与同伴一起练习是坚持体育锻炼的重要原因之一。由此可见，人们可通过体育活动来认识更多的朋友，并且与之和睦相处，友爱互助，这种良好的人际关系令人心情舒畅、精神愉悦。

（三）有助于形成良好的意志品质

意志品质是指一个人的自觉性、果断性、坚韧性和自制力及勇敢顽强和独立自主的精神，是一个人行为特点稳定因素的总和。意志品质需要在克服困难的实践中培养。体育活动本身只有不断克服客观困难（如气候条件的变化、动作的难度或外部障碍等）和主观困难（如胆怯和畏惧心理、疲劳和运动损伤等），才能取得成功。在体育锻炼过程中，需要努力克服主、客观方面的困难，获得意志锻炼的直接经验，这样才能培养自身良好的意志品质。越困难的任务，对个体意志锻炼的作用往往就越大，良好的意志品质对人的活动（尤其是体育活动）效果具有重要的意义。

（四）预防和治疗各种心理疾病

社会竞争的日趋激烈和生活压力的加大可能会使许多人产生悲观、失望和焦虑的情绪，进而导致忧郁、孤独、焦虑等各种心理障碍。一个人参加某个项目运动并坚持锻炼，其生理机能、身体素质将会得到改善，并能掌握和发展一些运动技能和技巧。由此，个体会以自我的反馈方式将成就信息传递至大脑，从而获得自我成就的认知和情感体验，产生愉快、振奋的情绪和幸福感。因此，适宜的体育锻炼能使有心理障碍的个体获得心理满足感，产生积极的成就感，从而增强自信心，摆脱压抑、悲观等消极情绪，并消除心理障碍。体育活动是预防和治疗各种心理疾病的有效手段，这已被心理学研究所证实。体育活动对神经衰弱、忧郁症、恐惧症等多种神经官能症和心身疾病都有治疗作用。心理学者迪什曼曾统计了1 000多名医生的材料，发现体育活动（如慢跑、游泳、骑自行车、力量训练和快走等）对忧郁症的疗效达80%，对焦虑症的疗效达60%，对化学药品依赖者的疗效达43%。

三、体育锻炼对社会适应能力的作用

（一）增进友谊，促进交往

人是社会的人，要适应社会就要处理好各种人际关系。在体育锻炼和各种竞赛中，人与人、队与队之间的交往频繁，不仅增进了友谊，促进了交往，更重要的是提高了人的交际技巧和处理人际关系的能力。

（二）适应环境，与时俱进

环境是人类赖以生存的场所，人们只有适应自己所处的各种环境，才能生存和发展。体育对提高人体适应自然环境和社会环境的能力均有明显的效果。例如，在篮球比赛中，运动员所处的角色和位置是不断转换的。经常参加锻炼，可以提高人们对社会环境和角色转换的适应能力。长期坚持体育锻炼，还可提高人体体温调节能力，使人体更快、更好地适应风雨寒暑等自然环境的变化。

（三）积极向上，奉献社会

当今社会，竞争无处不在，竞争标志着人类社会的进步和发展。体育比赛的鲜明的竞争性特征，决定了处于竞赛的双方运动员都要全身心地投入，需要动员机体发挥最大的机能潜力，并充分发挥技术、战术水平去奋力拼搏，争取胜利。经常参加各种体育比赛，会使人们逐渐形成一种不断进取、勇于拼搏、积极向上的精神，从而以积极的心态去面对生活，迎接挑战，奉献社会。

四、体育锻炼对道德健康的作用

（一）培养勇敢顽强，朝气蓬勃的精神气质

体育在很大程度上是和困难、艰辛、挑战、征服等联系在一起的。在体育运动中，人要向自己挑战，要向他人挑战，要征服自己，要征服他人。这种对自我、对他人的征服和战胜，是一种自我能力的实现，需要有不怕困难、勇敢顽强的意志品质，也需要有诚实、谦虚、冷静的优良作风。

（二）培养遵守纪律，尊重规则的良好道德风范

体育比赛情况千变万化，个人之间、集体之间发生着频繁的互动，这对运动员和裁判员提出了严峻的思想品德方面的考验，因此，必须遵守赛场纪律，遵守比赛规则，尊重裁判员，尊重对方，公平竞赛，提倡人与人之间的友爱。这些规范要求不仅适用于体育活动，同时也是人们应具备的道德品质。

第四节　大学体育概述

大学，是人生的一个重要阶段。大学体育，是学生们走向社会之前接受学校体育的最后一个阶段。在这一阶段，学生要为毕业后走向社会或实现更高的目标奠定坚实的体育基础，养成良好的生活和学习习惯，掌握能受用终身的体育技能，形成稳固的终身体育意识和行为。

一、大学体育理念

（一）树立“健康第一”指导思想

健康是人类生存和发展最基本的条件，也是创造社会物质文明和精神文明的基础。健康一直是人们最关心的基本需要，同时也是一个民族或国家整体素质与社会文明的重要标志。教育是立国之本，是提高整体国民素质的根本所在，学校体育作为教育的重要组成部分，在增进学生身心健康、提高其综合素质方面具有不可替代的作用。随着人类社会的不断向前发展和科学技术的突飞猛进，特别是人类对自身认识的深化，人们对健康有了全新的认识。1978 年，世界卫生组织在其发表的《阿拉木图宣言》中指出：“健康不仅是疾病与体虚的匿迹，而是

身心健康社会幸福的总体状态，是基本人权，达到尽可能高的健康水平是世界范围的一项最重要的社会性目标”。从而将一个生理、心理、社会适应三位一体的现代健康观念呈现给世人。

面向全体学生，全面提高其身心健康水平是学校教育工作的基本内容，是学校体育工作的重心。学校体育应突出“健康第一”的指导思想，强调“体育是手段，健康是目的，体育为健康服务”的意识。

（二）符合素质教育要求

素质教育是当今中国乃至世界教育改革与发展的主流。所谓素质，是在人的先天生理基础上经过后天教育和社会环境的影响，由知识内化而形成的相对稳定的心理品质。对于人才培养来讲，至少有三方面的意义：首先，心理品质不是与生俱来的，它是通过教育和社会环境的影响逐步形成和发展的，即素质是教化的结果，是可以培养、造就和提高的。其次，素质是知识内化和升华的结果，单纯具有知识不等于具备一定的素质，知识只是素质形成或提高的基础。没有知识作基础，素质的养成和提高便不具有必然性和目标性，所以只具有丰富的知识并不等于具有较高的素质。最后，素质是一种相对稳定的心理品质，由于它是知识积淀、内化的结果，因而它具有理性的特征；同时它又是潜在的，是通过外在形态（人的言行）来体现的，所以，素质相对持久地影响和左右着人对待外界和自身的态度。

素质包括思想道德素质、科学文化素质、劳动技能素质和身体心理素质，其核心是学生的创新与实践能力。所谓素质教育就是以提高人才素质作为重要内容和目的的教育。素质教育基本要义有三点：一是面向全体。素质教育是提高整个民族素质的基础，因而必须面向全体学生，使每个学生都具有合格公民应具备的基本素质。这既顺应了未来教育的发展趋势，又是国家对人才培养的必然要求。素质教育不是“英才”教育，它要为每个学生的发展提供公平的条件。二是全面发展。素质教育在教育方针指导下，从学生身心发展的不同特点出发，因地因校制宜，着眼于教育教学全过程与各个环节，运用多种方式着力培养学生学习的主动性和创造精神，促进学生在德、智、体、美、劳等方面发展。三是主动发展。主动发展既是一种个性教育，又是一种创新教育。创新是素质教育的灵魂。素质教育强调人个性心理素质的培养，注重发挥智力潜能，注重形成人的精神力量，提倡“让学生主动发展”，尊重学生的主体地位，调动学生的积极性，全面观察分析每个学生，善于发现和开发学生潜在素质的闪光点，因材施教，给学生创造一个自主的发展空间，使他们的个性得到充分、自由的发展。主动发展，允许学生在发展程度和素质结构上存在差别，这既是对人的尊重，也是知识经济和未来社会对人才素质的又一特殊要求。

（三）奠定终身体育基础

终身体育是指一个人终身进行身体锻炼和接受体育指导及教育的理念。它是伴随着法国教育家保罗·朗格朗提出的终身教育思想而形成和发展起来的。终身教育的含义是教育要贯穿人的一生，以满足人们在不断进步和变化的社会中生存和发展的需要。终身教育影响广泛，意义深刻，已成为当代最重要的教育理念之一。

体育是教育的组成部分，必然要体现终身教育的思想，同时也要遵循人体生长发育的规律和人体的活动规律，符合身体锻炼的要求。人体的活动规律要求身体锻炼必须持之以恒，否则，就不能产生持续的锻炼效果。现代社会的生活方式要求身体锻炼成为人们日常生活的组成部分。同时，身体锻炼需要科学的指导和不断接受新的体育教育，人的生长发育和发展的各个不同时期的身心特点、所从事的工作、职业特点及所处的环境，都要求对终身体育加以科学的指导。终身体育思想把人一生的身体锻炼看成一个整体，把学校体育看成人一生身体发展和锻炼的一个阶段，把学校体育的视角从关注学生的当前扩展到关注学生的未来和终身。终身体育在继续提倡掌握体育和保健的理论知识，提高对体育的认识，掌握必需的体育技能，提高体力，增进健康的前提下，强调发展个性，培养能力，养成锻炼身体的习惯，主张体育生活化，通过交往促进人的社会化，注重人的心理素质和情感的发展。

二、大学体育学习的目标

大学体育学习的目标是大学生通过高等院校体育课程的学习所要达到的水平和标准。体育课程的目标是根据大学生培养目标和规格的基本要求确定的，分为 5 个目标：

（一）运动参与目标

积极参与各种体育活动并基本形成自觉锻炼的习惯，基本形成终身体育的意识，能够编制可行的个人锻炼计划，具有一定的体育文化欣赏能力。

（二）运动技能目标

熟练掌握两项以上健身运动的基本方法和技能；能科学地进行体育锻炼，提高自己的运动能力；掌握常见运动创伤的处置方法。

（三）身体健康目标

能测试和评价体质健康状况，掌握有效提高身体素质、全面发展体能的知识与方法；能合理选择人体需要的健康营养食品；养成良好的行为习惯，形成健康的生活方式；具有健康的体魄。

（四）心理健康目标

根据自己的能力设置体育学习目标；自觉通过体育活动改善心理状态、克服心理障碍，养成积极乐观的生活态度；运用适宜的方法调节自己的情绪；在运动中体验运动的乐趣和成功的感觉。

（五）社会适应目标

表现出良好的体育道德和合作精神；正确处理竞争与合作的关系。

要达到以上目标，大学生在体育学习过程中，应有意识地做到以下几点：

1. 掌握体育和健康的基本知识，提高体育活动的能力

大学生在大学的体育学习中，应注重对体育促进健康知识的学习，掌握体育健身的基本原理，并能运用这些知识和原理指导自身的体育锻炼，学会体育锻炼的评价方法和身心健康的评价方法，把体育视为一种文化加以理解，培养自己的体育素养。还要注重提高自身的体育活动能力。除了要掌握体育和健康的知识外，还要学习一定的运动技术和体育锻炼方法，形成一定的运动技能。要从增强体质的角度去学习运动技术，把运动技术看成增强体质和提高健康水平的手段，把运动技术和体育锻炼方法的学习过程看成增强体质、增进健康、传播体育文化的过程。

2. 养成坚持锻炼身体的习惯，形成健康的行为生活方式

大学生通过体育学习，要培养自己的体育锻炼兴趣和意识，养成坚持体育锻炼的习惯，形

成健康的生活方式，为终身体育奠定基础。

3. 培养自身的道德修养、合作精神和坚强毅力

大学生的体育学习要注重利用体育的教育属性，培养自身的道德修养、合作精神和坚强毅力。道德教育是全面和谐发展教育的重要内容，是教育的灵魂，在全面和谐发展教育中居于核心地位。正如苏联著名教育理论专家和教育实践活动家苏霍姆林斯基所说，和谐全面发展的核心是高尚的道德。道德是照亮全面发展的一切方面的光源，同时又是人的个性的一个个别的、特殊的方面。智育、体育、美育和劳动教育都不能脱离或忽视思想教育和道德品质教育。在道德教育中要突出合作精神的培养，强调“学会关心”，这是继 20 世纪 70 年代初提出“学会生存”之后，教育观念、伦理观念的又一次重大变革。

三、大学体育学习的途径

（一）大学体育课程

大学体育课程是以大学生身体练习为主要手段，通过合理的体育与健康教育和科学的体育锻炼过程，以增强体质、增进健康和提高体育素养为主要目标的公共必修课程，是学校课程体系的重要组成部分，是高等学校体育工作的中心环节。大学体育课程是把身体发展、思想品德教育、文化科学教育、生活与劳动技能教育、心智开发等寓于身体活动并有机结合的教育课程，是实施素质教育和培养全面发展人才的重要途径。《学校体育工作条例》规定，普通中小学校、农业中学、职业中学、中等专业学校各年级和普通高等学校的一、二年级必须开设体育课。普通高等学校对三年级以上学生开设体育选修课。体育课是学生毕业、升学考试科目。

（二）课余体育

课余体育是指学生在课余时间里，运用各种身体练习方法，以发展身体、增强体质、增进健康、提高运动水平和丰富业余生活为目的的体育活动，包括早操、课间操、班级体育活动、课余训练、课余竞赛及校外体育。课余体育是学校体育的重要组成部分，是实现学校体育目标的基本途径之一。课余体育与体育课程相互配合，共同达到学校体育学习的目标。

课余体育的特点：① 灵活性：与“课内”相比，“课余”不拘一格，灵活生动，丰富多彩，形式活泼，讲究实效；② 开放性：与“课内”相比，“课余”不受教学计划的限制，内容和形式更接近生活；③ 综合性：“课内”教学是按学科进行的，而“课余”体育则是以活动为中心进行的，因此，它能为学生提供同时运用多种学科知识、多方面才能的机会；④ 趣味性：学生参加“课余”体育活动时，可根据自己的兴趣、爱好自愿选择，其内容、形式也是学生喜闻乐见的，能引起他们浓厚的兴趣，满足他们的精神需要；⑤ 自主性：与“课内”相比，学生在“课余”体育活动中具有更大的自主性。

课余体育活动能充实大学生的生活，扩大大学生的活动领域，提高大学生与社会的联系，激发大学生的体育兴趣和爱好，发展大学生的体育特长，培养大学生的开拓精神和创造才能，促进大学生个性的发展。

第五节　新时代我国体育发展的相关内容简介

一、习近平总书记关于新时代体育发展的重要论述摘录

党的十八大以来，以习近平同志为核心的党中央站在中华民族伟大复兴的战略高度，对我国体育领域若干重大理论和实践问题发表了重要论述，提出了一系列新思想新观点新论断，深刻阐明了新时代体育强国建设的发展方向、发展思路、措施保障，形成了完整、系统、科学的体育强国建设理论体系。这些重要论述，是习近平新时代中国特色社会主义思想的重要组成部分，是指导新时代我国体育强国建设的根本遵循和行动指南。

习近平总书记多次强调，“体育是提高人民健康水平的重要途径，是满足人民群众对美好生活向往、促进人的全面发展的重要手段”“加快建设体育强国，就要坚持以人民为中心的思想，把人民作为发展体育事业的主体，把满足人民健身需求、促进人的全面发展作为体育工作的出发点和落脚点，落实全民健身国家战略，不断提高人民健康水平”，这些重要论述充分彰显了中国共产党坚持立党为公、执政为民的价值追求，体现了习近平总书记深厚的为民情怀。

2013 年 8 月 31 日，习近平总书记在沈阳会见参加全国群众体育先进单位和先进个人表彰会、全国体育系统先进集体和先进工作者表彰会的代表时强调：全民健身是全体人民增强体魄、健康生活的基础和保障，人民身体健康是全面建成小康社会的重要内涵，是每一个人成长和实现幸福生活的重要基础。我们要广泛开展全民健身运动，促进群众体育和竞技体育全面发展。

2017 年 8 月 27 日，习近平总书记在天津会见全国体育先进单位和先进个人代表等时强调：体育承载着国家强盛、民族振兴的梦想。体育强则中国强，国运兴则体育兴。要把发展体育工作摆上重要日程，精心谋划，狠抓落实，不断开创我国体育事业发展新局面，加快把我国建设成为体育强国。

2020 年 9 月 22 日，习近平总书记在教育文化卫生体育领域专家代表座谈会上发表重要讲话：在谈到体育工作时，他强调，要加快推进体育改革创新步伐，更新体育理念，借鉴国外有益经验，为我国体育事业发展注入新的活力和动力。并指出，体育是提高人民健康水平的重要途径，是满足人民群众对美好生活向往、促进人的全面发展的重要手段，是促进经济社会发展的重要动力，是展示国家文化软实力的重要平台。习近平总书记关于体育“四个重要”的重要论述，为新时代我国体育改革发展指明了方向。这也是党中央站在实现中华民族伟大复兴中国梦的战略高度对新时代体育改革发展提出的新要求。

2021 年 1 月 18 日，习近平总书记在首都体育馆考察时指出：建设体育强国，是全面建设社会主义现代化国家的一个重要目标。体育强国的基础在于群众体育。要通过举办北京冬奥会、冬残奥会，推动我国冰雪运动跨越式发展，补缺项、强弱项，逐步解决竞技体育强、群众体育弱和“夏强冬弱”“冰强雪弱”的问题，推动新时代体育事业高质量发展。

2022 年 4 月 8 日，习近平总书记在北京冬奥会、冬残奥会总结表彰大会上发表重要讲话：我们要坚持以增强人民体质、提高全民族身体素质和生活质量为目标，高度重视并充分发挥体

育在促进人的全面发展中的重要作用，继续推进体育改革创新，加强体育科技研发，完善全民健身体系，增强广大人民群众特别是青少年体育健身意识，增强我国竞技体育的综合实力和国际竞争力，加快建设体育强国步伐。

二、党的二十大报告中关于体育的重要论述

党的二十大报告指出："广泛开展全民健身活动，加强青少年体育工作，促进群众体育和竞技体育全面发展，加快建设体育强国。"这是对我国今后一个时期体育事业发展和体育工作安排提出的总体要求和重要部署，是我国体育战线工作的重要指导方针。

（一）广泛开展全民健身活动

人民是发展体育事业的主体，体育事业发展是为了人民。我们党的体育工作始终坚持以人民为中心，一切为了人民的体质健康，增强人民体质最重要的途径和手段就是广泛开展全民健身运动。党的二十大报告要求"广泛开展全民健身活动"，就是在加快建设体育强国方针指引下，指明体育事业、体育工作的根基所在。

（二）加强青少年体育工作

我国青少年一代的体质健康问题一直备受社会关注。改革开放 40 多年来，人民生活条件有了极大改善，从温饱到小康，再到富裕。但青少年的体质问题依然比较突出，一些指标甚至出现下降，"小胖墩""小眼镜""小绵羊"的现象不仅引起各级政府的重视，也引起包括家庭、学校、企业、媒体等方方面面的广泛关注和极大担忧。要从根本上扭转这种局面，必须痛下决心、补齐短板，全面加强青少年体育工作。针对这种状况，党的二十大报告坚持问题导向，鲜明提出了"加强青少年体育工作"的要求，这是实现体育强国战略目标的关键，也是国家长盛不衰、民族永续兴旺的关键。

（三）促进群众体育和竞技体育全面发展

群众体育和竞技体育是体育强国建设的两个重要基础标志。习近平总书记指出："体育强国的基础在于群众体育。"群众体育的普及程度和整体水平是一个国家国民体质健康的直接体现，是体育强国建设的重要标志。竞技体育是一个国家体育实力和国际地位的体现，是体现体育强国整体建设水平的重要标志。我国要建设体育强国，两者不可偏废，仅有群众体育兴旺不是体育强国，仅有竞技体育辉煌也不是体育强国。必须坚持系统观念，必须全面发展。党的二十大报告指出"促进群众体育和竞技体育全面发展"，深刻阐明了我国建设体育强国的战略目标，就是要全面发展，不仅要发展群众体育、竞技体育，还有体育产业、体育文化等都要发展，才能实现体育强国的战略目标。但基础和重点是群众体育和竞技体育。

三、新版《中华人民共和国体育法》解读

《中华人民共和国体育法》（以下简称《体育法》）由中华人民共和国第十三届全国人民代表大会常务委员会第三十五次会议于 2022 年 6 月 24 日修订通过，自 2023 年 1 月 1 日起施行。

（一）背景解读

党的十八大以来，我国体育事业得到迅速发展，全民健身、竞技体育、青少年体育、体育产业、体育文化和体育对外交往等各领域都取得了长足进步。体育强国和健康中国新征程的开启，对新时代体育事业改革发展提出了更高的要求，体育领域一些新问题新矛盾逐渐凸显，如

体育发展不平衡不充分的问题比较突出，人民群众多元化、多层次的体育需求尚未得到较好满足，各类体育主体的权利义务关系有待法律进一步明确，体育行业监管亟需加强，这些问题都对体育法的修订提出了迫切要求。

经过修订，体育法由原来的 8 章 54 条增至 12 章 122 条，包含总则、全民健身、青少年和学校体育、竞技体育、反兴奋剂、体育组织、体育产业、保障条件、体育仲裁、监督管理、法律责任和附则。

（二）关于全民健身方面

为突出全民健身在体育事业发展中的基础性作用，新修订的《体育法》将原本第二章“社会体育”章名修改为“全民健身”，明确国家实施全民健身战略，构建全民健身公共服务体系，鼓励和支持公民参加健身活动，促进全民健身与全民健康深度融合。为加强对全民健身工作的领导和协调，增加“国家建立全民健身工作协调机制”的规定。为充分发挥社会体育指导员对全民健身活动的指导作用，确立了社会体育指导员制度。针对全民健身场地设施问题，新修订的《体育法》在第八章“保障条件”中，从规划设计、建设配置、开放管理等方面，细化了全民健身保障条件，从制度上解决老百姓“健身去哪儿”的难题。

（三）关于青少年和学校体育方面

为增强青少年健身意识、促进青少年全面发展，新修订的《体育法》将原本第三章“学校体育”章名修改为“青少年和学校体育”，提出“国家实行青少年和学校体育活动促进计划，健全青少年和学校体育工作制度”，将青少年和学校体育置于优先发展的战略地位。为解决体育科目不受重视、体育课时经常被占用等问题，新修订的《体育法》明确要求学校必须开齐开足体育课，保障学生在校期间每天参加不少于一小时体育锻炼。针对青少年体质下降问题，明确体育行政部门应当在传授体育知识技能、组织体育训练、举办体育赛事活动、管理体育场地设施等方面为学校提供指导和帮助，组织、引导青少年参加体育活动，预防和控制青少年近视、肥胖等不良健康状况。为厚植竞技体育后备人才基础，要求体育行政部门配合教育行政部门推进学校运动队和高水平运动队建设。

（四）关于竞技体育方面

新修订的《体育法》从体育竞赛管理、运动员权利保护、职业体育规范与促进等方面修改完善了条款。特别是在运动员权利保护方面，多措并举，全面发力，规定对运动员实行科学、文明的训练，维护运动员身心健康；依法保障运动员接受文化教育的权利；依法保障运动员选择注册与交流的权利；对优秀运动员在就业、升学方面给予优待；加强对退役运动员的职业技能培训和社会保障，为退役运动员就业、创业提供指导和服务。为确保选用公廉，规定代表国家和地方参加国际、国内重大体育赛事的运动员和运动队，应当按照公开、公平、择优的原则选拔和组建。

（五）关于体育产业方面

新修订的《体育法》明确了国家发展体育产业的基本立场和具体措施，在总则中规定“国家支持体育产业发展，完善体育产业体系，规范体育市场秩序，鼓励扩大体育市场供给，拓宽体育产业投融资渠道，促进体育消费”。增加“体育产业”一章，具体规定了体育产业发展规划，工作协调机制，体育产业范围，支持体育用品制造业、体育服务业和职业体育发展，支持地方发展具有区域特色、民族特色的体育产业，建立健全区域体育产业协调互动机制，鼓励社会资本投入体育产业，培养体育产业专业人才，完善体育产业统计体系等内容。

（六）关于弘扬中华体育精神方面

新修订的《体育法》在总则中明确“弘扬中华体育精神”，提出开展和参加体育活动应遵循“诚实守信、尊重科学”等原则，在第四章“竞技体育”中明确“体育赛事实行公平竞争的原则”，在第五章“反兴奋剂”中提出“国家提倡健康文明、公平竞争的体育运动”等。通过《体育法》对“中华体育精神”的规定和在具体条款中的落实，将进一步激发体育人使命在肩、奋斗有我的精神，为社会传递更多正能量，为中华民族伟大复兴提供凝心聚气的强大精神力量。

（七）关于体育组织方面

新修订的《体育法》将“体育社会团体”修改为“体育组织”，明确体育组织依照法律法规和章程开展活动；规定全国性单项体育协会是依法登记的体育社会组织，明确其“制定相应项目技术规范、竞赛规则、团体标准，规范体育赛事活动”等业务范围；界定了体育行政部门与单项体育协会的关系，单项体育协会应当接受体育行政部门的指导和监管，强调单项体育协会的内部治理和行业自律。新修订的《体育法》从单项体育协会实体化改革的实践出发，为体育组织的健康发展提供了法治保障。

（八）关于职业体育方面

新修订的《体育法》在第四章“竞技体育”中规定，国家促进和规范职业体育市场化、职业化发展，提高职业体育赛事能力和竞技水平；在第七章“体育产业”中规定，国家完善职业体育发展体系，拓展职业体育发展渠道，支持运动员、教练员职业化发展，提高职业体育的成熟度和规范化水平；职业体育俱乐部应当健全内部治理机制，完善法人治理结构，充分发挥其市场主体作用。这些规定为我国职业体育发展明确了方向。

（九）关于反兴奋剂方面

新修订的《体育法》增加“反兴奋剂”一章，表明了我国在反兴奋剂问题上的坚定立场和坚决态度。

（十）关于体育仲裁方面

新修订的《体育法》增加“体育仲裁”一章，明确国家建立体育仲裁制度，及时、公正解决体育纠纷。体育仲裁制度的建立，破解了长期以来困扰我国体育纠纷解决的制度障碍，有利于在体育领域中强化法律和规则意识，开辟新的权利救济渠道，及时、公正解决体育纠纷，更好保护当事人合法权益，同时也能在一定程度上避免国内纠纷国际化问题的出现。

（十一）关于监督管理方面

新修订的《体育法》增加“监督管理”一章，规定了体育行政部门和公安、市场监管、应急管理等部门的监督管理职责；明确了体育赛事活动组织者的安全保障义务，以及因突发事件及时中止体育赛事活动的“熔断机制”；明确建立体育项目管理制度，规定新设体育项目由国务院体育行政部门认定；建立完善经营高危险性体育项目、举办高危险性体育赛事活动的行政许可制度；提出地方人民政府应当建立体育执法机制，为体育执法提供必要保障等。

（十二）关于对外体育交往方面

新修订的《体育法》将原总则中“维护国家主权和尊严”修改为“维护国家主权、安全、发展利益和尊严”，并增加“弘扬奥林匹克精神，支持参与国际体育运动”，同时在附则中增加一条规定，“任何国家、地区或者组织在国际体育运动中损害中华人民共和国主权、安全、发展利益和尊严的，中华人民共和国可以根据实际情况采取相应措施”。强调国家鼓励开展对外体育交往，弘扬奥林匹克精神，维护国家主权、安全、发展利益和尊严，推动构建人类命运共同体。

四、新时代体育相关政策文件简介

（一）《“健康中国 2030”规划纲要》

2016 年 8 月 26 日，中共中央政治局召开会议，审议通过《“健康中国 2030”规划纲要》。中共中央总书记习近平主持会议。

会议认为，健康是促进人的全面发展的必然要求，是经济社会发展的基础条件，是民族昌盛和国家富强的重要标志，也是广大人民群众的共同追求。

会议强调，《“健康中国 2030”规划纲要》是今后 15 年推进健康中国建设的行动纲领。要坚持以人民为中心的发展思想，牢固树立和贯彻落实创新、协调、绿色、开放、共享的发展理念，坚持正确的卫生与健康工作方针，坚持健康优先、改革创新、科学发展、公平公正的原则，以提高人民健康水平为核心，以体制机制改革创新为动力，从广泛的健康影响因素入手，以普及健康生活、优化健康服务、完善健康保障、建设健康环境、发展健康产业为重点，把健康融入所有政策，全方位、全周期保障人民健康，大幅提高健康水平，显著改善健康公平。

会议强调，各级党委和政府要增强责任感和紧迫感，把人民健康放在优先发展的战略地位，抓紧研究制定配套政策，坚持问题导向，抓紧补齐短板，不断为实现“两个一百年”奋斗目标、实现中华民族伟大复兴的中国梦打下坚实健康基础。

《“健康中国 2030”规划纲要》旨在推进健康中国建设，提高人民健康水平，由中共中央、国务院于 2016 年 10 月 25 日印发并实施。

（二）《体育强国建设纲要》

2019 年 8 月，国务院办公厅印发《体育强国建设纲要》，进一步明确了体育强国建设的目标、任务、措施，将体育强国战略上升为党和国家的统一意志和奋斗目标。这是党中央站在实现中华民族伟大复兴中国梦的战略高度对新时代体育改革发展提出的新要求。

（三）《中华人民共和国国民经济和社会发展第十四个五年规划和 2035 年远景目标纲要》

2021 年 3 月，《中华人民共和国国民经济和社会发展第十四个五年规划和 2035 年远景目标纲要》正式发布。第四十四章第五节内容为“建设体育强国”。其中提到：广泛开展全民健身运动，增强人民体质。推动健康关口前移，深化体教融合、体卫融合、体旅融合。完善全民健身公共服务体系，推进社会体育场地设施建设和学校场馆开放共享，提高健身步道等便民健身场所覆盖面，因地制宜发展体育公园，支持在不妨碍防洪安全前提下利用河滩地等建设公共体育设施。保障学校体育课和课外锻炼时间，以青少年为重点开展国民体质监测和干预。坚持文化教育和专业训练并重，加强竞技体育后备人才培养，提升重点项目竞技水平，巩固传统项目优势，探索中国特色足球篮球排球发展路径，持续推进冰雪运动发展，发展具有世界影响力的职业体育赛事。扩大体育消费，发展健身休闲、户外运动等体育产业。办好北京冬奥会、冬残奥会及杭州亚运会等。

（四）《“十四五”体育发展规划》

2021 年 10 月，中国国家体育总局印发了《“十四五”体育发展规划》（以下简称《规划》）。《规划》的特点主要有 4 个方面：一是谋划更全面。围绕建设体育强国的奋斗目标，《规划》立足“十四五”体育改革发展实际，对体育领域面临的重大问题进行了全面系统的谋划，既有总体发展思路，又有 12 个领域的具体谋划，涉及体育发展的方方面面，对于未来体育改革发展具有重要指导意义。二是目标更清晰。《规划》瞄准 2035 年实现体育强国远景目标，对未来的发展进行了统筹谋划，提出“十四五”时期要搭建体育强国建设的四梁八柱这个总体要求，并明确了 8 个方面的发展目标，具有很强的针对性。三是改革更具体。虽然改革没有单列成章，但通篇体现了改革创新思想。“十四五”时期体育将以更加开放的姿态，聚焦重点领域和关键环节，坚持开放办体育、开门办体育，深化“放管服”改革，下放审批权限，推动融合发展，充分调动地方政府、市场主体以及社会各界力量投身体育事业，推动体育事业取得新成就。四是措施更有效。《规划》通过项目落地、地方落实和工程实施，增强了《规划》的可操作性，同时对一些重点任务进行更加具体的谋划，任务和责任更加明确，对各级体育部门、事业单位和项目协会的指导性更强。

（五）《关于全面加强和改进新时代学校体育工作的意见》

2020 年 10 月中共中央办公厅、国务院办公厅印发了《关于全面加强和改进新时代学校体育工作的意见》，这是近年来有关学校体育发展的重磅文件，从总体要求、不断深化教学改革、全面改善办学条件、积极完善评价机制、切实加强组织保障 5 个方面，以 17 条实施举措，围绕“以习近平新时代中国特色社会主义思想为指导，全面贯彻党的教育方针，坚持社会主义办学方向，以立德树人为根本，以社会主义核心价值观为引领，以服务学生全面发展、增强综合素质为目标，坚持健康第一的教育理念，推动青少年文化学习和体育锻炼协调发展，帮助学生在体育锻炼中享受乐趣、增强体质、健全人格、锤炼意志，培养德智体美劳全面发展的社会主义建设者和接班人”的指导思想，为新时代学校体育的蓬勃发展注入了新的活力。

思　考　题

1. 体育、健康教育的概念是什么？
2. 如何建立正确的健康观？健康教育的意义为何？
3. 简述体育锻炼对健康有哪些作用。
4. 如何理解“健康第一”的指导思想？
5. 什么是终身体育？
6. 谈谈如何实现体育课程的学习目标。
7. 浅谈对新时代大学体育的认识。

第二章

体育锻炼的基本知识

第一节　体育锻炼的理论基础

每个参加锻炼的人还必须遵循人们在长期从事体育锻炼中总结出的成功经验和原则，这样练习才能达到促进身体的生长发育、改善和提高各器官系统的功能、提高身体素质、增强体质的目的。反之，不按照规律而盲目锻炼，不但收不到良好的锻炼效果，还有可能造成伤病事故，损害健康。

一、体育锻炼的生物学基础

早在战国末期，秦国丞相吕不韦在《吕氏春秋》中就提出了“流水不腐，户枢不蝼，动也”的论点，并认为：“形不动则精不流，精不流则气郁”。不运动就会“气不达、血脉壅塞、百病丛生”。东汉名医华佗也曾提出“人身常摇动，则谷气消，血脉流通，病不生。譬犹户枢不朽是也”的健身防病理论。

（一）体育锻炼的生物进化论机制

关于生物进化论的理论，有达尔文和拉马克两种学派，即“自然选择”和“用进废退”两种进化动力机制的阐述。体育锻炼与人类进化的关系在这两种理论中均可得到合理的解释。例如，肌肉运动对人类的起源和发展都起了重要的作用，经常参加运动的人，肌肉就会坚韧而有力，肌肉的耐力、爆发力都会增强。如果限制肌肉活动就会产生严重的后果，如长期卧床的人肌肉会松弛无力，同时体力和脑力会减退，新陈代谢和血液循环会减慢，胃肠蠕动会减弱，呼吸会变浅，从而加速了衰老的进程。对人类总体而言，体育锻炼为人类身体的去劣留良、发展进化提供了外部条件，使人类能够更好地传宗接代，健康地繁衍。对个体而言，体育锻炼能使个体的运动器官及其他器官功能得到相应的发展、巩固和提高，使人体能有效地适应内部和外界环境的变化。

（二）体育锻炼的生理生化机制

人体的生理生化过程是生命这个耗散结构与外界进行物质、能量和信息三个方面交换的基本运动形式。它是保证生命存在的生物过程。体育锻炼的基本功效在于它是一个消耗体力的过程（即促进体内物质的分解和能量的消耗），由此引起异化作用的加强，破坏人体原有的同化和异化的平衡，致使体质水平的暂时降低。然而，体育锻炼造成人体的这种消耗并不是到此为止，而是对机体产生一种新的刺激，促使和诱导体内同化作用的加强（即同化作用因适应异化作用的加强而加强），致使体内组织细胞内物质的补充、增加和积累，其最终结果是促进体质的增强和健康水平的提高。

二、体育锻炼的心理学基础

（一）身心互动原理

人的感觉、知觉、记忆、判断、思维等心理过程及兴趣、性格、意志等心理特征，都与人们的锻炼行为有密切的关系，它们直接影响着人们参加锻炼的自觉性、积极性和主动性。同时锻炼又可不断提高、改善和调节人们的心理水平，诸如人的智力、意志品质和精神情绪。

研究表明，愉快的情绪能使神经系统和内分泌系统产生有益于健康的物质，促进新陈代谢和胃肠功能，而愤怒时血压容易升高，忧郁时胃肠黏膜苍白、分泌物减少、消化受阻，不良的心理还是癌症的诱因之一。因此，所谓的“怒伤肝、忧伤肺、思伤脾、恐伤肾”等说法不无道理。运动对调解人的情绪有重要的作用。调查发现，凡经常参加体育锻炼的人，都感到神采奕奕，情绪昂扬。这是因为适宜的体育活动可刺激脑垂体产生内啡肽。内啡肽是一种吗啡类激素，不但有镇痛作用，还可以改善人体中枢神经系统的调节功能。持续进行 20 分钟有氧运动，即可刺激垂体产生内啡肽，还可使锻炼者产生一种欣快感，兴奋由此而来。根据这一原理，心理学家建议惊恐症患者进行有氧锻炼，使其过度的情绪反应或心理影响得到宣泄和疏导。关于运动对情绪的调控和影响，我国医学也早有著述。《黄帝内经》就极力倡导“广步于庭，披发缓行”的锻炼方法，意即散发披肩缓步行走，追求的是一种洒脱不羁的放松，一种超然物外的淡泊。

大量研究表明，长期参加体育锻炼能促进心理健康，治疗身心疾病。强壮的身体是健康的基础，而良好的心理是健康的源泉。

周恩来同志曾经指出：“体育运动既是一种物质力量，又是一种精神力量。”美国第 32 任总统富兰克林·罗斯福早年曾患小儿麻痹症，39 岁时一场重病使他双腿瘫痪。面对人生的严酷考验，他选择了长期游泳锻炼。这不仅使他的身体得到了很好的恢复，而且对他意志品质的锻炼也起到了积极的作用。

（二）体育锻炼可有效增强心理健康效应

（1）增强自信心，体验成功感，克服自卑心理。

（2）培养积极向上、不怕艰苦、敢于挑战和顽强拼搏的意志品质。

（3）提高适应能力。体育锻炼可以增强人体的生理功能和抵抗力，进而提高对自然环境的适应能力。此外，也可提高适应社会环境的能力。

（4）对于经常处于激烈竞争中的人，体育锻炼可以有效地消除精神疲劳，使头脑更清醒，反应更敏捷，工作效率更高。

（5）经常参加体育锻炼可以调节单调而枯燥的生活，使生活更加丰富充实，生活质量进一步提高。

（6）增进社会交往能力，改善人际关系。

（7）体育锻炼具有宣泄功能。体育锻炼可以释放内心的压抑，忘却烦恼，同时也可以带来身心的愉悦。

（8）体育锻炼可让人体验到成功的喜悦和失败的沮丧、进步的欣慰和失误的悔恨，这对增强心理承受能力有着积极的作用。

三、体育锻炼应遵循的规律及原理

（一）新陈代谢规律

新陈代谢是生物的基本特征之一。生物体不断地从外界获取生存必需的物质，并使这些物质变成生物体本身的物质，同时把体内产生的废物排出体外，这种新物质代替旧物质的过程称为新陈代谢。在新陈代谢过程中，同化作用意味着体质的增强，异化作用意味着体质的削弱，这二者的矛盾就是体质增强与削弱的矛盾。唯有在相对保持同化作用占优势的情况下，才能达到增强体质的目的。但异化作用对增强体质来说并不完全是消极的，它也有积极的作用。因为同化和异化是相对的，异化作用的加强也会引起同化作用的旺盛。对于人体新陈代谢而言，靠多吃食物的办法并不能引起同化作用的优势，它只是同化作用优势的一种必备条件，只能利用异化作用去诱导出同化作用的优势。

有些人虽有用运动去锻炼身体的经验，但却不知道体内同化作用和异化作用相互诱导的道理。锻炼中，他们不去掌握用异化作用诱导出同化作用优势的条件，不是自觉地去按同化优势法则去控制异化作用，而是凭主观而片面的经验去运动，因此，常常以损身耗力、得不偿失的结果而告终。因此，要想得到好的锻炼效果，就应遵循同化优势法则。根据有机体内同化作用和异化作用相互诱导原理，才可通过体育锻炼获得增强体质的良好效果。

保证同化作用优势必备的条件：一是良好的生理和心理状态，它是保证新陈代谢正常运转不可缺少的条件。例如，一个人有心脏病，不能正常执行输血功能，必然给新陈代谢过程造成障碍；一个人心理状态不佳，狂喜—悲伤，忧伤—恐惧，都会造成神经系统、内分泌系统功能失调而阻碍新陈代谢的正常过程。二是足够的营养供给，营养不良是失去同化优势的条件。因此，为保证同化优势，必须提供能够足以补偿和超量补偿异化过程中消耗的物质。三是控制一定的体力消耗，避免过度疲劳，才能保持同化优势。过度疲劳会大大加强异化作用，导致同化作用失去优势。四是必要的休息，它是保证同化优势的重要条件。没有休息，就没有同化的优势。一个有机体总是处于劳而无逸的状态，就会破坏新陈代谢的全过程而导致身心受损。真正增强体质的过程是在休息中实现的，而运动只是引起同化优势的诱因。

（二）运动负荷最佳价值阈规律

运动负荷是指身体对运动的生理反应量，常采用心率指标。价值阈是指对锻炼有良好作用的一定范围。运动负荷最佳价值阈，就是对锻炼有最佳效果的运动负荷区域性的标准，实质上是一种有氧锻炼理论，即在机体获得氧供应充足的情况下进行锻炼的理论（即认为乏氧锻炼对机体不利）。这种理论认为，人体的锻炼活动应有适宜的负荷强度。这种适宜的负荷强度范围，就是运动负荷的价值阈。制订价值阈标准的依据是每搏输出量的极限值。研究认为，当心率处于每分钟 120~140 次时，每次心室收缩射向动脉的血流量达到最高值，在这种情况下进行运动，身体各器官系统能得到充分的血液供应，代谢状态最佳，增强体质的效果最好。当心率小于每分钟 120 次以下时，心脏功能不能充分发动起来，搏出的血液量较低，锻炼效果较小。而当心率达到每分钟 140 次以上时，机体主要靠加快每搏输出量以提高心排血量，这时运动只能维持较短时间。如果运动时间延长而强度不减，则会出现全身供血不足，造成精疲力竭。

运动负荷价值阈理论为人们用负荷的内部数据控制运动量提供了依据。当人们在一定时间内按某种标准负荷进行锻炼时，由于机体适应能力的逐步提高，运动时心率值会跌落至运动负荷价值阈标准以下，成为阈限下负荷。这时就需要增加运动量，使心率回升到运动负荷价值阈范围内。年老、体弱、生病、中断练习等造成的机能能力下降，也可用运动负荷价值阈理论来调节运动负荷。

运动负荷价值阈理论对于以增强和保持生命活动功能为主要目标的成年体育锻炼者来说是基本适合的。但随着年龄的增加，应因人而异，标准应有所变化。

（三）超量恢复原理

根据运动生理学原理，人体在运动中所消耗的能量物质，在运动后不仅可以恢复到原有水平，而且可以超过原有水平，这就是超量恢复原理（图 2-1-1）。根据超量恢复原理，锻炼过程可分为三个阶段：一是运动时各器官系统工作能力下降阶段；二是运动后工作能力复原阶段；三是工作能力超量恢复阶段。身体锻炼就是沿着“消耗—恢复—超量恢复”链而不断地循环往复，逐步适应，从而达到增强体质的效果。

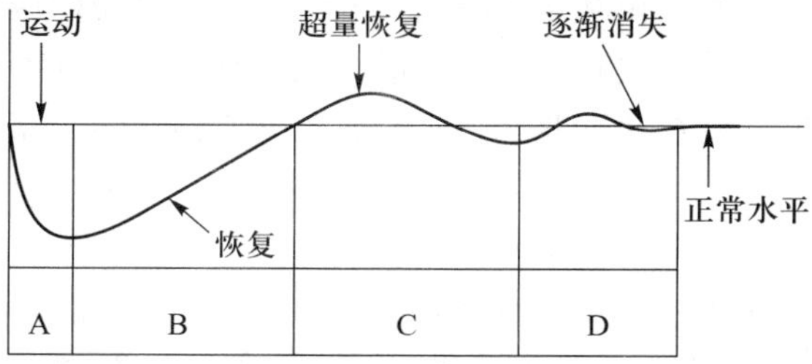

图 2-1-1　超量恢复

为了达到锻炼的效果，必须注意以下两点：一是机体在运动中必须要承受一定的生理负荷，造成一定的疲劳（即加强异化，促进同化），才能达到目的。没有消耗的运动，锻炼效果是不佳的。二是运动后必须有合理的恢复与休息，这是超量恢复的前提条件，过分疲劳对机体的健康是不利的。

（四）负荷强度法则

根据超量恢复原理，机体要在一定的负荷刺激下才能形成一定的反应，引起机体的能量补偿，但这种负荷刺激的大小要遵循负荷强度法则。所谓负荷强度法则，是指在一定的生理限度内，机体的应答性反应大小与刺激大小成正比。也就是说，机体的适应性反应取决于运动负荷的强度（刺激程度）。

在通常情况下，小的负荷会引起机体小的变化，稍大的刺激会引起机体较大的变化，更大的刺激会引起机体更大的反应。而运动刺激过大，机体会出现反应时间延长，甚至不产生超量恢复反应。因此，在合理的生理范围内，负荷越大，超量恢复的效果也越大，适应性变化就越大；负荷变小，则机体引起的适应性变化的效果也小，这就是强度法则的精髓。根据这一法则，在体育锻炼中，一是必须合理安排运动负荷，过小的负荷对机体影响不大；但超过一定的生理限度的负荷，可能会导致应答性反应降低。二是要注意克服“习惯性负荷”对机体的影响。所谓习惯性负荷，是指在一定时间内，不顾及身体已经发生的趋势变化，仍采用在量和强度上与以往相同的负荷方案。随着机体对这种负荷的逐渐“习惯”，机体所接受的负荷刺激就会逐渐减少，所产生的适应性变化也会小，增强体质的效果也就不再明显。习惯性负荷由于具有“习惯性”特点，加之人的心理惰性的影响，在锻炼中经常存在。要克服这种现象对锻炼效果的消极影响，就必须有计划地增加负荷。对机体偏弱者，负荷量可相对大而强度一定要小，以时间（量）求负荷。而对身体强壮、精力较旺盛者，则可考虑强度稍大一些，以力量（强度）求负荷。

（五）身心互制原理

人是自然存在物，又是社会存在物，具有生物性和社会性双重属性。因此，看一个人是否健康，不能仅从身体上有没有疾病和机体功能是否正常来衡量，而应从身心两个方面来衡量。从事体育锻炼，不能只求获得身体的健康和体质的增强，因为健康的身体以良好的精神状态为依托，良好的精神状态又以健康的身体为基础。身体不佳，精神容易沮丧；精神不宁，身体也易受到影响，这就是身心互制原理。

我国传统养生理论十分重视身心互补，即所谓“精、气、神”之说。现代三维体育观（即生物、心理、社会）也强调体育的作用要从生物、心理、社会三个方面加以考察。

从这一原理出发，一方面要强调利用多种途径和方式来增进身体健康，增强体质。除体育活动外，日常劳动、健康生活、休假旅游等都可以成为强身健体的良好手段。另一方面也要发挥体育的多方面功能。也就是说，体育锻炼并不只是着眼于体质的增强，而且谋求身心全面的发展。

四、体育锻炼原则

体育锻炼原则是锻炼过程客观规律的反映，是人类从古至今积累的身体锻炼和养生经验的概括和总结，是人们科学从事体育锻炼所必须遵循的准则。体育锻炼应遵循的原则有：

（一）目的性原则

目的明确才能自觉、自愿、主动、积极地进行身体锻炼，才能专心致志、身心合一。正如毛泽东在《体育之研究》中所指出的那样：“欲图体育之效，非动其主观，促其对体育之自觉不可”。

（二）全面发展原则

全面发展原则是指在身体锻炼过程中，运用多种内容、方法和手段，统筹兼顾，使身体各部位、各器官系统的机能、各种身体素质和活动能力及心理品质都得到全面均衡的发展。

（三）循序渐进原则

循序渐进原则是指锻炼者要按事先制订的锻炼计划由简到繁、由易到难地进行。在动作的规格标准方面，要求从粗到细，从低到高，运动负荷要求由小到大。通过一朝一夕的锻炼使体质获得大的改变的想法是不现实的。

（四）运动负荷适宜原则

运动负荷适宜原则是指在体育锻炼中，恰当合理地安排运动负荷，使之既能满足锻炼者增强体质的需要，又符合身体的实际接受能力。众所周知，要想获得良好的锻炼效果，达到预期的目的，掌握适宜的运动负荷是关键。运动负荷安排是否合理，直接影响锻炼效果。负荷过小，刺激不能引起机体的加能反映，达不到强身健体的作用；负荷过大，机体超载，不但不能增强体质，反而会损害身体。

（五）区别对待原则

在体育锻炼过程中，要根据锻炼者不同的年龄、性别、身体条件、运动基础和职业特点等，合理地选择锻炼内容、手段、方法和安排运动负荷，做到区别对待，因人而异（如每个人在动作中的用力大小、节奏快慢、动作的幅度等都应有所区别）。

（六）动静结合原则

每次进行锻炼时都应遵循从静态到动态，再从动态到静态的生理活动规律。例如，运动前的热身（准备活动），运动后的放松整理活动，以及运动后适宜的休息。

（七）持之以恒原则

锻炼身体应定时而做，按时而休，持之以恒，养成习惯，形成规律。实践证明，只有通过相对固定的时间、一定的强度、周期性地运动刺激心脏和身体肌肉，才能更好地维持和促进机体的功能。

（八）安全原则

在体育锻炼过程中始终要树立“安全第一”的思想。安全因素包括锻炼项目、器材、场所、身体状况等。锻炼时，一定要量力而行，循序渐进，切不可蛮干。

综上所述，体育锻炼应遵循的原则可总结为：运动有目的，活动有规律，锻炼要全面，负荷很关键，个体有差异，渐进是基本，安全意识强，锻炼讲科学。

第二节　体育锻炼的项目、计划与评价

体育锻炼的项目是多种多样的，合理地选择体育锻炼的内容、科学地制订计划，积极有效地评价，对实现身体锻炼的目的有着极其重要的意义。

一、体育锻炼项目的选择

从古至今，人们在实践中不仅总结了全面系统的锻炼理论知识，而且创编了丰富多彩的科学方法与手段。可将其归纳为徒手、利用器材和利用自然力锻炼三大类。徒手锻炼方式有沐浴、吐纳法、五禽戏、八段锦、跪拜术、拳术、走、跑、跳、徒手操、健身舞、按摩、捶打、健身八法和引导养生功等；利用器材的锻炼方式有篮球、排球、乒乓球、羽毛球、单杠、双杠、刀、枪、剑、棍、手杖、毽子、跳绳、扇子、自行车和专门健身练习器械等；利用自然力的锻炼方式有日光浴、空气浴、游泳、爬山和滑雪等。但并不是所有的锻炼方式都适合任何人，在项目的选择上，一要遵循个人的生理、心理特点。二要考虑个人的身体状况。例如，体弱有病的人，其锻炼一般应在医生的指导下进行，另外，运动技术基础和习惯爱好等也应考虑。三是要考虑运动项目本身的活动性质。如有的项目属于伸展和放松类型，可用于消除疲劳；有的项目属于用力类型，可用于增强肌肉力量；在运动负荷上，有的项目运动负荷大，练习完后疲劳显著；有的项目运动负荷小，练习后较为轻松。四是选择运动项目还必须考虑时间、季节等条件。如春秋两季适宜进行大部分锻炼项目，也可进行郊游、登山等野外活动；而夏季应避免一些长时间在烈日下、运动负荷大的锻炼项目；冬季可选择一些练习时间长、消耗能量大的锻炼项目。运动强度的大小要因人而异。晨练，一般可选择步行、慢跑、体操、武术等健身项目，目的在于提高兴奋性，促进新陈代谢，但运动负荷不宜过大。通常讲，下午4—6时是锻炼的最佳时间。五是要以有氧运动项目为主，所谓“有氧运动”，是指能增强体内氧气的吸入、运送及利用的耐久性运动。可理解为：在整个运动过程中，人体吸入的氧气和人体所需要的氧气量基本相等，没有缺氧的情况存在。所说的耐久性是指运动时间大于20分钟，最好是30~60分钟的运动。有氧运动的特点是低强度、长时间、不间断、有节奏。在选择锻炼项目时，可参考以上五点，切忌随意性。

二、体育锻炼计划的制订

工作、学习要有计划，锻炼也是如此。每个参加锻炼的人都应当根据自身条件、环境条件制订锻炼计划，争取达到预期的锻炼效果。锻炼计划一般可分为年度锻炼计划、阶段性锻炼计划、周锻炼计划和课锻炼计划。锻炼计划的制订要从个人的体质，学习、兴趣爱好，学校场地，器材及气候等实际出发，按照学校规定的作息时间和规章制度进行安排。体育锻炼要长计划、短安排，具体计划要简单、具体、实用，一般以周锻炼计划为主，可随时按实际情况进行调整，以适应不断发展的需要。

下面以一次课锻炼计划为例：

一次锻炼通常分为三部分进行，即准备部分、锻炼部分和结束部分。在不同的锻炼阶段，这三部分的时间划分各不相同。在早期，准备部分时间可长些，一般为10~15分钟，锻炼部分为20~30分钟，结束部分为5~10分钟。在中期和后期，准备部分为5~10分钟，然后进入主项运动（即锻炼部分），最后5分钟为整理活动（结束部分）。这样一次课表现为“开始缓慢的、中间爽快的、终了微火似的运动过程”。

准备部分的作用是使机体组织“暖和”起来，使身体逐渐适应强度较大的运动，以免因心、肺等内脏器官和肌肉关节功能因不能适应强烈运动而导致意外伤害。一般常采用活动强度较小的步行、伸展性体操或太极拳等。

锻炼部分也称基本部分，其内容是主项运动欲达到的目标。例如，耐力运动项目要达到一定的心率水平，并至少维持12分钟以上。主项运动的运动负荷一般定为最大能力的40%~70%，同时还要求达到一定活动范围的肌力训练，其训练强度为最大能力的80%左右。

结束部分是指在训练结束后，要使高负荷活动的心肺和肢体逐渐安静“冷却”下来，不要突然停止运动。此时血液仍大量集中于四肢，突然停止不动会使回心血量锐减，可能会出现“重力性休克”，即由于每搏输出量不足，引起脑贫血而发生休克症状。这时，通常要做一些放松式体操、散步或自我按摩等活动。

三、体育锻炼效果的自我评价

体育锻炼效果的自我评价是锻炼者对自己的锻炼状况进行检查。自我评价可以间接地衡量运动负荷安排是否合理，并根据机体的反应判断锻炼效果，以及时调整锻炼计划，合理安排运动量。

（一）主观感觉

1. 一般感觉

一般感觉通常有感觉良好、感觉一般和感觉不良三种情况。感觉良好是指锻炼者精神饱满、心情愉快、全身无不适感觉，锻炼后能坚持长时间的学习和工作，且效率高；感觉一般是指锻炼反应和感觉平淡一般；感觉不良是指体育锻炼中出现精神萎靡不振，全身有不同程度的疲劳、肌肉酸痛、四肢无力、心情烦躁、容易激动，不能坚持锻炼，严重者出现头昏头痛、食欲减退、恶心呕吐、心慌气喘、失眠和多梦现象。在锻炼过程中，如果出现不同程度的疲劳时，不要紧张，这是正常反应，一般能够在较短的时间内恢复。有一定疲劳才会出现超量恢复，人的体质就是从一次次的疲劳到一次次的超量恢复中提高的。

2. 食欲

体育锻炼能刺激唾液和胃液的分泌，能增加食欲，提高消化系统的功能，有利于营养物质的消化和吸收。在锻炼中，要注意保持运动量的三要素（频率、强度、时间）适当，否则在一段时期内会出现食欲不振，甚至厌食的现象，这是体育锻炼运动负荷过大或健康状况不佳的反映。

3. 睡眠

睡眠是休息的深度状态。锻炼能提高睡眠的质量。人的一生有 1/3 的时间是在睡眠中度过的，睡眠的好坏直接关系到生命能否正常活动。一个人如果锻炼后入睡快，睡得沉，睡醒后感觉神清气爽，精力旺盛，工作、学习效率高，说明锻炼中运动量的三要素适当。相反，入睡慢，易醒，多梦，睡醒后还有疲劳感，则说明运动量的三要素过量了。根据自我监督的原则，此时应对锻炼内容做适当的调整，必要时还可暂停一段时间，再进行适当的运动。

4. 运动心情

心情是人们对自己的需要与客观事物之间关系的反映。当客观事物能满足自己身体的需要时，便产生愉快、高兴等肯定性的心情；反之，就会产生否定性的心情。体育锻炼不仅能转移人们日常生活、工作、学习中的烦恼，而且能增强人体的活力。当人们心情不佳或不想锻炼时，可对自己的锻炼计划做适当的调整。这是因为人体处于疲劳状态或过度疲劳会影响心情，如果不及时调整，就达不到增强体质的效果。

5. 学习效率

健康的人学习时思想易集中，适度的体育锻炼能使人在学习过程中思想集中、记忆清晰、思维敏捷、求知欲旺盛。反之，学习时心神不定、记忆力衰退、缺乏兴趣、信心不足、学习效果不佳等则为过度锻炼的反映。出现这种情况时，要根据自己的身体状况对运动量做适当的调整。

（二）客观检查

客观检查是通过对身体的观察和测定对一些机能指标进行检查，包括脉搏、呼吸频率、肌力、排汗量等。锻炼者应学会用这些客观指标来指导自己的锻炼。

1. 脉搏

脉搏是客观检查中很重要的一项指标，也是锻炼的指南。脉搏是心脏通过收缩将血液传导到周围血管引起的搏动。通常可用摸腕部的桡动脉跳动来测量人体的脉搏。人体每分钟脉搏搏动的次数称为脉率，正常人的脉率为 60~100 次/分，低于 60 次/分为心率过缓，高于 100 次/分为心率过速。老年人心率偏低，一般为 55~80 次/分。正常人的脉搏规律、整齐、强弱一致。掌握了脉搏的基本规律，就可用它来监督自己的锻炼。当运动前脉搏低于 50 次/分、高于 100 次/分或每搏间隔时间不等、强弱不一时，应当到医院检查，恢复正常后再进行锻炼。

自我心功能的测量方法是以不同体位时心率的变化作为评判标准的。检测者卧于床上，安静休息 3 分钟后测 1 分钟脉搏次数，然后起立，站 1 分钟后再测 1 分钟脉搏次数。将两次脉搏数进行比较，站比卧脉搏增快 6~11 次为心功能良好，快 12~19 次为一般，快 20 次以上为心功能较差。

2. 呼吸频率

呼吸频率是指人体在安静时 1 分钟的呼吸次数，是人体健康与否的重要标志。定期检查自己的呼吸频率，可以科学地控制体育锻炼过程。不同年龄的人，安静时呼吸的频率是不同的，一般成年人为 12~18 次/分，而经常锻炼者为 8~12 次/分。不锻炼者呼吸浅而快，有时可达 32 次/分之多，而每分钟的呼吸量只有 300 毫升；经常锻炼者的呼吸深而缓慢，每分钟的呼吸量可达 600 毫升。因此，进行体育锻炼时，可根据这些指标，科学地制订运动量。

3. 肌力

肌力是指人体肌肉收缩力的大小，人的各种运动离不开肌力。肌力的大小取决于肌肉纤维的粗细和神经系统兴奋时支配肌纤维参加运动的数量。经常参加锻炼者，肌纤维会增粗，骨骼结构的牢固度及各种肌肉群之间的协调配合能力会提高。

肌力包括握力、臂力、腹肌力、背力等。握力可用握力计测定，并用“握力指数”进行评定，其数值相当于自身体重的 1/2；臂力可以用引体向上、双臂屈伸、俯卧撑、举重物等来评定；腹肌力可用仰卧起坐、悬垂收腹举腿等来评定。简易测定背力的方法：被测试者俯卧在床上或桌上，脐部齐床边沿，躯干上部悬空，另一人压住被测试者的小腿，被测试者两手放于枕骨部，然后用力抬起躯干。当被测试者躯干上部明显降低或近于平面时，不再计算时间。评定时，可参照下列标准：男子 30 秒以上为良好，15~20 秒为中等，15 秒以下为差；女子20 秒以上为良好，10~20 秒为中等，10 秒以下为差。

4. 排汗量

锻炼时体内的多余热量被消耗，体温会迅速升高，主要通过排汗来降低体温、调节人体的机能。人体在静止时皮肤也有水分蒸发，这叫作稳性汗，它每天约蒸发 500 毫升。锻炼时，排汗量可达 500~1 000 毫升，运动量大时排汗量可达 1 500 毫升，完成一场剧烈的足球赛排汗量可达 6 000 毫升。运动中的排汗量可用下列公式计算：

排汗量=运动前体重-运动后体重+饮水量和饮食量-尿量和粪量

如锻炼中未进食、未饮水，也无大小便，则排汗量可按运动前后体重差数计算。

从体育锻炼开始到开始出汗的时间一般为 6~8 分钟。如有大量出汗，是运动量过大或身体过度虚弱的表现。气候炎热也是运动时大量出汗的原因。体育锻炼中，可根据汗的排出量和排汗时间进行客观检查，以便及时调整自己的体育锻炼内容和运动量。

第三节　体育锻炼中应注意的问题

一、体育锻炼应注意补充营养

食物与营养是人类生存的基本条件，人体摄入食物，目的是补充食物中的七大营养素：糖

（碳水化合物）、脂肪、蛋白质、维生素、膳食纤维、矿物质和水。这七大营养素是维持生命必不可少的物质，缺少一种，人就不能够生存。而所谓均衡营养，就是从饮食中摄取适量的能量及各种营养素，以供新陈代谢及活动所需。图 2-3-1 为中国居民平衡膳食宝塔，大学生在日常生活中可参照此宝塔，合理搭配膳食。

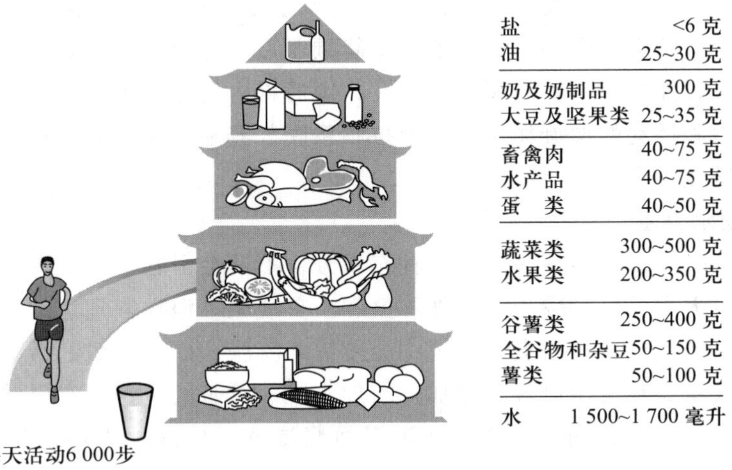

图 2-3-1　中国居民平衡膳食宝塔（2016）

在运动中，由于体内的营养物质被消耗或分解，必须给予补充。运动后及时补充营养素，是个体生理恢复过程的需要，根据不同项目的物质代谢特点，科学地利用营养来促进体育锻炼的效果，还能提高身体健康水平。运动热能代谢的水平和营养素的需要，取决于不同的运动类型和项目、运动负荷及运动者的年龄、体重、运动水平和环境等多种因素。

二、体育锻炼应加强个人卫生保健

（一）定期进行体格检查

为了解体育锻炼对增强体质的功效，了解运动中身体健康和机能的变化状况，检查锻炼的方法是否正确，运动负荷是否适合等，应定期进行体格检查，以进一步修订体育锻炼计划和改进锻炼方法。

（二）运动前要做好准备活动

准备活动是指在体育锻炼或运动训练前所进行的一系列身体练习，目的在于使身体各器官系统迅速地进入工作状态。准备活动的作用在于提高中枢神经系统的兴奋性；扩大肌肉、肌腱和关节的活动范围；克服内脏器官机能的惰性，加强心血管和呼吸系统的活动能力，使机体各方面的功能满足适应锻炼或训练的需要；预防或减少肌肉、关节和韧带的损伤。准备活动量的大小和时间的长短，应根据锻炼项目、内容、强度及季节、气候的不同而有所差异，一般达到微微出汗，身体各大肌肉、韧带和关节都得到了适量的活动，感到灵活、舒适即可。

（三）运动后要做整理活动

运动结束时，应做些使身体放松的练习，这样可以使人体更好地从紧张的运动状态过渡到相对的安静状态。整理活动是促进体力恢复的一种有效措施。由于运动对身体所引起的一系列的生理变化，并不会随着运动的停止而同时消失，因而整理活动可以减轻肌肉的酸痛感和消除疲劳。

（四）饭后不宜进行剧烈运动

有些人常常饭后便去打球或从事一些剧烈的运动，这是不符合体育卫生要求的。饭后胃肠已经开始了紧张的工作，毛细血管开放，大量血液流入消化器官。此时，若进行剧烈的运动，大量的血液就会从胃肠流入骨骼肌，使消化机能减弱。长此以往，轻则引起消化不良，重则发生消化道慢性疾病，如胃炎、胃溃疡等。同时，饭后胃内已经积累了大量的食物，进行剧烈运动时，食物的重力和运动的颠簸作用，会牵拉肠系膜，容易引起腹痛或呕吐等。因此，应当避免饭后立即进行剧烈的运动。

（五）运动饮水卫生

参加体育锻炼时，由于出汗多，需要补充水分，不然会引起机体缺水，影响正常的生理机能活动，导致全身无力、口唇发干、精神不振和疲劳现象。但在剧烈运动中或运动后，均不宜一次性大量饮水，如果在运动中大量饮水，会使胃部膨胀，妨碍膈肌的活动，影响呼吸，不利于运动。同时，大量饮水会使血液量增加，增加心脏、肾脏的负担，有碍健康。运动时的饮水量应以少量、多次为原则，同时，应饮接近于血浆渗透压的淡盐水或饮料，以保持体内水盐平衡。

三、体育锻炼应注意运动环境卫生

在运动环境中，空气、水和各种体育设施在人与人之间起着密切的联系和媒介作用。运动场所若通风不良、空气质量下降，可诱发体育运动参与者患呼吸系统疾病，水质污染可传播皮肤和病毒性结膜炎（红眼病）等疾病。因而做好运动环境的卫生工作，对于更好地利用环境条件，发挥体育运动的效能，预防疾病和增进健康，具有十分重要的意义。

（一）非正规的室外运动场所

非正规的室外运动场所包括公园、广场、健身走廊和人行道等。这些场所免费或收费少、方便、环境好，吸引了众多的锻炼者。在非正规的室外运动场所进行锻炼时，应尽量选择绿树成荫、空气比较清新、噪声少、地面平坦干净的地点。如条件允许，可到海滨、森林、乡村、旷野去锻炼，这些地方空气新鲜，会使人有心旷神怡的感觉，能创造良好的心境，收到最佳的锻炼效果。

（二）运动场馆卫生

1. 室内体育馆的卫生

人们去体育馆的目的是参加或观看比赛和表演。人们在馆内活动的时间一般每次不低于两小时，有时可能更长。根据运动员和观众在比赛和表演时的生理、心理等特点，体育馆内除了应该具有良好、舒适的馆内环境外，还应该具有完整的卫生和生活服务设施。

2. 室外运动场的卫生

田径场和球场是学校最常见的室外运动场。田径场的跑道应坚固，不怕雨水冲淋，并具有一定的弹性和湿度。跑道的表面应平坦，无凹坑、碎石、浮土和其他杂物，不能太滑，以防止运动者滑倒摔伤。

（三）运动服装与器械卫生

运动服装应符合运动项目要求，并具有透气性、吸湿性，既有利于身体活动，又能防止运动创伤。在夏季，运动服装应通气、质轻、宽松和色淡；在冬季，室外运动服装要既保暖，又不妨碍动作的完成。运动后潮湿的运动服装应立即换掉，以免受凉感冒。

运动时使用的器械要坚固，安装得当，器械的重量和大小要符合规定和练习者的年龄、性别特点。平时应注意器械的检查和维修，防止生锈及连接处脱落，预防运动过程的运动伤害。

四、女生经期的体育卫生

月经期间，人体一般不出现明显的异常变化。因此，月经正常的女子在月经期间，可以参加适当的体育运动，如健美操、乒乓球、羽毛球或排球等。通过这些活动，不仅可以改善盆腔的血液循环，减轻盆腔的充血现象，而且腹肌与盆底肌的交替收缩与放松对子宫所起的柔和按摩作用，还有助于经血的排出，使人感到舒畅。此外，丰富多彩的体育活动还可以调节大脑皮质的兴奋和抑制过程，从而减轻全身的不适反应。但也应注意以下几个问题：

（1）月经期间不宜游泳。因为月经期间子宫内膜脱落后，子宫内形成较大的创面，子宫颈口处于敞开状态，游泳时病菌容易侵入内生殖器官引起炎症。此外，月经期间应避免寒冷刺激，特别是下腹部不应受凉，冷水浴锻炼也应暂停。

（2）月经期间应避免做激烈的、大强度的或震动大的跑跳动作，如快跑、跨跳、腾越、推铅球、举重、收腹，以及使腹内压力明显增高的屏气或静力性动作等，以免子宫受到过大的震动或由于腹内压过高而使子宫压过大，造成经血过多或引起子宫位置的改变。

（3）对月经紊乱（经量过多、过少或经期不准等），以及痛经和患有内生殖器炎症的女生，月经期间应暂停体育活动。

第四节　常见运动性病症及运动损伤

一、常见运动性病症

运动性病症是指由于体育运动的安排不当，造成体内功能紊乱而出现的异常症状或疾病。它不仅在运动训练和比赛中较为常见，而且在体育教学中也时有发生。

（一）过度疲劳

过度疲劳是指在工作或运动之后，由于连续疲劳积累造成的病理状态，导致工作能力暂时下降。过度疲劳在大学生中多见于过度脑力劳动之后，但也可以见于劳动或体育锻炼之后。

1. 症状

（1）第一度。早期过度疲劳时期人只有轻微的自觉症状，心电图、脑电图、机能试验均无异常改变；大运动量锻炼后感觉劳累，恢复时间延长。

（2）第二度。自觉不良症状增加，情绪比较急躁，食欲下降，无锻炼欲望，锻炼时很快出现疲劳。体格检查时发现脉搏稍快，血压比原先稍高，机能试验反应类型正常，但恢复缓慢。心电图或脑电图检查可出现轻度的改变。运动成绩下降，动作的协调能力降低。

（3）第三度。自觉不良症状增多，而且程度较第二度加深。中小强度运动量后就会感到疲劳，第二天也不能完全恢复。脉搏、血压比平时高，不能进行正常的锻炼。体检时，机能试验反应明显异常，心电图或脑电图出现异常，运动成绩和工作能力下降，反应迟钝。

（4）第四度。自觉不良症状较多，症状持续时间长，而且反复出现。经初步治疗，不见明显效果。安静时脉搏、血压增高，心血管系统机能试验反应异常，心电图和脑电图均有明显的异常改变，运动后异常更为显著，恢复明显减慢，工作能力和运动成绩大大下降。

2. 原因

（1）大运动量锻炼持续过久，缺乏必要的间歇，超过身体的机能潜力。

（2）运动量增加过快。锻炼者有时急于求成，违反循序渐进增加运动量的客观规律，过快、过大地增加运动量。

（3）患病后身体尚未康复便急于锻炼且运动量过大。

（4）没有合理的生活规律。锻炼者在锻炼后得不到充分的休息，破坏了正常的生活规律。

3. 预防与治疗

（1）预防。预防的关键在于根据锻炼者的性别、健康状况和训练水平等具体情况，制订合理的锻炼计划。

（2）治疗。治疗基本上围绕 4 个方面进行：① 消除病因；② 调整锻炼内容、运动量或改变锻炼方法；③ 加强各种恢复措施，保证足够的休息和恢复；④ 对症治疗，如改善睡眠和服用营养药物等。

（二）运动中腹痛

因缺乏锻炼、准备活动不充分及身体状态不佳等原因参加激烈运动时引起的一时性的腹痛。

1. 症状

运动过程中，腹部出现钝痛、胀痛或绞痛，可坚持运动；腹痛在中长跑、自行车等运动中尤为常见。轻者仅觉不适，重者疼痛难忍，只能退出运动。

2. 原因

（1）肝脾瘀血。肝脾瘀血肿胀以致肝脾被膜紧张，被膜上的神经受到牵扯，产生疼痛。

（2）呼吸肌痉挛或活动紊乱。运动中未注意呼吸节奏和动作的协调，以致呼吸肌活动紊乱，导致呼吸肌发生痉挛。此外，准备活动不足，运动强度增加太快，心肺功能赶不上肌肉工作的需要，导致呼吸肌缺氧，也可发生呼吸肌痉挛和疼痛。

（3）胃肠道痉挛或功能紊乱。饭后过早参加运动，运动前饮食或饮水过多，空腹运动、胃酸多或冷空气对胃的刺激等都可引起胃部胀痛或痉挛。

（4）腹部慢性疾病。如病毒性肝炎，运动时可引起腹痛。

3. 预防与治疗

（1）预防。锻炼时，膳食安排要合理，加强全面身体训练，饭后要过 1.5 小时后才进行剧烈运动，运动前不宜过饥或过饱，也不要饮水过多。要充分做好准备活动，运动中要注意呼吸节律，中长跑时要合理分配速度。

（2）治疗。运动中出现腹痛应减慢运动速度和降低运动强度，加深呼吸，调整呼吸和运动节奏，用手压按疼痛部位，或弯着腰跑一段距离，一般疼痛即可减轻或消失，若无效或疼痛反而加重，应停止运动，口服缓解疼痛药物，如颠茄片、阿托品等。针刺或掐点足三里、内关等穴位或进行腹部热敷，如仍无效，则需请医生诊治。

（三）肌肉痉挛

肌肉痉挛俗称抽筋，是肌肉不自主的强直收缩。运动中最易发生痉挛的肌肉是小腿三头肌，其次是足底的屈踇肌和屈趾肌。

1. 症状

痉挛肌肉僵硬或隆起，剧烈疼痛，且一时不易缓解。

2. 原因

（1）在寒冷环境中运动，如准备活动做得不充分，肌肉受到寒冷的刺激后，兴奋性增高即会发生肌肉痉挛；游泳时受到冷水刺激，引起小腿抽筋。

（2）在热环境中进行长时间运动或剧烈运动时，由于大量排汗丢失大量电解质，肌肉的兴奋性增高。

（3）肌肉快速地连续收缩，放松时间太短，以致收缩与放松不能协调地交替，因而引起痉挛。

（4）也有的因情绪过分紧张所致。

3. 预防与治疗

（1）预防。运动前做好充分的准备活动，对容易发生痉挛的肌肉适当进行按摩。在高温环境下长时间运动时，应注意补充含无机盐的运动饮料。在寒冷的环境中运动时，应注意保暖。游泳下水前应先冷水淋浴，游泳时不要在水里停留时间太长。疲劳和饥饿时，不要进行剧烈运动。

（2）治疗。牵引痉挛肌肉，几分钟后即可缓解。

（四）晕厥

晕厥是脑血流量暂时降低或血中化学物质变化所致的意识短暂紊乱和意识丧失。

1. 症状

先是出现全身乏力、头晕、耳鸣、眼前发黑、面色苍白等前期症状，紧接着失去知觉，突然倒地，出现手足发凉、脉缓而弱、血压下降、呼吸缓慢、瞳孔缩小等症状。

2. 原因

（1）心排血量减少。平时缺乏锻炼者，突然参加较大运动量的锻炼，心脏机能一时跟不上运动需要，加上技术水平低，动作不协调、憋气等，造成血液回流量减少，心脏出血量也随之明显减少，因而出现暂时性脑缺血。

（2）重力性休克。如久站不动、久蹲突然起身、跑步后突然停止活动等，均可因重力作用使血流量减少而形成脑缺血。

3. 预防与治疗

（1）预防。坚持锻炼，增强体质。久站时，要经常交替活动下肢。久蹲后，不要突然起立，要缓缓站起。做力量型运动时，要注意呼吸和动作的配合，避免过度憋气。

（2）治疗。有前期症状时，应下蹲或卧下休息片刻，可避免发生晕厥。已晕厥者应使其平卧，头低足高，解松衣领，注意保暖，下肢做向心性推揉按摩。不醒者可指掐或针刺其人中、百会、涌泉、合谷等穴。对停止呼吸者，可做人工呼吸，此时要注意防止痰液或呕吐物阻塞呼吸道。

二、运动损伤

在体育锻炼过程中所发生的各种损伤统称为运动损伤。运动损伤与一般的工伤或日常生活中的损伤有所不同，它的发生与运动项目、训练安排、运动环境、运动者的自身条件及技术动作有密切的关系。运动损伤不仅会影响运动者的健康、学习和工作，也会对运动者的心理造成不良影响，妨碍体育健身的正常开展。

（一）运动损伤产生的原因

1. 在运动过程中对运动损伤的认识不够充分，思想上不重视

对运动损伤的认识不足或者思想上麻痹大意，缺乏安全防范意识等，这些都是造成学生在体育运动中发生运动损伤的最主要原因。这种现象的出现往往是因为人们平时不注重安全教育，忽略体育在增进健康的同时可能会由于锻炼不当给人们带来一些伤患，由于没有采取安全有效的保护措施出现运动损伤，出现之后没有吸取经验教训，使伤害再次发生。

2. 缺乏合理的准备活动

准备活动是使机体在进入运动状态前，进一步提高中枢神经系统的兴奋性，使机体在兴奋状态下进入到运动过程中，增强各器官系统的功能活动，使人体从相对静止状态过渡到紧张的活动状态，并通过各个器官预热，更好地相互配合进行运动。有关调查资料显示，缺乏准备活动或者准备活动不合理，是造成运动损伤的主要原因。

3. 技术动作不正确造成运动损伤

在运动过程中，因技术动作错误违背了人体结构的特点和运动生物力学的原理造成的损伤。例如，网球肘的产生，就是由于技术动作不正确；此外还有在做前滚翻时，技术动作不正确导致颈部受伤；排球传球时的手形不正确使手指挫伤等。

4. 在运动过程中缺乏自我保护意识

由于人体在运动过程中处于动态，常常会出现重心偏离，从而造成人体与人体之间或人体与运动器械之间的碰撞，机体功能与运动要求不相符合等情况，就会引起运动损伤。特别是当学生在参加对抗性运动的时候，如果缺乏自我保护能力，就更加容易造成运动损伤。

5. 运动量过大导致运动损伤

安排运动负荷时，教师应该考虑到学生的生理特点和可能承受的运动负荷量，特别是现在的大学生，身体素质普遍低下。如果教师忽略了这些细节，盲目地把运动量加大，安排的运动负荷超过学生可以承担的生理负荷量，尤其是局部负担过重，将易引起运动损伤。

6. 身体功能或者心理状态不佳导致运动损伤

当学生存在睡眠或休息不好，或者是存在先天性疾病，大病初愈等情况时，不科学地参加体育锻炼，可能出现不同程度的运动损伤。

7. 气候条件的影响和场地设施的不完整导致运动损伤

在恶劣的条件下运动，很容易引起运动损伤。在炎热的天气进行运动，极易引起疲劳和中暑；在寒冷的天气运动，容易引起肌肉僵硬进而导致肌肉拉伤和肌肉韧带的损伤；在潮湿高热的环境下运动，易引起大量的出汗，进而发生肌肉痉挛或虚脱。如果在锻炼时，场地不平整、器械安置的不牢固或者缺乏必要的保护用具，很容易出现运动损伤。

（二）常见运动损伤的处理

1. 擦伤

皮肤表面被粗糙物摩擦所引起的表面损伤称为擦伤。例如，进行跑步、球类运动摔倒时，身体表面与地面摩擦容易引起皮肤擦伤，伤处皮肤擦破或剥脱，有少量出血点和组织液渗出。

对于小面积擦伤，先用生理盐水或2%硼酸液冲洗局部，再用1%或2%红汞或1%或2%甲紫涂抹；面部擦伤宜涂抹0.11%新洁尔灭溶液。对于大面积擦伤，先用生理盐水冲洗伤口（无条件时可用冷开水冲洗），再用2%碘酒和75%酒精在伤口周围消毒，伤口局部用1%雷夫奴尔纱布覆盖，并用绷带包扎，感染的伤口应每日或隔日换药。

对于关节部位擦伤，在局部冲洗消毒后，应用凡士林油纱布覆盖伤口或局部涂抹消炎软膏，用敷料包扎，以防干裂。如果创面中嵌入砂粒、炭渣、碎石等，应在1%普鲁卡因局部麻醉下，用消毒毛刷轻轻刷洗，清除异物，再行处理。

2. 挫伤

挫伤是人体某部位遭受钝件暴力作用而引起的闭合性损伤。这类损伤多发生在篮球、足球、体操、武术、拳击、散打等运动中。单纯性挫伤，仅皮下组织挫伤，包括皮下脂肪、肌肉、关节韧带等挫伤，表现为局部疼痛、压痛、肿胀、功能障碍。严重挫伤多合并某些组织器官损伤，如大腿挫伤多合并股四头肌断裂；头部挫伤，轻者可引发脑震荡，严重者可有颅骨骨折或合并脑挫伤而危及生命。

对于单纯性挫伤，在伤后1小时内采取局部冷敷，加压包扎，抬高患肢，局部休息并外敷创伤药予以止痛和消肿。对于遭严重挫伤后有休克症状出现者，应首先进行抗休克处理，进行保温、止痛、止血，将伤员置于头低脚高位等，在纠正休克后立即送医院治疗。

3. 肌肉拉伤

肌肉主动强烈的收缩或被动过度的拉长所造成的肌肉细微损伤或部分撕裂或完全断裂，称为肌肉拉伤。在体育运动中，大腿后群肌肉的拉伤较为常见。

肌肉拉伤后表现为局部疼痛、压痛、肿胀，出现肌肉痉挛、僵硬及功能障碍。轻度拉伤时，要局部冷敷、加压包扎、抬高患肢或使肌肉处于放松状态。48小时后开始按摩或针灸理疗。伤后一周，症状基本消除，可开始做徒手的静力性牵引练习，进行功能锻炼。

4. 关节韧带扭伤

由于外力作用，关节的活动超过了正常的范围就可引起关节韧带扭伤，其中以踝关节、膝关节、指关节和腕关节韧带的扭伤最为常见。轻度扭伤时，伤部疼痛、压痛、轻度肿胀、功能无明显障碍。韧带部分断裂时，伤部疼痛较重，压痛、明显肿胀、活动受限。韧带完全断裂时，伤部剧痛、肿胀，出现大面积瘀斑，关节不稳定，功能明显障碍或丧失，伤部可触及韧带断裂的凹陷。

对于轻度关节韧带扭伤，局部可敷消炎止痛的中药（如新伤药），内服七厘散。肿痛减轻后，伤部可用推摩、揉捏、搓等手法进行按摩。对于部分关节韧带断裂，早期局部冷敷，加压包扎，抬高受伤部位，固定关节1~3周，外敷新伤药，内服中、西止痛药。48小时后做按摩、理疗、外敷活血生新剂，或继续外敷新伤药，并适当做肌肉力量练习以避免粘连，帮助恢复关节功能。对于完全关节韧带断裂，应尽早手术缝合，否则会影响愈合和关节的稳定性。

（三）运动损伤的预防

1. 加强思想教育

平时要注意加强防伤观念的教育，在教学、训练和比赛中，认真贯彻“预防为主”的方针。加强对学生进行组织性、纪律性教育，培养他们良好的体育道德风尚。

2. 合理安排运动负荷

运动负荷安排不足，不能达到促进人体运动能力提高的目的。运动负荷安排过大，超出了人体所能承受的负荷，不仅使运动系统的局部负荷过重，还会导致中枢神经系统疲劳，致使全身机能下降，协调能力降低，注意力、警觉反应都减弱，从而容易发生损伤。运动系统的劳损，大多由于长期局部负荷过大所致。为了降低运动损伤的发生率，教师、教练员应严格遵守运动训练原则，根据年龄、性别、健康状况、训练水平和各项运动项目的特点，个别对待，循序渐进，合理安排运动负荷。

少年运动员和女性运动员的运动负荷更应注意合理安排。少年儿童不宜过早地进行专项训练，不宜参加过多的比赛和过早地追求出成绩。合理地安排运动负荷，预防运动损伤，对提高运动成绩有着重要意义。

3. 认真做好准备活动

在教学、训练和比赛前，应充分做好准备活动。准备活动的目的是提高中枢神经系统的兴奋性，特别是克服自主神经的惰性。全身各关节、肌肉的活动能够加速血液循环，使肌肉组织得到充分的血液供应，以增强肌肉的力量和弹性，并恢复技术动作的条件反射联系，为正式活动做好准备。

做好准备活动应注意以下几个方面要求：① 准备活动的内容与负荷应依据正式活动的内容、个人身体机能状况、当时的气候三方面因素而定；② 一般的准备活动要做得充分，专项准备活动一定要有针对性；③ 易伤部位的准备活动要加强、加大活动的比重；④ 有伤部位的准备活动，做时要谨慎，不可操之过急，动作要和缓，幅度、力度、速度要循序渐进；⑤ 在训练专项时，应补充做准备活动；⑥ 在运动中，间歇时间较长时，也应在运动前再次做好准备活动。

建议准备活动结束与正式活动的间隔时间，以 1~4 分钟为宜。至于准备活动的时间与负荷，一般以身体感到发热，微微出汗为好。在准备活动中进行适当的肌肉力量练习（针对易伤的肌肉），对于提高肌肉温度、改善肌肉功能很有益处。此外，在准备活动中加入一些肌肉伸展性的练习，对预防肌肉拉伤有积极效果。

4. 合理安排教学、训练和比赛

教师要认真钻研教材，充分备课，应对教学、训练中的重点、难点及容易发生运动损伤的动作做到心中有数，事先要准备相应的预防措施，对学生做好预防运动损伤的教育。

注意对学生进行全面身体训练。少年儿童的身体结构和机能都尚未定型，全面身体训练可以促进其身体的生长发育，有利于身体素质的全面发展。

加强基本技术的教学训练，教师在教学中要对新技术动作进行认真的讲解、正确的示范，使每个学生对技术动作都有一个完整概念，便于他们学习掌握。

教学、训练中要遵循循序渐进和个别对待的原则。学习技术动作应从易到难，由简单到复杂，自分解动作到整体动作来进行。一次课中，难度高、费力大的动作教学应安排在课的前面或当中进行。在教学训练中，应注意结合学生的年龄、性别、健康状况、训练水平等特点，个别对待。

5. 加强易伤部位的练习

加强对易伤部位和相对薄弱部位的练习，提高其机能，是预防运动损伤的积极措施。例如，为了预防膝部损伤，就要注意加强股四头肌力量练习，以稳定膝关节；为了预防腰部损伤，除应加强腰部肌肉的练习外，还应加强腹肌的练习，因为腰部肌肉受伤，从某种意义上讲与拮抗的腹肌有关，腹肌力量不足，易使脊柱过度后伸而致腰部受伤；为预防大腿后侧肌群拉伤，在发展肌肉力量的同时，还应注意加强股后肌群的伸展性练习。

（四）运动损伤的康复训练

康复训练是指运动者遭受损伤后进行有利于恢复或改善功能的身体活动。对运动者来说，除严重的损伤需要休息治疗外，一般的损伤是不必绝对停止身体练习的。而且，通过适当的、有目的的身体练习和功能锻炼，对于损伤的迅速愈合和促进功能恢复有着积极的作用。

1. 康复训练的原则

（1）伤后的康复训练以不加重损伤，不影响损伤的愈合为前提。应尽量不停止全身和局部的活动。

（2）在进行康复训练时，要根据自己的年龄、损伤的部位和特点来选择伤后锻炼的手段和内容，安排好局部和全身的锻炼时间和活动量。

（3）康复训练的活动量安排，必须遵守循序渐进的原则。特别是在进行损伤愈合过程中的局部锻炼时，动作的幅度、频率、持续时间和负荷量的大小等都应逐渐增加。

（4）康复训练应注意局部专门练习与全面身体活动相结合的原则。

2. 康复训练的内容和方法

（1）主动运动。患者自己主动完成的一种训练，包括静力性练习、动力性练习和等动练习。

（2）被动运动。适用于伤后的各类功能障碍。通过各种被动活动，痉挛的肌肉得到放松，挛缩的肌肉、韧带和关节囊得到牵伸，增大关节的活动度，恢复关节功能。

（3）渐进抗阻运动。该练习可以增进肌力和耐久力，增加关节的活动范围与柔韧性，对运动损伤康复后从事正常的锻炼、防止再次损伤也有益处。

第五节　实用运动科普知识

一、运动后为什么会肌肉酸痛？如何消除？这样能减肥吗？

（一）肌肉酸痛的原因

很多人都有过运动后肌肉酸痛的情况，特别是平时不经常参加体育锻炼的人，或者长时间中断了体育锻炼又重新参加体育锻炼的人。肌肉酸痛的产生，是由于大量乳酸的堆积。乳酸是由于肌肉运动时氧气供应不足，肌糖原进行无氧代谢供能时产生的代谢产物。乳酸是一种强酸，如果不能及时排除，将在肌肉和血液中堆积，大量乳酸堆积就导致了肌肉酸疼。

（二）如何消除肌肉酸痛

1. 休息与放松

① 运动后可进行平躺休息，脚放置位置应略高于头或与头齐平；② 抖动四肢：先抖动、拍打大腿或是上臂，后抖动小腿或前臂；③ 按摩或毛巾局部热敷。

2. 合理安排运动量

开始锻炼时，运动量应由小到大、由慢到快、循序渐进增加。在出现肌肉酸痛时，局部肌肉的运动可适当减少，可采用变换肢体练习的方式，缓解局部肌肉的酸痛和消除疲劳。

3. 拉伸运动

拉伸运动可以加速肌肉的放松和酸疼的缓解，有助于紧张肌肉的恢复。进行拉伸运动也可为预防锻炼时的拉伤打下基础。

4. 坚持锻炼

经常锻炼的人可以提高机体对酸性物质的代谢能力，从而大大降低肌肉酸痛现象的出现，因此肌肉酸痛现象往往在参加体育锻炼的初期比较明显。即使经常锻炼的人由于运动量增大出现肌肉酸痛，其酸痛的反应也比较轻微，而且消失得较快。

（三）肌肉酸痛能减肥吗

肌肉酸痛是不能减肥的，长期有氧运动+合理控制饮食是减肥的最佳路径。减肥就是要减掉体内的脂肪，而跑步又是减肥最有效、最快捷的有氧运动方式。

有氧运动要求：由于人体在进行有氧运动时，最先动用的是体内的糖原，然后才是脂肪，而体内糖原能维持30~35分钟的有氧运动。因此，跑步减肥需保持每小时4.5千米（相当于5分30秒跑400米）以上的速度，运动35分钟以上（400米标准田径场跑7圈以上），最好1个小时左右（10圈以上）。

合理控制饮食：原则就是使机体摄入的食物热量小于输出热量。在营养均衡的基础上，多吃能量低，饱腹感强的食物，如蔬菜、粗粮、水果等。水果里饱胀感最强的是苹果，因此很多人减肥都吃苹果。

二、饭后马上运动会得阑尾炎吗？

答案是否定的。

因为阑尾位于肠道中下段，人们进食后，食物在胃内的排空时间在4小时以上，然后才进入肠道。并且食物从胃经过十二指肠、空肠、回肠后，进入盲肠靠近阑尾时，早已不是原先的有形模样，而是变成糊状，进入阑尾再阻塞肠腔的可能性微乎其微。因此，饭后马上运动导致食物进入阑尾引发阑尾炎的说法是不正确的。

虽然饭后马上运动不会直接导致阑尾炎，但这也并不意味着饭后马上运动是正确的。其一，饭后立刻运动容易引起胃肠道平滑肌痉挛。由于人体具有“血液重新分配”机制，饭后胃肠道消化食物需要大量的血液供给，如果饭后马上运动的话，全身的肌肉运动就容易夺取消化器官的血液量，从而导致血液分配紊乱，出现胃肠道平滑肌痉挛现象。其二，饭后立刻运动还容易刺激肠胃和引起肝脏疼痛。因此，一般建议运动应安排在饭后1小时之后。饭后1小时后可以选择一些轻强度的运动，如慢跑、散步。饭后2小时后，可以选择一些中等强度的运动，如打羽毛球、长跑或游泳。对于一些强度比较高的篮球、足球运动，一般建议在饭后3小时左右进行。

三、长期锻炼能使体能和耐力无限增长吗？

当今社会，越来越多的人喜欢在结束一天的学习工作之后去健身房锻炼或者来一段夜跑。与没有运动习惯的人群相比，坚持运动的人群往往体能和耐力更好。而长跑等耐力项目运动员的体力更是让常人望尘莫及。

长期锻炼能让人的体能和耐力无限增长吗？研究表明，人体耐力确有其极限，在长时间持续的运动中，人体最大的持续能量消耗大约等于 2.5 倍的静息代谢率（静息代谢率指维持体温和呼吸等基本生理需求时，身体所消耗的热量），平均约每天 4 000 千卡。

更“神奇”的是，根据目前的研究结果，这个持续能量消耗的极限值似乎与是否坚持运动无关，即人人平等，即便是专业的马拉松选手也无法突破这个极限。为了观察人体耐力的极限情况，研究团队将目标放在了世界上最极限的耐力运动之一：横跨美国长跑接力赛上。这项赛事持续数月，运动员将沿着 3 000 英里（约 4 828 千米）的赛道从加利福尼亚一路接力跑到华盛顿哥伦比亚特区。通过测量运动员比赛开始和结束的尿液样本，研究团队发现，经过 5 个月持续的长跑赛程，运动员的能量消耗已经显著低于比赛初期，如果按所跑过路程计算理论能量消耗，实际测量的能量消耗值已经平均每天偏低 600 千卡。不仅如此，研究团队在比较其他已经发表的研究数据时发现，在马拉松、游泳、极地徒步、环法自行车大赛，以及早年的横跨美国长跑接力赛这些运动项目中，赛事时间越长，运动员消耗能量的速度就越低。

在持续时间较短的活动，如单次马拉松中，人体持续消耗能量的平均水平能达到静息代谢率的 15.6 倍；环法自行车大赛的 23 天赛程中，参赛者的能量消耗约等于其静息代谢率的 4.9 倍；而横跨南极的 95 天极地徒步，徒步者的能量消耗约等于其静息代谢率的 3.5 倍。

而随着持续时间的延长，人体长期运动的能量消耗水平将越来越趋近 2.5 倍静息代谢率的极限水平。除了各种长时间运动，研究团队还将研究范围扩展到常人“长期负重”的另一种形式：孕期。研究发现，怀孕女性的持续能量消耗约为其静息代谢率的 2.2 倍，略低于运动员参加长跑的数字（2.5 倍）。这一发现也佐证了研究结论，人类长期能量消耗水平确有其极限，无论是铁人三项运动员还是怀胎十月的孕妇，这一极限几乎是相同的。

究其原因，研究者发现，消化系统每天能消化食物和吸收卡路里的量似乎是耗能极限的决定因素之一。在维持长期运动的情况下，人体除了能够智能“降档”，调低每日能量消耗，更会由于“入不敷出”，而开始分解自身组织和细胞以维持最低水平的供能。在到达极限水平之后，人体虽然不会立刻崩溃，但这种燃烧自身组织和细胞供能的方式显然不可能永远持续下去。

四、人的一生中，心跳总次数真是固定的吗？

曾有研究表明，心率和预期寿命存在某种关联。2013 年，丹麦科学家发表了一项研究。项目是长达 16 年的追踪报道，大约涉及 5 200 名男性。其中，约有 2 800 人收集到了充分的医疗数据。

研究人员将静息心率和死亡率进行对比，结果发现，心率和死亡率存在正相关，即心率越高，死亡率越高。通过研究发现，相较于心率低于50次/分的人，心率为71～80次/分的人的死亡率高出51%；若心率在81～90次/分，则风险翻倍；若心率超过90次/分，则风险翻三倍。你可能认为，这是出于健康状况或心血管疾病风险的原因，但研究人员已将这些因素纳入考虑因素。即便身体状况良好，心率高者死亡风险依然会高。经常进行有规律的运动，可以使机体的安静心率降低。

五、进行多少体力活动最合适（图2-5-1）

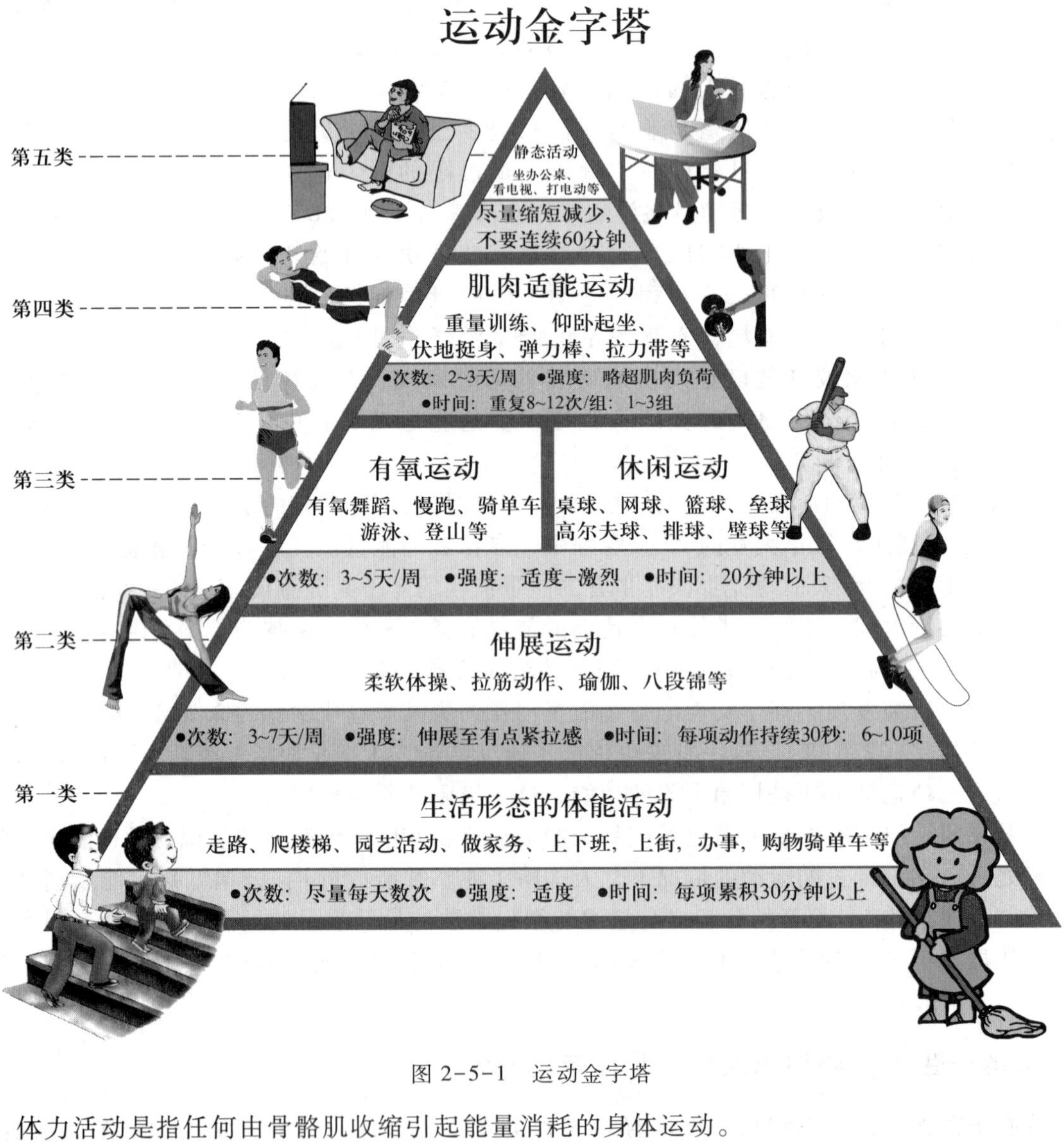

图2-5-1　运动金字塔

体力活动是指任何由骨骼肌收缩引起能量消耗的身体运动。

最早的体力活动指南是1970年发布的。例如，美国运动医学学院和美国心脏协会建议进行较大强度运动（如跑步）每次至少持续20分钟，每周至少3次，这类锻炼计划以改善心肺适应能力为目的。如果应用于身体健康的年轻人，则需要一份强度较高的训练计划。

20 世纪 90 年代中期，对大量普通人群进行的流行病学研究文献显示，中等强度体力活动有益于健康（如健步走），进行体力活动不必过分强调较长的持续时间，即使仅 8～10 分钟也会产生健康效益。

2008 年，《美国人体力活动指南》（简称《指南》）建议青年人每周至少进行 150 分钟的中等强度有氧活动，或者每周至少进行 75 分钟较大强度的有氧活动，或者是两者搭配的相等能量消耗的有氧活动以获得健康效益，并加上每周两天的肌肉力量训练。《指南》中进一步提出了量效关系，指出更多的健康效益可通过每周 300 分钟及以上中等强度有氧活动获取；每周 150 分钟及以上较大强度有氧活动，或中等和较大强度有氧活动结合达到相同能量消耗水平。同时建议，体力活动每次至少持续 10 分钟，每周体力活动总量分散为 1 周内规律的多次活动（如 1 次 30 分钟中等强度有氧活动，每周 5 天）以降低肌肉、骨骼损伤的风险。

六、心肺复苏术

一些体育活动会产生严重的意外事故，如溺水、外伤性休克等，这些严重的意外事故可能会引起呼吸和心脏骤停，如不及时抢救，伤员会很快死亡。人工呼吸和胸外心脏按压是现场心肺复苏急救的重要手段。

（一）人工呼吸

人工呼吸系借人工方法来维持机体的气体交换，以改善缺氧状态，并排出二氧化碳，为自主呼吸的恢复创造条件的方法。

心肺复苏操作技术

人工呼吸的方法甚多，现介绍口对口人工呼吸法，此法简便有效，而且可以同时进行胸外心脏按压。施行时，伤员仰卧，急救者松开伤员领口、裤带和胸腹部衣服，清除其口腔内异物，包括义齿。急救者一手的掌尺侧置于伤员前额，使其头部后仰，用拇指和食指捏住伤员鼻孔，以免气体外溢，另一手置于伤员颈后，将其颈部向上托起，保持气道通畅。然后急救者深吸气，张嘴去套住伤员的嘴并紧贴向里吹气。每次吹气量为 800～1 200 毫升，吹气按每分钟 16～18 次的频率进行。

（二）胸外心脏按压

此法系通过按压胸骨下端而间接地压迫左右心室腔，使血液流入主动脉和肺动脉，建立有效的大小循环，为心脏自主节律的恢复创造条件的方法。

操作时，使伤员仰卧于硬板床或地上，急救者以一手掌根部置于伤员胸骨的中、下 1/3 交界处（注意非剑突处），另一手交叉重叠于其手背上，肘关节伸直，充分利用上半身的重量和肩、臂部肌肉的力量，有节奏而带有冲击性地垂直按压伤员胸骨，使之下陷 3～4 厘米，对儿童相应要轻些。每次按压后随即迅速抬手，使胸廓复位，以利于心脏舒张。按压频率为每分钟 60～80 次，急救儿童时稍快。

操作中，如能摸到颈动脉或股动脉搏动，上肢收缩压达 60 毫米汞柱或以上，口唇、甲床颜色较前红润，或者呼吸逐渐恢复，瞳孔缩小，则为按压有效，应坚持操作至自主心跳出现为止。

对呼吸、心跳均停止的伤员，应同时进行上述两种急救措施。如为单人操作，按压频率与吹气之比为 30∶2，反复交替进行。两人操作时，一人按压，一人吹气，每按 5 次，吹气一次，交替进行。

进行心肺复苏急救时，应沉着、冷静、迅速，急救一经开始，就要连续进行，不能间断，一直做到伤员恢复自主呼吸、心跳或确定死亡为止。在抢救的同时，应迅速派人请医生来处理。

思 考 题

1. 体育锻炼的生物学、心理学基础是什么？
2. 如何进行科学的体育锻炼？制订一份个人体育锻炼计划。
3. 体育锻炼中应注意哪些问题？
4. 常见运动性病症与运动损伤有哪些？如何防治？

第三章

特殊群体的体育锻炼与保健

第一节 特殊群体体育锻炼概述

特殊群体是指身体和心理异常及病、残、弱等学生群体。特殊群体是在大学体育教学中需要特别关注的群体，其身体状况和普通学生相比处于一种相对较弱的状态，在体育教学中无法享受正常的体育教育活动。因此，为特殊群体开设体育锻炼与保健课程具有十分重要的意义，也是《全国普通高等学校体育课程教学指导纲要》的具体要求，是人性化的关怀和教育公平的体现。

一、特殊群体体育锻炼原则

特殊群体的特殊性多种多样，但以肥胖、消瘦、伤残、慢性肝炎、结核病、哮喘、强直性脊柱炎等最为多见。

特殊群体由于生理机能存在缺陷，在进行体育锻炼时，必须遵守特殊的体育锻炼原则，具体应做到以下6点：① 严格掌握禁忌证，体育锻炼前，进行体格检查和必要的心肺机能试验，以了解机能状态及有无禁忌证；② 循序渐进，制订运动处方后，需逐步适应，要求3~5天内达到预定的运动强度并在不断地适应过程中提高机能，逐渐加大运动量，促使身体康复；③ 准备活动要充分，在运动早期阶段，准备活动需要10~15分钟或更长，训练部分20~25分钟，结束部分5~10分钟。在进行一段时间的锻炼后，准备活动可适当缩短为5~10分钟；④ 严格控制运动强度和运动量，伤残学生的运动强度和运动量，应控制在运动后以无疲劳感为宜，否则会对身体造成不同程度的伤害。欲加大运动强度和运动量，需征求医生同意或参照疲劳的自我医务监督及所患疾病症状加重与否进行判断。身体不适或发生其他疾病需调整运动量或暂停锻炼；⑤ 严格监控运动期间的机体变化，运动锻炼期间，应做到定期检查身体，密切观察不良反应，在运动中出现任何不适，都应终止运动，并和医生联系，以免发生意外；⑥ 以医疗为主，锻炼为辅。

二、特殊群体体育锻炼方法

在高校体育教学中对特殊群体的锻炼方法主要采取传统养生方法、现代健身方法和医疗体操锻炼法。

1. 传统养生方法

传统养生方法主要有八段锦、练功十八法、太极拳、医疗气功和保健按摩等。

2. 现代健身方法

行走、慢跑、徒手操、乒乓球、羽毛球、跳绳、哑铃、拉力器等均适合特殊群体练习。水上运动体力负担大，能加强四肢肌肉关节的功能，有利于呼吸系统、神经系统、内分泌系统疾病的恢复。日光浴、空气浴、冷水浴也可作为锻炼方式。

3. 医疗体操锻炼法

医疗体操锻炼法又称体育疗法，它是通过特殊的体育锻炼，恢复和加强机体整体各器官系统的基本功能，从而预防和治疗疾病。特殊群体可根据具体情况采用有针对性的矫正方式，以及增强局部肢体部位活动能力的医疗体操或编制适合自己的运动处方。

第二节　特殊群体的保健与锻炼

一、肥胖症的保健与锻炼

（一）肥胖症概述

脂肪是人体不可缺少的成分，在人体的生命活动和体育运动中起着重要的作用。对于青年人来说，男性体重中有15%～18%是脂肪，女性有20%～25%是脂肪。一旦体内的脂肪堆积数量大于身体重量的正常比例，就意味着已步入肥胖者的行列。人们通常依据脂肪含量与体重的比例来判定是否肥胖，其标准值是：男性脂肪含量超过体重的25%，女性超过30%。肥胖症是脂肪超标，而不是体重超标。“超重”和“肥胖”有着本质的差异，超重是指体重超过某种体型的理想重量。虽然肥胖者总是超重，但超重者不一定就是脂肪多，也不一定就是肥胖症。因为肌肉发达的人也可能是个超重者，而肌肉发达的人体内可能只有少量的脂肪。因此，体重仅仅是判断肥胖的一个参数（图3-2-1）。

图3-2-1　肥胖者

肥胖会造成代谢紊乱，心血管负担加重，可诱发高血压、冠心病、动脉硬化、高血脂和糖尿病等，对人体健康造成严重威胁。大量流行病学研究发现，肥胖者上呼吸道感染率、感染性疾病的发生率及严重性、外科手术后并发症、某些癌症的发生率及死亡率均较非肥胖者高；肥胖对工作、学习、生活也有阻碍作用；过多的脂肪容易导致各种损伤。肥胖对人的心理健康也会产生严重的不良影响，肥胖影响自身的形体美，致使肥胖者做动作不美观，怕别人讥笑，产生怕丑的心理，导致不愿参加集体活动，产生孤僻心理。

肥胖的成因很多，其中大多数肥胖者属于单纯性肥胖，即无明显内分泌代谢疾病的肥胖，极少数属于特殊病理性肥胖。对于肥胖的成因，目前还没有科学完善的解释。但普遍认为，肥胖是多因素引起的综合征。主要包括营养因素、运动因素、遗传因素和热量代谢异常等。科学研究发现，肥胖与饮食、运动、心理、社会、文化等环境因素有关，其中，导致肥胖的主要原因是缺乏锻炼。身体肥胖的人通常吃得并不多，甚至比其他人吃得还要少，但是，他们活动却也相当少。而身体偏瘦的人常常是吃得多，但动得也多。其他的一些研究也证明了这一观点，缺乏锻炼或活动少是造成身体肥胖的主要原因。

（二）体育锻炼对肥胖者的作用

大量研究表明，体育锻炼是减少肥胖人群体内脂肪有效的措施之一，其中，长时间、低中强度的有氧运动起着至关重要的作用。因为高强度剧烈运动不易长时间持续，而且在短时间内高强度运动过程中，主要以消耗体内碳水化合物（肌糖原、肝糖原等）提供的能量为主，而不是首先消耗脂肪。在进行低中强度体力活动时，则更多动员体内脂肪分解以提供能量。由于低中强度的体力活动可坚持时间长，被氧化的脂肪总量比高强度剧烈运动多，因此应强调多进行低中强度有氧运动，如健步走、慢跑、乒乓球、羽毛球等。另外，经常参加体育锻炼者比不经常参加体育锻炼者的静息代谢率高，在进行同等能量消耗的运动时，经常锻炼能更多地动员和利用体内储存的脂肪，更有利于预防超重和肥胖。从能量代谢的生物学角度来看，肥胖是能量过剩造成的。减少能量的摄入，使一部分肥胖者可以达到减重的目的。人体的下丘脑是控制摄食量、能量消耗和体重的中枢神经系统关键部位之一，存在着复杂的“食欲调节网络”（appetite regulation network，ARN）。下丘脑的“食欲调节网络”通过各种食欲调节因子（包括食欲促进因子和食欲抑制因子）的信号传递作用，对哺乳动物的食欲进行综合调节。运动可抑制下丘脑的神经肽 Y（NPY）信使 RNA（mRNA）的表达，减少其含量，抑制其活性，最终减少摄食量。

（三）肥胖症的运动处方

1. 运动目的

改善肥胖，保持和增强体力，提高身体机能水平。

2. 运动方式

可根据自己的爱好，选择时间较长的有氧锻炼项目，如健身跑、医疗体操、各种球类活动及水上运动等。

医疗体操

主要进行躯干和四肢大肌肉群的运动。由于大多数肥胖者的脂肪沉积在腹部，所以广泛采用腹肌运动，可以优先消除此部位附近的脂肪积聚。脂肪沉积在腰、背、肩部的肥胖者在医疗体操中应包括哑铃和拉力器练习。

（1）特点和作用。

① 根据各种疾病的性质与病情可有针对性地选择运动内容，既可作用于全身，又可作用于局部。

② 医疗体操中的准备姿势、活动部位、运动幅度、运动速度、运动的复杂性和肌肉收缩用力程度等，都可根据需要来选择。

③ 医疗体操的动作多样，可提高患者的兴趣、改善情绪。

（2）编操原则。

① 根据患者的年龄、身体情况、疾病的特点和平时锻炼的程度来选择医疗体操的内容和运动量。

② 在医疗体操中起局部作用的专门性运动，应与全身性一般健身运动相结合。

③ 根据循序渐进的原则，难度由简单逐渐到复杂，运动量逐渐增加。

④ 每次练习应包括准备部分、基本部分和结束部分。准备部分一般采用运动量较小的健身运动和呼吸运动。基本部分中针对疾病特点的专门运动应占较大比重，而且运动量要达到应有水平。结束部分要进行必要的放松练习和整理活动，使运动量逐渐降下来。

3. 运动强度

进行时间长、中等强度的运动，减肥效果最好。从能量消耗的角度来看，中等强度的运动，可以持续较长的时间，总能量消耗较多。从供能的角度来看，中等强度的运动除了糖以外，脂肪是其主要来源。减肥锻炼的运动强度应为最大运动强度的 40%~60%。锻炼中应保持心率在 120~160 次/分，持续 50 分钟以上。例如，练习慢跑，可先以 130~140 米/分的速度慢跑 1 000 米，可分次完成；待适应后，每周或每两周增加 1 000 米，一般增至 5 000 米左右即可。

4. 运动时间和运动频率

每周 4~5 次，每次 60~90 分钟。

5. 锻炼程序和方法

准备活动 15 分钟，可做些热身活动。根据自己的爱好选择有氧锻炼项目，锻炼 40~50 分钟；基本素质练习 20 分钟，如俯卧撑、仰卧起坐、波比跳、半蹲跳或蛙跳等，运动强度采用最大强度的 80%，重复 2~3 组，整理活动练习 5 分钟。

（四）肥胖症体育锻炼的注意事项

1. 定期健康体检

锻炼前，应对自己的身体健康状况有所了解，应经医生检查，了解是否有心血管系统并发症。根据测定的运动、呼吸和循环功能情况，以及个人的体质，选择适当的运动项目和运动负荷。

2. 树立正确的减肥观

减肥的目的是为了健康，首先要对运动有正确的认识，并与控制饮食和平衡营养相结合。

3. 正确控制减肥的速度

减肥并非越快越好，体重每周降低 0.5~1 千克为宜。迅速减肥，实际上是减少了体内的水分，同时也会造成蛋白质的消耗，其结果将造成身体机能紊乱，严重者可造成厌食症，减肥的效果也不能维持。

美国莫尔豪斯博士认为，体重每周降低 1 磅（1 磅=0.435 6 千克）以上，简直等于自杀。因此，迅速减肥，无异于把肉从身上撕下来，既有害又无必要。

4. 以有氧练习为主，持之以恒

以改善心血管系统和呼吸系统功能为中心，宜采用有氧练，不要一味追求体型的改善和力量的提高。减肥是一个长期的过程，贵在坚持，应持之以恒养成锻炼的习惯。

5. 注意控制运动强度和时间，以及环境的选择

不论是散步、做操，还是打球、练拳，都要持续一段时间，最好是每次 30 分钟左右。最初的持续时间可短些，每次 5~10 分钟，以减少运动损伤的发生和缓解锻炼初期机体的酸痛反应。锻炼时，最高心率应控制在 120~160 次/分。因为肥胖者耐热的能力差，故应尽量避免在炎热和潮湿的环境中锻炼。

二、体弱消瘦症的保健与锻炼

（一）体弱消瘦症概述

人体内的肌肉、脂肪含量过低，体重低于标准体重10%～20%，即瘦弱，是不健康的。

体弱消瘦症的成因很多，主要包括疾病、遗传、内分泌、情绪、营养和缺乏体育锻炼等因素。除遗传因素外，体弱消瘦可以由慢性疾病及器质性病变引发，如慢性消耗性疾病、胃肠道疾病、肺结核、贫血等。另外，情绪变化无常、精神紧张、生活起居不定、学习过度劳累、睡眠不足、对体型美的错误观念，以及由此而产生的消耗大于营养摄入等也是造成体弱消瘦的原因。

体弱消瘦症者不仅表现为无力、不能胜任较重的体力劳动、心肺耐力差、兴趣低、工作和学习效率不高、常有力不从心之感，而且其免疫能力差、抵抗力低、耐寒抗病能力弱，以及易患肺结核、肝炎、肺炎等疾病。

（二）体弱消瘦症的运动处方

1. 运动目的

体能、体型的适应性变化，改善和提高心肺功能和内脏器官功能，增长肌肉，强壮体格。

2. 运动方式

锻炼初期（1～3个月）以改善心血管系统和呼吸系统功能为主，宜采用运动强度较小的有氧运动，如快走、健身跑、骑自行车、游泳、太极拳及强度较小的其他运动项目；锻炼中期（3～6个月），在前面锻炼的基础上增加运动强度和运动时间，适当增加力量练习，如健身器械、强度较小的健身操及自己喜好的球类项目；锻炼后期（6个月以后），在不引起过度疲劳及损伤的前提下，安排全面的身体锻炼，根据个人爱好，选择以发展心肺功能和肌肉力量为主的项目。

3. 运动强度

在锻炼初期，运动中最高心率应控制在110次/分以内，锻炼中期应控制在120～140次/分，锻炼后期应控制在120～160次/分。在锻炼中，运动强度及运动量，以第二天不感到疲劳为度。

4. 运动时间

锻炼初期一次锻炼时间应为30～40分钟，锻炼中期一般锻炼时间为40～50分钟，锻炼后期为50～70分钟，不包括热身活动和整理活动的时间。各阶段锻炼中达到目标心率的时间必须在5分钟以上。

5. 运动频率

锻炼初期每周两次，锻炼中期每周隔日一次，锻炼后期每周5次。

（三）体弱消瘦症体育锻炼的注意事项

1. 形成正确的形体观

肥胖固然不美，同样，瘦弱也不是美的别名，更不是健康所必需的。所以，体弱消瘦者首先要走出赏瘦潮流的误区。

2. 培养良好的生活习惯

克服不良的生活习惯，如吃饭偏食、挑食，保证摄入使身体健壮的、充足的营养。睡觉、活动、休息都要有规律，并培养多种兴趣爱好，参加有益的文体活动，保持心情舒畅，心宽则体胖。

3. 科学合理的营养搭配

首先要保证足够的蛋白质和热量供给，要注意营养素的合理搭配。其次为了刺激食欲，烹调加工尽可能讲究方法，使其美味可口。

4. 坚持不懈的强体锻炼

体育锻炼可促进肌肉发达健美，但若想达到健美体型必须坚持长时间的锻炼。

三、神经衰弱的保健与锻炼

（一）神经衰弱概述

神经衰弱是大学生中常见的多发病，在高校中占休学和退学总人数的30%~60%，在有些高校则占休学人数的第一位。神经衰弱是一种常见的神经官能症，一般表现为精神容易兴奋、脑力容易疲劳，并伴有睡眠障碍和各种躯体不适感等症状。神经衰弱的成因主要有心理社会因素、生理因素和疾病因素。

（二）体育锻炼对神经衰弱的作用

科学适量的锻炼能促使大脑指挥肌肉活动的神经细胞群兴奋，使其他区域神经细胞群抑制，从而调节和改善神经过程兴奋与抑制的协调功能。坚持不懈地锻炼，可以改善大脑皮质“兴奋-抑制”过程的灵活性，提高神经系统的功能，加速神经衰弱者的康复速度；运动能增强全身各器官的功能，改善向脑细胞供血供氧的效率；体育锻炼还能分散、转移患者对疾病的忧虑和对工作、学习的焦虑，缓解或消除患者的烦躁、抑郁及迁怒他人他事等不良情绪，促使神经衰弱的人精神愉快、抑怒祛愁而有益治疗。

（三）神经衰弱的运动处方

神经衰弱患者以采用健身性和放松性锻炼项目为宜。健身性锻炼项目包括步行、慢跑、球类活动、郊游爬山等；放松性锻炼项目包括太极拳、保健气功、医疗体操等。

1. 健身性锻炼

神经衰弱患者每天的运动时间一般应保持45~60分钟，体力较好的可酌情增加。锻炼可分早晨、白天、傍晚或晚上进行三次。早晨可进行步行、慢跑、徒手操等锻炼，时间可在20~30分钟。下午下课后，活动20~30分钟，可进行球类、爬山等健身活动。傍晚或晚上可进行15~20分钟缓慢放松的练习。此外，冷水锻炼有强壮神经系统的作用，体质好的人可进行冷水锻炼，但不要直接从冷水开始，可先用温水擦身，逐步过渡到冷水擦身直至冷水浴，但必须量力而行。

2. 放松性锻炼（养神功）

要求：减少外界刺激，集中思想，认真做功。

动作一：站立，闭目，排除杂念，入静。调节呼吸3分钟。

动作二：两腿随膝关节微屈，收腹，头稍低含胸，舌舐上腭，身体重心在左右足反复交换，同时抖动全身，两手前后摆动，同时轻拍腹部、肩部、腰部、腿部、足底及全身，需10分钟。

动作三：吸气时，念静字；呼气时，意念涌泉（脚心）10分钟。

动作四：用手指轻击镇静穴位（后脑勺发际处）36 次、收功散步 30 分钟。

（四）神经衰弱者体育锻炼的注意事项

（1）要有耐心，克服立竿见影、急于求成之浮躁情绪。只有坚持长期的锻炼，才能取得明显的效果。

（2）选择环境优美的场所进行锻炼。同时，也要注意主动地创造良好的生活和学习环境。

（3）培养科学的生活方式，合理安排自己的学习和休息时间，注意充分休息。

（4）时刻关注自己的感受。在运动中，一旦大量出汗、心跳加速、情绪激动，就应注意调整锻炼时的运动强度。

（5）养成对运动后机体恢复时间的自检习惯。若心率恢复时间超过 10 分钟，说明锻炼的运动强度过大，应该重做整理活动，并在下次锻炼时降低运动强度；若心率在 5 分钟内，即已恢复到安静状态，则表明仍有逐步提高运动强度的潜力。最佳的运动强度是在运动后 5~10 分钟心率恢复正常。

思　考　题

1. 特殊群体在进行健康锻炼时必须遵守哪些原则？
2. 特殊群体的锻炼方法有哪些？
3. 简述体育锻炼对肥胖症康复的意义。

第四章

大学生体质健康的测量与评价

第一节　体质概述

一、体质的概念

体质是指人体的质量，是个体在先天遗传性和后天获得性的基础上表现出来的身体形态、身体机能、身体素质、心理品质和适应能力等方面相对稳定的特征。

体质是人生命活动的物质基础，体质在其形成、发展和消亡的过程中具有明显的阶段性。一个人的体质好与坏，既依赖于先天因素，又与后天因素相关，而后天因素起着决定性作用。因此，在测定和评价体质时，必须注意体质的综合性特点，并采用多项指标予以评价。

二、体质的构成

身体形态、身体机能、身体素质、心理品质及适应能力是构成体质不可分割的 5 个重要因素。身体形态是体质的物质基础；身体机能、身体素质和心理品质是体质的主、客观表现；适应能力是它们的综合反应。构成体质的这 5 个因素相互统一、密切联系。身体素质是各器官系统的机能在人体运动过程中的客观反映。发展和提高身体素质的过程会相应地引起身体形态、身体机能的一系列变化。而伴随着身体形态、身体机能的变化及身体素质的提高，机体又会产生一定的心理过程和个性心理特征，从而促进人的心理发展。

三、体质与健康的关系

体质与健康之间有着密切联系。二者都是对人体状况的描述，都涉及身体形态、身体机能、身体素质、心理品质及适应能力方面。体质是生命活动的基本要素，也是健康的物质基础；而健康则是人体理想状态的标志，是体质所追求的目标体现。体质侧重于研究人的体格、体型、身体素质、运动能力等，而健康则侧重于研究人体的心、肝、脾、肺、肾及血管组织结构和身体机能的异常、疾病和死亡。体质是从“外观”研究人体，健康是从“内部”研究人体。体质是人体的质量，健康则是体质状况的反映和表现，所以在评价体质和健康状况时，有些指标很难说是纯属检测体质的指标，另一些指标也很难说是纯属检测健康的指标。

四、体质测试与评价

体质测试是指选择能够客观地反映体质状况的各种指标和方法，对人体进行定量的测试，获得反映体质状况的资料，为更好地进行身体锻炼和促进人体健康提供科学依据。对体质测试所得的资料进行科学的统计与分析，作出某一方面或综合的健康判断称为体质评价。

体质测试的基本内容及指标有：

（1）身体形态指标。主要包括身高、体重、胸围、臀围、坐高和身体组成（皮脂厚度、体脂比重、去脂体重等），是人体生长发育的重要指标之一。

（2）身体机能指标。主要包括安静心率、血压、心肺功能等指标。

（3）身体素质指标。主要包括力量相关指标、柔韧性相关指标、灵敏和协调性相关指标、平衡相关指标、耐力相关指标，以及运动能力指标，包括跑、跳、投等相关指标。

（4）心理品质指标。包括智力、情感、性格、意志等方面相关指标。

（5）适应能力指标。包括对环境的适应能力和对疾病的抵抗能力等相关指标。

五、大学生体质健康测试与评价概述

为建立健全国家学生体质健康监测评价机制，激励学生积极参加身体锻炼，引导学校深化体育教学改革，推动各地加强学校体育工作，促进青少年身心健康、体魄强健、全面发展，在认真总结各地实施《国家学生体质健康标准》的基础上，结合新时期青少年体质健康状况和学校体育工作实际，教育部组织专家对原《国家学生体质健康标准》进行了修订，并于2014年7月印发《国家学生体质健康标准（2014年修订）》。

（一）说明

（1）《国家学生体质健康标准》（以下简称《标准》）是国家学校教育工作的基础性指导文件和教育质量基本标准，是评价学生综合素质、评估学校工作和衡量各地教育发展的重要依据，是《国家体育锻炼标准》在学校的具体实施，适用于全日制普通小学、初中、高中，中等职业学校和普通高等学校的学生。

（2）本标准的修订坚持健康第一，落实《国家中长期教育改革和发展规划纲要（2010—2020年）》《国务院办公厅转发教育部等部门关于进一步加强学校体育工作若干意见的通知》（国办发〔2012〕53号）和《教育部关于印发〈学生体质健康监测评价办法〉等三个文件的通知》（教体艺〔2014〕3号）有关要求，着重提高《标准》应用的信度、效度和区分度，着重强化其教育激励、反馈调整和引导锻炼的功能，着重提高其教育监测和绩效评价的支撑能力。

（3）本标准从身体形态、身体机能和身体素质等方面综合评定学生的体质健康水平，是促进学生体质健康发展、激励学生积极进行身体锻炼的教育手段，是国家学生发展核心素养体系和学业质量标准的重要组成部分，是学生体质健康的个体评价标准。

（4）本标准将适用对象划分为以下组别：小学、初中、高中按每个年级为一组，其中小学为6组、初中为3组、高中为3组。大学一、二年级为一组，三、四年级为一组。

（5）小学、初中、高中、大学各组别的测试指标均为必测指标。其中，身体形态类中的身高、体重，身体机能类中的肺活量，以及身体素质类中的50米跑、坐位体前屈为各年级学生共性指标。

（6）本标准的学年总分由标准分与附加分之和构成，满分为 120 分。标准分由各单项指标得分与权重乘积之和组成，满分为 100 分。附加分根据实测成绩确定，即对成绩超过 100 分的加分指标进行加分，满分为 20 分；小学的加分指标为一分钟跳绳，加分幅度为 20 分；初中、高中和大学的加分指标为男生引体向上和 1 000 米跑，女生一分钟仰卧起坐和 800 米跑，各指标加分幅度均为 10 分。

（7）根据学生学年总分评定等级：90. 0 分及以上为优秀，80. 0～89. 9 分为良好，60. 0～79. 9 分为及格，59. 9 分及以下为不及格。

（8）每个学生每学年评定一次，记入《〈国家学生体质健康标准〉登记卡》。特殊学制的学校，在填写登记卡时可以按规定和需求相应地增减栏目。学生毕业时的成绩和等级，按毕业当年学年总分的 50%与其他学年总分平均得分的 50%之和进行评定。

（9）学生测试成绩评定达到良好及以上者，方可参加评优与评奖；成绩达到优秀者，方可获体育奖学分。测试成绩评定不及格者，在本学年度准予补测一次，补测仍不及格，则该学年成绩评定为不及格。普通高中、中等职业学校和普通高等学校学生毕业时，《标准》测试的成绩达不到 50 分者按结业或肄业处理。

（10）学生因病或残疾可向学校提交暂缓或免予执行《标准》的申请，经医疗单位证明，体育教学部门核准，可暂缓或免予执行《标准》，并填写《免予执行〈国家学生体质健康标准〉申请表》，存入学生档案。确实丧失运动能力、被免予执行《标准》的残疾学生，仍可参加评优与评奖，毕业时《标准》成绩需注明免测。

（11）各学校每学年开展覆盖本校各年级学生的《标准》测试工作，《标准》测试数据经当地教育行政部门按要求审核后，通过“中国学生体质健康网”上传至“国家学生体质健康标准数据管理系统”。测试和数据上传时间由教育行政部门确定。

（二）单项指标与权重

大学生单项指标与权重见表 4-1-1。

表 4-1-1 大学生单项指标与权重

测试对象	单项指标	权重/%
大学生	体重指数（BMI）	15
	肺活量	15
	50 米跑	20
	坐位体前屈	10
	立定跳远	10
	引体向上（男）/一分钟仰卧起坐（女）	10
	1 000 米跑（男）/800 米跑（女）	20

注：体重指数（BMI）= 体重（千克）/身高^2（米^2）。

（三）《国家学生体质健康标准》大学生评分表及加分指标评分表

《国家学生体质健康标准》大学生评分表见表 4-1-2 和表 4-1-3。

表 4-1-2　《国家学生体质健康标准》大学生评分表（女子）

等级	单项得分/分	肺活量/毫升		50 米/秒		坐位体前屈/厘米		立定跳远/厘米		一分钟仰卧起坐/次		800 米		体重等级	体重指数/（千克·米$^{-2}$）
		大一 大二	大三 大四	大一 大二	大三 大四	大一 大二	大三 大四	大一 大二	大三 大四	大一 大二	大三 大四	大一 大二	大三 大四		
优秀	100	3 400	3 450	7.5	7.4	25.8	26.3	207	208	56	57	3′18″	3′16″	正常 100 分	17.2～23.9
	95	3 350	3 400	7.6	7.5	24	24.4	201	202	54	55	3′24″	3′22″		
	90	3 300	3 350	7.7	7.6	22.2	22.4	195	196	52	53	3′30″	3′28″		
良好	85	3 150	3 200	8.0	7.9	20.6	21.0	188	189	49	50	3′37″	3′35″	低体重 80 分	≤17.1
	80	3 000	3 050	8.3	8.2	19.0	19.5	181	182	46	47	3′44″	3′42″		
及格	78	2 900	2 950	8.5	8.4	17.7	18.2	178	179	44	45	3′49″	3′47″	超重 80 分	24.0～27.9
	76	2 800	2 850	8.7	8.6	16.4	16.9	175	176	42	43	3′54″	3′52″		
	74	2 700	2 750	8.9	8.8	15.1	15.6	172	173	40	41	3′59″	3′57″	肥胖 60 分	≥28.0
	72	2 600	2 650	9.1	9.0	13.8	14.3	169	170	38	39	4′04″	4′02″		
	70	2 500	2 550	9.3	9.2	12.5	13.0	166	167	36	37	4′09″	4′07″		
	68	2 400	2 450	9.5	9.4	11.2	11.7	163	164	34	35	4′14″	4′12″		
	66	2 300	2 350	9.7	9.6	9.9	10.4	160	161	32	33	4′19″	4′17″		
	64	2 200	2 250	9.9	9.8	8.6	9.1	157	158	30	31	4′24″	4′22″		
	62	2 100	2 150	10.1	10.0	7.3	7.8	154	155	28	29	4′29″	4′27″		
	60	2 000	2 050	10.3	10.2	6.0	6.5	151	152	26	27	4′34″	4′32″		
不及格	50	1 960	2 010	10.5	10.4	5.2	5.7	146	147	24	25	4′44″	4′42″		
	40	1 920	1 970	10.7	10.6	4.4	4.9	141	142	22	23	4′54″	4′52″		
	30	1 880	1 930	10.9	10.8	3.6	4.1	136	137	20	21	5′04″	5′02″		
	20	1 840	1 890	11.1	11.0	2.8	3.3	131	132	18	19	5′14″	5′12″		
	10	1 800	1 850	11.3	11.2	2.0	2.5	126	127	16	17	5′24″	5′22″		

表 4-1-3 《国家学生体质健康标准》大学生评分表（男子）

等级	单项得分/分	肺活量/毫升		50 米/秒		坐位体前屈/厘米		立定跳远/厘米		引体向上/次		1 000 米		体重等级	体重指数/（千克·米$^{-2}$）
		大一 大二	大三 大四	大一 大二	大三 大四	大一 大二	大三 大四	大一 大二	大三 大四	大一 大二	大三 大四	大一 大二	大三 大四		
优秀	100	5 040	5 140	6.7	6.6	24.9	25.1	273	275	19	20	3′17″	3′15″	正常 100 分	17.9~23.9
	95	4 920	5 020	6.8	6.7	23.1	23.3	268	270	18	19	3′22″	3′20″		
	90	4 800	4 900	6.9	6.8	21.3	21.5	263	265	17	18	3′27″	3′25″		
良好	85	4 550	4 650	7.0	6.9	19.5	19.9	256	258	16	17	3′34″	3′32″	低体重 80 分	≤17.8
	80	4 300	4 400	7.1	7.0	17.7	18.2	248	250	15	16	3′42″	3′40″		
及格	78	4 180	4 280	7.3	7.2	16.3	16.8	244	246			3′47″	3′45″	超重 80 分	24.0~27.9
	76	4 060	4 160	7.5	7.4	14.9	15.4	240	242	14	15	3′52″	3′50″		
	74	3 940	4 040	7.7	7.6	13.5	14.0	236	238			3′57″	3′55″	肥胖 60 分	≥28.0
	72	3 820	3 920	7.9	7.8	12.1	12.6	232	234	13	14	4′02″	4′00″		
	70	3 700	3 800	8.1	8.0	10.7	11.2	228	230			4′07″	4′05″		
	68	3 580	3 680	8.3	8.2	9.3	9.8	224	226	12	13	4′12″	4′10″		
	66	3 460	3 560	8.5	8.4	7.9	8.4	220	222			4′17″	4′15″		
	64	3 340	3 440	8.7	8.6	6.5	7.0	216	218	11	12	4′22″	4′20″		
	62	3 220	3 320	8.9	8.8	5.1	5.6	212	214			4′27″	4′25″		
	60	3 100	3 200	9.1	9.0	3.7	4.2	208	210	10	11	4′32″	4′30″		
不及格	50	2 940	3 030	9.3	9.2	2.7	3.2	203	205	9	10	4′52″	4′50″		
	40	2 780	2 860	9.5	9.4	1.7	2.2	198	200	8	9	5′12″	5′10″		
	30	2 620	2 690	9.7	9.6	0.7	1.2	193	195	7	8	5′32″	5′30″		
	20	2 460	2 520	9.9	9.8	−0.3	0.2	188	190	6	7	5′52″	5′50″		
	10	2 300	2 350	10.1	10.0	−1.3	−0.8	183	185	5	6	6′12″	6′10″		

加分指标评分表见表 4-1-4。

表 4-1-4　加分指标评分表

加分/分	男生（引体向上/次）		女生（一分钟仰卧起坐/次）		男生（1 000 米）		女生（800 米）	
	大一	大二	大一	大二	大一	大二	大一	大二
10	10	10	13	13	-35″	-35″	-50″	-50″
9	9	9	12	12	-32″	-32″	-45″	-45″
8	8	8	11	11	-29″	-29″	-40″	-40″
7	7	7	10	10	-26″	-26″	-35″	-35″
6	6	6	9	9	-23″	-23″	-30″	-30″
5	5	5	8	8	-20″	-20″	-25″	-25″
4	4	4	7	7	-16″	-16″	-20″	-20″
3	3	3	6	6	-12″	-12″	-15″	-15″
2	2	2	4	4	-8″	-8″	-10″	-10″
1	1	1	2	2	-4″	-4″	-5″	-5″

注：引体向上、一分钟仰卧起坐均为高优指标，学生成绩超过单项评分 100 分后，以超过的次数所对应的分数进行加分。1 000 米跑、800 米跑均为低优指标，学生成绩低于单项评分 100 分后，以减少的秒数所对应的分数进行加分。

第二节　《国家学生体质健康标准》测试项目的操作方法和锻炼方法

一、《国家学生体质健康标准》测试项目的操作方法

（一）身高、体重

身高是反映人体骨骼生长发育和人体纵向高度的主要形态指标。体重是反映人体横向生长和重量的指标。

1. 身高

测试方法：受试者赤足，立正姿势站在调整好的身高计的底板上，上肢自然下垂，足跟并拢，足尖分开约成 60°，足跟、骶骨部和两肩胛区与立柱相接触，躯干自然挺直，头部正直，两眼平视，耳屏上缘与两眼眶下缘最低点成水平。测试人员站在受试者右侧，将水平压板轻轻沿立柱下滑，轻压于受试者头顶。测试人员读数时双眼应与压板水平面等高。记录以厘米为单位，精确到小数点后一位。测试误差不得超过 0.5 厘米。

注意事项：

（1）严格掌握“三点靠立柱”“两点成水平”的测量姿势要求。测试人员读数时，两眼

一定要与压板等高。

（2）压板与头部接触时，松紧要适度。

（3）测量身高前，受试者不应进行体育活动和体力劳动。

2. 体重

测试方法：测试时，将杠杆秤放在平坦地面上，调整0点至刻度尺水平位。受试者赤足，男性受试者身着短裤，女性受试者身着短裤、短袖衫或背心，站于秤台中央，测试人员放置适当砝码并移动游标刻度尺至平衡。读数以千克为单位，精确到小数点后一位。电子体重计读显示数值即可。测试误差不得超过0.1千克。

注意事项：

（1）测量体重前，受试者不得进行剧烈的体育活动和体力劳动。

（2）受试者站在秤台中央，上、下杠杆秤时动作要轻。

（3）每次使用杠杆秤均需校正。测试人员每次读数前都应校对砝码重量，避免出现差错。

（二）肺活量

测试方法：各种肺活量计在每次使用前都必须进行测试检验，仪器误差不得超过3%。使用电子肺活量计时，首先将肺活量计接上电源，按电源开关，肺活量计通电并进入工作状态。测试时，先将口嘴装在叉式管的进气端，受试者手握叉式管，保持导压软管必须在叉式管上方位置，以免口水或杂物堵住气道，面对肺活量计站立，头部略后仰，尽力深吸气，直至再不能吸气为止；然后将嘴对准口嘴，以中等速度和力度深呼气直至不能呼气为止。此时液晶显示器上显示的数字即为肺活量值。测试两次，选取最大值作为测试结果。记录以毫升为单位，不保留小数。使用桶式肺活量计时，注意待浮筒停稳后再读数。

注意事项：

（1）测试前，受试者应了解测试方法，可做必要的练习。

（2）受试者吸气和呼气均应充分，呼气不可过猛，并防止从嘴与口嘴接触部位漏气，防止用鼻呼气。呼气时允许弯腰，但呼气开始后不得再吸气。测试人员应注意观察，防止因呼吸不充分、漏气或再吸气影响测试结果。

（三）50米跑

测试方法：受试者至少两人一组测试。站立式起跑，受试者听到“跑”的口令后开始起跑。发令员在发出口令同时要摆动发令旗。计时员视旗动开表计时。受试者躯干到达终点线的垂直面停表。记录以秒为单位，精确到0.1秒。

注意事项：

（1）受试者测试时最好穿运动鞋，不得穿钉鞋、皮鞋或塑料鞋。

（2）发现有抢跑者，要当即召回重跑。

（3）如遇有风天气时，一律顺风跑。

（四）立定跳远

测试方法：受试者两脚自然分开站立于起跳线后，脚尖不得踩线，然后两脚原地同时起跳，不得有垫步或连跳动作。丈量起跳线后缘至最近着地点后缘的垂直距离。每人试跳三次，记录其中最好一次成绩。记录以厘米为单位，不计小数。

注意事项：

（1）发现犯规时，此次成绩无效。三次试跳均无成绩者，再跳至取得成绩为止。

（2）可以赤足，但不得穿钉鞋、皮鞋或塑料鞋测试。

（五）坐位体前屈

测试方法：受试者上体垂直坐，两腿并拢伸直，两脚平蹬测试纵板，脚尖分开 10～15 厘米，上体前屈，两臂伸直向前，用两手指尖轻轻地向前推动游标，直至不能前推为止，保持这一姿势三秒。测量三次，取最大值。记录以厘米为单位，数值精确到小数点后一位。

注意事项：

（1）测试前应做短时间的热身活动。

（2）测试中动作要缓慢，以避免受伤。

（3）身体前屈，两臂向前推游标时，两臂用力要均匀，两腿不能弯曲。

（六）1 000 米跑（男）、800 米跑（女）

测试方法：受试者至少两人一组进行测试。站立式起跑，当听到“跑”的口令后起跑。计时员看到旗动开表计时，当受试者的躯干到达终点线垂直面时停表。记录以分和秒为单位。

注意事项：

（1）受试者测试时最好穿运动鞋或平底布鞋，赤足亦可，但不得穿钉鞋、皮鞋或塑料鞋。

（2）发现有抢跑者，要当即召回重跑。

（3）如遇有风天气时，一律顺风跑。

（七）一分钟仰卧起坐（女）

测试方法：受试者全身仰卧于垫上，两腿稍分开，屈膝呈 90°左右，两手指交叉贴于脑后。同伴压住其踝关节，固定下肢。受试者起坐时，两肘触及或超过双膝为完成一次。仰卧时两肩胛必须触垫。测试人员发出“开始”口令的同时开表计时，记录一分钟内受试者完成的次数。一分钟到时，受试者虽已坐起但肘关节未达到双膝者不计该次数。

注意事项：

（1）如发现受试者借用肘部撑垫或臀部起落的力量起坐时，该次不计数。

（2）测试过程中，观测人员应向受试者报数。

（3）受试者双脚必须放于垫上。

（八）引体向上（男）

测试方法：受试者面向单杠，自然站立，然后向后摆动双臂，跳起，双手分开与肩同宽，正握杠，身体成直臂悬垂姿势。待身体停止晃动后，两臂同时用力，向上引体（身体不能有任何附加动作）。当下颌超过横杠上缘时，还原，成直臂悬垂姿势，此为完成一次。测试人员记录受试者完成的次数，记录以次为单位。

注意事项：

（1）若受试者身高较矮，不能自己跳起握杆时，测试人员可以提供帮助。

（2）测试时，受试者要保持身体挺直，不得屈膝、挺腹等。若借助身体摆动或其他附加动作完成引体时，该次不计数。

（3）测试时应有相应的保护措施，防止伤害事故的发生。

（4）在下降过程中身体不能猛然放松，身体要稍微紧张，双脚在此时迅速向前伸（幅度不要过大，以免造成违规）。

二、《国家学生体质健康标准》测试项目的锻炼方法

（一）1 000米跑（男）、800米跑（女）

1 000米跑（男）和800米跑（女）项目，既测试有氧耐力水平，又测试无氧耐力水平。由于耐力是衡量人的体质健康状况和劳动工作能力的基本因素之一，是从事各项运动必不可少的一项身体素质，因此，测试耐力水平对于评价学生的体质健康状况有着非常重要的意义。

耐力测试既可以反映肌肉耐力，又可以反映心肺功能，测试方法简单易行，具有其他测试项目不可替代的作用。更为重要的是，《标准》把耐力测试作为一种手段，可以引导学生更加主动积极地参加长跑等体育锻炼，发展体能，增强耐力，提高体质健康水平。

锻炼方法：

（1）匀速跑800~1 500米。全程都以均匀的速度跑。

（2）中速跑500~1 000米。要跑得轻松自然，动作协调，放开步子跑。

（3）重复跑。反复跑几个段落，如200米、400米或800米等，中间休息时间较长。跑的距离、重复次数、速度、强度可根据自己的情况而定。可以发展速度耐力。

（4）加速跑60~80米。反复跑，中间有较短时间的间歇。

（5）变速跑1 500~2 500米。要求快跑与慢跑结合，如采用100米慢跑、100米快跑或100米慢跑、200米快跑等交替进行的方法。可以发展速度耐力。

（6）越野跑。利用自然地形条件进行练习，如在公路、田野或山坡上进行跑步练习。可以发展耐力、灵敏、弹跳等素质。

（7）跑台阶、跑楼梯练习。

（二）肺活量

肺活量是指在不限时间的情况下，一次最大吸气后尽最大力量所呼出的气体量。肺活量是反映人体生长发育水平的重要机能指标之一。

锻炼方法：长跑、游泳、健美操、跳绳、跑楼梯、上下台阶、长距离竞走、篮球和足球等项目都是提高人体肺活量的有效方法。

（三）50米跑

50米跑是国际上通用的测试项目，通过较短距离的高强度跑测试速度素质。

速度素质可以反映人体中枢神经系统的机能状态和神经与肌肉的协调功能，也可以综合地反映人体的爆发力、灵敏和柔韧性等素质。

锻炼方法：

（1）小步跑。体会前脚掌快速扒地的动作，上下肢放松协调配合。

（2）高抬腿跑。提高大腿抬高的幅度，增强腿部力量和动作频率。

（3）后蹬跑。纠正后蹬用力不充分和“坐着跑”等缺点，增强腿部力量。

（4）小步跑转入加速跑50~60米。

（5）高抬腿跑转入快速跑50~60米。

（6）后蹬腿跑转入快速跑50~60米。

（7）顶风跑、顺风跑、上坡跑、下坡跑。

（8）30米、50米计时跑。

（9）重复跑60~80米。以中等速度反复练习。

此外，还可采用负重练习，以增强腿部力量。方法参照立定跳远项目的锻炼方法。

（四）立定跳远

立定跳远是发展下肢肌肉力量、腰腹力量、全身协调性及跳跃能力的指标之一，是测试爆发力的项目。爆发力要求在最短时间内发挥最大的力量。爆发力的大小不仅取决于力量，还取决于力量和速度的结合。它在人们的日常生活、劳动中有重要的意义和作用。

锻炼方法：采用各种跳跃练习及负重练习，能够有效地发展腿部肌肉力量和肌肉速度，提高弹跳能力。

（1）深蹲跳。全蹲下去，双脚同时用力向上跳起，连续做。

（2）单脚跳。用左脚连续向上或向前跳一定的次数，再换右脚跳。

（3）多级跨步跳。连续以最少的步数，跨出最远的距离。

（4）多级蛙跳。屈膝半蹲，上体稍前倾，双脚同时用力蹬地，充分伸直髋、膝、踝三个关节，同时两臂迅速上摆。身体向前跃出，双腿屈膝落地缓冲后再接着向前跳。

（5）跳台阶。原地双脚起跳，跃上台阶或其他物体，然后再跳下，反复进行。

（6）跳绳。各种方式的跳绳练习。

（7）身体负重跳。肩负杠铃或沙包、腰和腿绑沙袋、身穿沙衣等做各种跳跃练习。

（五）坐位体前屈

坐位体前屈是反映人体柔韧性的测试项目。柔韧是指人体完成动作时，关节、肌肉、肌腱和韧带的伸展能力。一个人的柔韧性越好，其关节的活动幅度越大，关节灵活性越强。

柔韧素质与健康的关系极为密切。柔韧性的提高，对增强身体的协调能力，更好地发挥力量、速度等素质，提高技能和技术，防止运动创伤等都有积极的作用。

锻炼方法：

（1）正压腿。一腿直立，另一腿举起放于高度适当的物体上，身体正对高腿，上体向前尽量用胸部贴腿，双膝不得弯曲，还原后连续再做。

（2）侧压腿。一腿直立，另一腿举起放于高度适当的物体上，身体侧对高腿，上体尽量侧屈，用头的一侧贴腿。不要前倾或后仰，还原后连续再做。

（3）正踢腿。身体直立，两臂平举，左脚向前迈出一小步，右腿绷脚面伸直，急速有力地向上踢腿，落下时要有控制，两腿交替练习。

（4）并腿体前屈。两腿并立，上体前屈，两手触地，上体与腿尽量贴近，还原后连续再做。

（5）两腿左右开立，大于肩宽，上体前屈，臀部自然后移，双膝伸直，两手先向左腿外侧摸地面，还原后再向右腿外侧摸地面，连续做。

（6）双腿伸直坐于垫上或床上，上体前屈，两臂向前伸，尽力用双手触脚尖，膝关节不得弯曲，还原后连续再做。

（六）一分钟仰卧起坐（女）

一分钟仰卧起坐是测试腹肌力量和肌肉耐力的一个项目。测试方法简单易行，多年来被广泛应用在学校体育的锻炼和测试中。

锻炼方法：

1. 垫上练习

（1）直腿仰卧起坐。仰卧于垫上，双腿并拢伸直，两臂上举。上腹用力，使上体坐起，两臂前伸用手触脚，还原后连续做。

（2）仰卧团身。两手上举仰卧于垫上，双腿并拢屈膝，大小腿成 90°。收腹起上身，同时双膝往上提，臀部随之离地，两臂抱腿，头尽量碰膝，仅腰部贴地，还原后再连续做。

（3）仰卧对角交替收膝。两手抱头仰卧于垫上，双腿屈膝大于 90°。左膝上提，同时收腹夹肘起上身，尽力用右肘碰左膝。还原后，右膝上提，同时收腹夹肘起上身，尽量用左肘碰右膝，连续做。

（4）仰卧举腿。直体仰卧于垫上，两手抓垫，连续做向上直腿举腿动作。

2. 垫上负重和其他器械练习

（1）斜板仰卧起坐。两臂上举，仰卧在稍有高度的斜板上，脚朝上，头朝下，将双脚固定。当上身起坐时，两手尽量往脚尖伸，还原后连续做。

（2）支撑举腿。两臂伸直，支撑在双杠或其他物体上，身体保持正直，双腿并拢后，快速收腹举腿，使大腿与上体成 90°，保持几秒后，还原再做。

（3）悬垂举腿。双手正握单杠或肋木（背向肋木）呈悬垂姿势，双腿伸直，最大限度地向上举起，还原再做。

（4）仰卧双腿举重物。仰卧于垫上，双手抓住固定物体。双脚夹重物或踝关节绑沙袋向上举起后放下，连续做数次或数十次。

（5）负重仰卧起坐。仰卧于垫上，双腿伸直，双手在头后持重物。腹肌迅速收缩，使上体坐起并前屈，然后再慢慢还原，反复练习。

（七）引体向上（男）

引体向上要求男性有一定的握力、上肢力量和肩带力量，这种力量必须要能克服自身的体重才能完成一次。引体向上是一种力量耐力项目，对发展上肢悬垂力量、肩带力量和握力有重要作用，它是衡量男性体质的重要测试项目。它以按动作规格完成的次数来计算成绩，做得多则成绩好。

锻炼方法：在练习引体向上时，一般每次 3～5 组，每组 8～12 次，组间休息 1 分钟左右。也可以在做第一组时做到几乎竭尽全力（无论是 3 个还是 4 个）。然后再做两组，每组尽力而为，能做多少做多少。下次再做时，尝试每组多做 1～2 个。

当引体向上每组次数超过 12 次时，即可考虑负重练习。一般要做 3～8 组，每组 8～12 次，组间休息 1～2 分钟。休息时间长短因人而异。也可按照规定次数做，如第一组采用顶峰收缩法做 8 次，有余力也不多做，组间休息 1 分钟，第二组也按规定做 8 次，直至最后几组，用尽全力，即便借助外力，动作不太规范，也要完成规定的 8 次，总共做 50 次左右。

思考题

1. 谈谈你对《国家学生体质健康标准》的认识。
2. 简述根据《国家学生体质健康标准》如何制订健康锻炼计划。

大学体育

实用运动技能篇

第五章

田径运动

第一节　田径运动概述

国际田径联合会（简称国际田联）章程将田径运动定义为：田径运动是由田赛、径赛、公路赛、竞走、全能和越野赛组成的运动项目。田赛是指以高度和远度计量成绩的跳跃和投掷项目；径赛是指以时间计算成绩的跑和竞走项目。全能运动是由跑、跳、投掷部分项目组成，用评分方法计算成绩的组合项目。田径运动包括了人的走、跑、跳、投等基本活动方式，体现了人最基本的运动能力，也是其他竞赛项目的基础，是锻炼人群选择最广泛的运动项目之一。

一、田径运动的起源和发展

（一）世界田径运动的起源与发展

田径运动是一项古老的体育运动，它起源于人类祖先的生存本能。为了生存，人类必须在大自然中跋山涉水，追赶野兽，投掷石块，不断地重复走、跑、跳、投等动作，逐步形成生存技能，进而演变成了田径的比赛项目。历史上最早作为竞技比赛项目出现的田径运动，可追溯到公元前 776 年，在希腊奥林匹亚村举办的第一届古代奥林匹克运动会上的短跑项目。奥林匹克运动会以后每 4 年举办一届，由最初仅有短跑一项比赛，逐渐发展出了长跑、跳远、标枪、铁饼等运动项目。

现代“田径运动”一词来源于英国。19 世纪初，英国人把在运动场跑道上进行的赛跑和在运动场中间进行的跳跃、投掷比赛称为“track and field”。“track”原意为“小径”，“field”原意为“田地”。19 世纪末，欧美体育传入我国，我们将“track and field”译为“田径赛”，后称为“田径运动”。

1894 年，在法国教育家皮埃尔·德·顾拜旦倡议、推动下，成立了国际奥林匹克委员会。1896 年，举办了以田径运动竞赛为主的第一届现代奥林匹克运动会，这是现代田径运动开始的标志。

（二）我国田径运动的发展

现代田径运动在 19 世纪末，通过基督教的传教和办学活动由教会学校和青年会传入我国。当时只在教会创办的学校之间开展，后逐渐扩展到各级国立、私立学校。

中华人民共和国成立后，田径运动在国内得到迅速普及。1953 年起，几乎每年都举行规模较大的全国性田径运动会。在群众性体育运动广泛开展的基础上，我国的田径技术水平和成绩与国际差距加速缩小。1956 年，女子跳高运动员郑凤荣以 1.77 米的成绩打破了当时 1.76 米的世界纪录。20 世纪 60 年代，我国有 10 个田径项目进入世界前 10 名。1983 年，在上海举行的第五届全运会上，朱建华以 2.38 米的成绩打破了他自己保持的 2.37 米男子跳高世界纪录。同年，徐永久以 45 分 13 秒 4 的成绩创造了女子竞走世界纪录，成为我国第一个在世界比赛中获得冠军的田径运动员。

20 世纪 90 年代，随着马家军的崛起，我国运动员创造了一批女子中长跑世界纪录。王军霞还赢得了“亚洲神鹿”的称号。在 2004 年雅典奥运会上，我国田径队一举夺得两枚金牌（刘翔在 110 米跨栏比赛中以 12 秒 91 获得金牌，邢慧娜获得女子 10 000 米金牌），提升了中国田径在国际田径界中的地位。

田径运动虽然是运动竞赛，但在增强体质、提高健康水平和培养意志品质方面，也有着巨大的作用，是学校体育和社会体育的重要组成部分。

二、田径运动的重大赛事

（一）奥运会田径比赛

奥运会每 4 年一届，其田径比赛项目包括：100 米、200 米、400 米、800 米、1 500 米、3 000 米障碍、5 000 米、10 000 米、马拉松、110 米跨栏（男）、100 米跨栏（女）、400 米跨栏、4×100 米接力、4×400 米接力、20 公里竞走、50 公里竞走（男）、跳高、撑竿跳高、跳远、三级跳远、铁饼、铅球、标枪、链球、十项全能（男）、七项全能（女）等。

（二）世界田径锦标赛

世界田径锦标赛，是由国际田径联合会主办的国际性田径赛事，创始于 1983 年，最初是每 4 年一届，1991 年起改为每两年一届。

（三）世界杯田径赛

世界杯田径赛是由国际田联主办的一项高水平田径赛事。1977 年在联邦德国杜塞尔多夫举行了首届世界杯田径赛。世界杯田径赛每 4 年一次，赛期固定在奥运会后一年。

另外，田径运动的重大赛事还包括国际田联黄金联赛和国际田联超级大奖赛等。

第二节　走

一、竞走

竞走是在普通走步的基础上发展起来的运动项目，起源于英国。它不受年龄、性别、场地、器材、时间的限制，是一项易于开展和普及的运动项目。

（一）竞走的概念

国际田联将竞走定义为：“竞走是运动员与地面保持接触，连续向前迈进的过程，没有（人眼）可见的腾空。前腿从触地瞬间至垂直部位应该伸直（即膝关节不得弯曲）。”根据竞走规则要求，支撑腿必须伸直，从单脚支撑过渡到双脚支撑，在摆动腿的脚跟接触地面前，后蹬腿的脚尖不得离开地面，这样就能保证用双脚支撑，不会出现腾空现象，这是走和跑的根本区别。

竞走的速度取决于步频和步长。普通走一般为 100~120 步/分，而竞走可达 180~200 步/分，优秀的竞走运动员每分钟可超过 200 步。普通走的步长一般是 70~80 厘米，竞走的步长可达 90~110 厘米，身材高大的运动员的步幅可达 120 厘米左右。普通走每步一般需要 0.50~0.55 秒，而竞走每步只需要 0.27~0.32 秒，甚至更少。

（二）竞走的基本技术

竞走的基本技术可概括为步幅自然、宽大，频率快，身体重心轨迹波动小，移动速度快，动作自然、协调、节奏感强、轻松省力。

1. 头部和躯干动作

头部保持正直，颈部放松，双眼平视前方。躯干保持正直，行走时绕身体垂直轴转动，转动幅度和骨盆转动幅度相适应，方向相反。

2. 手臂和肩部动作

躯干带动肩轴转动，在双脚支撑过渡到垂直支撑时，摆动腿异侧肩略低于摆动腿同侧肩。手臂在肘部弯曲 90°，沿身体的两侧以肩为轴做前后有力而放松的摆动。前摆时，不要超过身体中线。为了保持身体平衡，左右臂摆动要一致，前摆时手摆到下颌；后摆时肘部稍向外，上臂与肩部接近水平。

3. 腿部动作

在一个动作周期里，腿的动作可分为后蹬、前摆、准备着地和着地缓冲 4 个阶段。当身体重心前移超过支撑点上方时，进入后蹬阶段，支撑腿快速地伸展髋、膝、踝个三关节，蹬离地面，此时另一腿正完成准备着地动作，形成双脚支撑。后蹬结束，离地转入前摆阶段，膝关节放松，小腿稍向上摆起，使脚掌稍离地面向前摆动，同时，摆动腿同侧骨盆绕垂直轴向前转动。小腿随大腿前摆的惯性向前迈出，脚尖翘起用脚跟先着地，经脚掌外侧滚动到全脚掌着地。身体重心前移至支撑腿的正上方，形成垂直支撑姿势，此时支撑腿的膝关节伸直，骨盆绕矢状轴做微小的上下转动缓冲，使摆动腿一侧的髋、膝关节略低于支撑腿一侧，使肌肉在紧张工作后迅速得到放松，以节省体能（图 5-2-1）。

图 5-2-1 竞走

二、健身走

健身走是一种较为流行的健身活动，以室外锻炼为宜，锻炼时间以 30 分钟以上为佳。

（一）散步

散步是一种步伐轻松、步幅较小、速度较慢、运动量较小的走步方法。散步时，要全身自然放松，步伐从容和缓，挺胸抬头，肩部放松，手臂可摆臂、上举或拍手。同时，要心绪平静，根据体力循序渐进，量力而行，做到形劳而不倦。散步形式不必拘泥，可与其他内容相结合，如结伴散步、逛花园等，以提高兴趣。散步的时间以清晨、餐后、睡前为宜。餐后散步有助于消化，睡前散步有助于心神宁静、尽快入眠。散步的关键在于持之以恒，尤其是对患有神经衰弱、消化不良症状者及肥胖者来说，更是如此。

（二）赤脚走

赤脚走有很多益处。如果能经常赤脚走路，让足底筋膜、韧带、穴位及神经末梢多与地面上的沙土、草皮及不平整的大小鹅卵石的路面接触，使足底与人体内脏反射区不断受到刺激，令这些刺激信号传入相应的内脏器官及与之相应的大脑皮质，将会调节身体各部位的功能，达到强体、保健、防病和辅助治疗的效果。

（三）倒退走

倒退走即倒退着走步。后退时，脚尖先着地，然后再过渡到全脚着地。在后退走的过程中，两臂的摆动与两脚的后移要协调一致，躯干要正直，腰部放松，身体不要后仰。步子的大小可依个人习惯而定，要选择平整、空旷、无障碍物的地方进行，以免发生危险。

倒退走的好处为：① 可以预防含胸驼背。人在向前走时，躯干是向前微屈的，平时工作学习时处于低头弯腰状态，当倒退走时恰恰相反，躯干向后微屈。因此经常练倒退走，可以预防和纠正含胸驼背。② 锻炼腰肌，减少腰部疾病。倒退走可使腰部肌肉有规律地收缩与松弛，以改善腰部血液循环，对功能性腰肌劳损有很好的保健治疗作用。③ 增强腿力。向前走路双腿轻松自如，倒退走时双腿需用力挺直，因而增加了膝关节的承受力，锻炼了腿部肌肉和韧带。④ 提高身体的灵活性和协调功能。倒退走时要判断运行方向，掌握平衡，这样就锻炼了小脑的平衡功能，增强与提高了身体的灵活性和协调功能。

（四）快步走

快步走是一种步幅适中，步频和步速较快，运动量稍大的健身走，比较适合大学生群体。

快步走的动作接近竞走动作，但动作幅度较竞走小，要挺胸抬头，展开双肩，让肩、臀与地面保持在同一条垂直线上；自然摆臂，幅度不要过大；走时要积极使用全身肌肉，这有助于减轻腰痛、肩痛，并可改善内脏机能。行走的速度要根据自身的体能状态，每天快走 30～40 分钟，心跳一般不超过 130 次/分，强度以行走时微汗、微喘，走完后感觉轻松且没有头晕、恶心、疲劳的感觉为宜。

科学锻炼小知识

俗话说“饭后百步走，活到九十九”，但并不是每个人都适合饭后走，如果不考虑自身情况，不讲究科学锻炼，效果将会适得其反。例如，对于肝病患者，饭后走是不科学的；

而对于高血压或心脏病患者来说，饭后慢走是有益的。锻炼的时间也要因人而异，如对于血压高、心率快、心衰的人来说，就不宜在早晨运动，因为在早晨7点到10点时，人的交感神经兴奋，血流加快，会增加心脏的负担，所以，下午运动就较为合适。

第三节　跑

跑是人体水平位移的一种基本运动形式，是单脚支撑与腾空相交替、蹬与摆相配合的周期性运动。跑步中的一个周期是由一个复步（即跑两步）构成的，经过两个支撑时期和两个腾空时期。跑可分为短跑、中长跑、马拉松跑、越野跑、接力跑、跨栏跑和障碍跑等。

一、跑的技术阶段划分

根据跑的竞赛特点，将跑的技术分为起跑、起跑后的加速跑、途中跑和冲刺跑4个阶段。

（一）起跑

起跑的任务是使身体快速摆脱静止状态，获得较大的向前加速度，为起跑后的加速跑创造条件。其在短跑中尤为重要。由于跑的项目不同，起跑方式也有所不同。短跑采用蹲踞式起跑姿势，中长跑采用站立式或半蹲踞式起跑姿势。

（二）起跑后的加速跑

起跑后加速跑的任务是在较短的时间内加快跑速，直至高速转入途中跑阶段。其要求上体前倾较大，蹬摆动作有力、迅速，步幅和步频逐渐增加，提高跑速。

（三）途中跑

途中跑是全程跑中距离最长的阶段。一般在100米跑项目中，其距离为55~60米；在400米跑项目中为300~320米；在1 500米跑项目中约为1 200米。其任务是继续提高和保持高速度跑。要求蹬摆有力，幅度大，步频快，两臂自然摆动，身体放松、协调。在弯道跑中，为了获得向心力，身体必须向内侧倾斜。

（四）冲刺跑

冲刺跑的任务是保持途中跑的速度并进行最后的加速。

二、跑的技术动作

（一）短跑

短跑起跑必须采用蹲踞式起跑姿势，并使用起跑器。起跑口令包括“各就位”“预备”和裁判鸣枪三个阶段。

当听到“各就位”口令后，两手掌撑地，将两脚依次紧贴起跑器，有力腿放在前面，后膝跪地，然后将两手四指并拢与拇指呈“人”字形支撑，紧贴起跑线后沿，两手间距略比肩宽，手臂伸直，颈部放松，目视前下方，集中精力听口令，身体重心在两臂和后膝之间；当听到“预备”口令时，平稳地抬起臀部，身体重心前移，落在两臂和前腿之间；当听到发令枪响后，两腿迅速蹬离起跑器，同时两手迅速推离地面，两臂屈肘做有力的前后摆动，身体协调向前上方运动。蹲踞式起跑技术动作如图 5-3-1 所示。

图 5-3-1　蹲踞式起跑

当后腿蹬离起跑器并结束前摆后，便积极下压着地，第一步的着地应尽量靠近身体重心投影点，脚着地后迅速转入后蹬。前腿在蹬离起跑器后，也迅速屈膝向前摆动。

在途中跑时，摆动腿的膝关节要迅速有力地向前上方摆出，支撑腿在摆动腿积极前摆的配合下，快速有力地伸展髋、膝和踝关节蹬离地面，形成支撑腿与摆动腿协调配合动作。小腿随蹬地后的惯性和大腿的摆动，迅速向大腿靠拢，形成大小腿边折叠边前摆的动作。与此同时，摆动腿以髋关节为轴积极下压，膝关节放松，小腿随摆动腿下压的惯性，自然向前下伸展着地。两臂以肩关节为轴前后大幅度摆动，前摆时稍向内，手的高度超过下颌，后摆时肘关节稍外展（图 5-3-2）。

跑的时期划分					
	支撑时期	腾空时期	支撑时期	腾空时期	
跑的阶段划分					
右腿	前支撑阶段	后蹬阶段	后摆阶段	前摆阶段	
左腿	前摆阶段	前支撑阶段	后蹬阶段	后摆阶段	

图 5-3-2　短跑的途中跑动作周期

在距终点线 15~20 米处，尽量保持上体前倾，加快两臂摆动的速度和力量。在跑到距离终点线一步时，上体急速前倾用胸部或肩部撞向终点线，并跑过终点，然后逐渐减慢跑速。

（二）中长跑

中长跑的起跑一般采用站立式或半蹲踞式起跑姿势。当听到“各就位”口令后，做 1~2 次深呼吸，走到起跑线后。站立式起跑时，两腿弯曲，上体前倾，身体重心放在前腿上；半蹲踞式起跑时，一手撑地，颈部放松，身体保持平稳。当听到枪声后，两臂积极前后摆动，两腿有力蹬地，身体快速向前冲出，在短时间内获得较快的跑速（图 5-3-3）。

图 5-3-3　站立式起跑

起跑后的加速跑阶段，上体前倾较大，两腿的蹬摆与摆臂动作快速有力。加速跑距离要根据项目距离、个人特点和战术而定，在不妨碍别人的情况下，选择最近路线，跑向能发挥个人特点和战术的位置，然后进入匀速的途中跑阶段。

中长跑的途中跑技术在后蹬用力、摆动腿高抬、大小腿折叠及身体重心的波动等方面都比短跑小，整个跑动过程轻松自然、节奏感强、脚着地柔和而富有弹性。呼吸频率可采用两步一吸、两步一呼或三步一吸、三步一呼的节奏进行。在跑的过程中，会出现呼吸困难、胸闷、四肢无力、难以跑下去的感觉，这种现象称为“极点”。产生“极点”的原因是由于氧气的供应不足以满足机体的需要，是一种正常的生理现象，只要坚持跑下去，并加大呼吸的深度，适当调整跑速，难受的感觉就会慢慢消失，而后身体逐渐感觉轻松有力（图 5-3-4）。

图 5-3-4　中长跑的途中跑

终点冲刺要根据比赛项目、个人体力、临场状况等因素而定。在十分疲惫的情况下，可通过快速摆臂，以带动下肢快速奔跑。速度占优势的运动员，可采取紧跟和晚冲刺战术，在进入直道后再全力冲刺超越对手；耐力占优势的运动员，可采取早冲刺战术，与对手拉开较大距离，保持领先。

三、跑的专门性练习

（一）小步跑

动作要领：身体稍前倾，大腿略抬起，膝关节放松，然后大腿下压，小腿顺下压的惯性前伸，并以前脚掌积极着地，脚趾完成最后“扒地”动作；小腿自然伸开用前脚掌着地，支撑腿充分伸直，骨盆前送，两臂前后摆动配合两腿动作。小步跑要求步幅小，频率快而放松。

（二）高抬腿

动作要领：身体稍前倾，大腿交替抬高至水平，支撑腿的髋、膝、踝关节保持伸展，重心高抬，身体保持正直或稍前倾，两臂前后用力摆动，保持协调一致。

（三）后踢腿跑

动作要领：前脚掌着地，离地腿的前脚掌用力扒地，离地后小腿顺势向后踢与大腿折叠，膝关节放松，脚跟接近臀部，两臂协调摆动，两眼向前看。

（四）转髋跑

动作要领：练习者侧对行进方向，一脚交替落在另一脚的侧前方和侧后方，带动髋关节转动，两臂抬起，保持平衡，目光与跑的方向保持 90°，不要看跑的方向，以免影响髋关节向后转动。

（五）后蹬跑

动作要领：摆动腿以膝领先，大腿带动髋部向前摆动，然后大腿积极下压用前脚掌着地，重心平稳，动作轻快，向前性好。

（六）加速跑

动作要领：练习者由半蹲踞式开始起跑，迅速蹬摆，加快步频和摆臂的频率，使身体摆脱静止的状态，在进入高速跑的过程中，逐渐加大步幅和摆臂的幅度，并保持一段距离。

四、跑的练习方法

（一）短跑的练习方法

听口令的半蹲踞式或蹲踞式起跑练习；小步跑、高抬腿或后踢腿跑 10 米后过渡到加速跑 30~50 米的练习；变速跑；追逐跑。

（二）中长跑的练习方法

跑走交替练习（初学者适用）；慢速跑、中速跑、快速跑、持续跑、变速跑、越野跑、重复跑等。

健　身　跑

健身跑又称慢跑，它是一种采用较长时间、慢速度、较长距离的有氧锻炼方法。其技术特点简单、易掌握，男女老少均可参加。该项运动不受场地、器材限制，可在田径场、公路、树林、公园、田间小路等地练习，是群众性体育活动中普遍开展的项目之一。

跑前可先做扩胸、弯腰、转体、下蹲、压腿及其他准备活动，特别要注意活动腰、髋、膝和踝关节。全身达到发热，身体感觉轻快，心率达到 85 次/分以上，就可转入跑步。跑步时，步伐轻快富有弹性，脚掌柔和着地，身体重心起伏小，步幅小，上下肢协调配合。

健身跑的方法：

1. 跑走交替、跑跳结合

跑一段距离后再走一段，跑走交替进行。此种方法一般为刚开始锻炼者或体质较弱者所采用。通过一段时间的跑走交替锻炼后，就可连续跑较长的距离了。在跑走交替过程中，也可以跑跳结合，跑一段、跳几次，使关节得到调节，锻炼弹跳力，也可增加跑步的乐趣。

2. 慢跑

跑的速度较慢。保持有氧代谢，避免由于激烈运动而造成“氧债”，适合体质较弱者或体力恢复期使用。在跑步一开始就应注意呼吸节奏，可采用两步一呼、两步一吸，或者三步一呼、三步一吸，呼吸要慢而深，呼气时，尽量将肺里残气吐完。全身肌肉放松，步伐轻快，两臂自然摆动。

3. 变速跑

在跑步过程中，快跑和慢跑交替进行。慢跑时，肌肉活动的能量是靠有氧代谢来保证的；快跑时，肌肉活动激烈，对氧的需求量大大增加，要靠无氧代谢来供给肌肉活动所需的能量。因此，变速跑不仅可以有效地提高有氧代谢的能力，也可以提高机体进行无氧代谢的能力，这不仅对发展一般耐力有益处，而且对提高速度耐力也有益处。变速跑可根据自己的身体状况随时改变速度。

第四节　跳跃

跳跃，是人体运用自身的能力或借助一定的器材，通过一定的运动形式，使人体腾越尽可能的高度或远度的运动。跳跃的竞赛项目有跳远、三级跳远、跳高、撑竿跳高等，我国《国家学生体质健康标准》中还有立定跳远测试。

一、跳远

跳远是一个古老的田径运动项目，早在古代奥运会上就有跳远比赛。从事跳远练习能有效地发展速度、灵敏、力量等素质，特别是发展腿部力量，提高跳跃能力，同时还可以培养大学生坚强的意志品质和勇于进取的精神。

（一）蹲踞式跳远的基本技术

完整的跳远技术由助跑、起跳、腾空和落地 4 个部分组成（图 5-4-1）。

图 5-4-1　跳远技术

跳远

1. 助跑

其任务是为获得更快的水平速度，并为准确踏板和快而有力的起跳做准备。从静止状态开始，一般采用“半蹲式”或“站立式”起动姿势开始加速。采用平稳加速的方式，跑法与加速跑基本相同，开始步频较慢，然后逐渐加大步长，提高步频，跑的动作轻松、自然。助跑开始几步的步长较短，步频较快，身体前倾也较大。助跑距离的长短应根据运动员发挥速度快慢的能力而定。男子助跑距离一般为 45 米左右，跑 18～24 步；女子一般为 35 米左右，跑 16～18 步。

2. 起跳

其任务是充分利用助跑获得的速度，创造尽可能大的腾起初速度和适宜的腾起角。在助跑最后一步时，起跳腿积极前摆，然后快速有力地下压，着地时以脚跟先触板，然后用全脚掌迅速蹬地。

3. 腾空

起跳脚着板后，身体重心继续积极前移，迫使起跳腿的髋、膝、踝关节退让缓冲弯曲，为蹬伸创造有利条件。蹬伸时，起跳腿的髋、膝、踝关节充分伸展，上体和头部保持正直，摆动腿要以腿带髋积极、迅速地向前上方摆动，摆动腿大腿接近水平，小腿自然下垂。当起跳腿开始蹬伸时，同侧臂屈肘向前、向上摆动，异侧臂后引或向体侧引或向体后摆动。当肘关节屈肘摆到与肩接近平行时，摆臂动作突然停止，以维持身体平衡。

4. 落地

落地技术要求尽可能推迟脚落地的时间，加大着地点和身体重心投影点之间的距离，保证身体移过着地点，安全落地。落地技术包括以下几个动作：着地前两腿屈膝高抬或团身，膝关节主动向胸部靠拢；着地时，膝关节伸直，小腿前伸，以脚跟先接触沙面；着地后屈膝骨盆前移，两臂前摆，使身体迅速移过落点，避免后坐。

（二）立定跳远的基本技术

立定跳远动作由预摆、起跳、腾空、落地 4 个部分组成。预备时，两脚左右开立，与肩同宽，两膝微屈，身体前倾，然后两臂自然前后预摆两次，两腿屈伸，当两臂从后向前上方做有力摆动时，两脚前脚掌迅速蹬地，膝关节充分蹬直同时展髋向前跳起，身体尽量前送，身体在空中成一斜线，过最高点后屈膝、收腹、小腿前伸，两臂自上向下向后摆，落地时脚跟先着地，落地后屈膝缓冲，上体前倾（图 5-4-2）。

图 5-4-2　立定跳远技术

二、跳高（以背越式为例）

跳高是一项由节奏性助跑、单脚起跳、越过横杆、落地等动作组成，以越过横杆上缘的高度来计算成绩的田径比赛项目。跳高有跨越式、剪式、俯卧式、背越式等过杆技术，现在绝大多数运动员都采用背越式跳高技术。男、女跳高分别于 1896 年、1928 年被列为奥运会正式比赛项目。

背越式跳高的基本技术

背越式跳高技术是指人体通过助跑、起跳、腾空转体后以背对横杆的姿势越过横杆的跳高技术（图 5-4-3）。

1. 助跑

（1）助跑时的起动分为原地起动和行进间起动两种。运动员一旦选定一种起动方式后应相对固定。

（2）直线助跑时要逐渐加速，助跑轻松、自然、有弹性。

（3）弧线助跑时必须始终保持身体内倾，外侧肩稍高于内侧肩。

跳高

图 5-4-3 背越式跳高技术

（4）助跑的最后几步重心要平稳，步频加快。

（5）倒数第二步时摆动腿积极着地支撑，最后一步时身体保持内倾姿势，沿弧线积极迈步准备起跳。

（6）整个助跑过程要轻松、自然，上、下肢动作协调配合。

（7）助跑步点要准确，节奏合理、稳定。

2. 起跳

（1）起跳时，起跳脚以脚跟外侧先着地，然后迅速滚动至全脚掌，同时建立积极的起跳意识。

（2）摆动腿蹬离地面后迅速屈膝折叠向前上方及内侧摆动。

（3）起跳腿着地缓冲后积极蹬伸，同时快速摆腿、摆臂（单臂摆或双臂摆）、提肩、拔腰。

（4）摆腿、摆臂动作到位时要有制动意识。

（5）起跳结束时，肩、髋、膝和踝关节要充分伸展。

（6）在起跳过程中，摆腿与摆臂动作要协调配合。

3. 过杆

（1）起跳腿蹬离地面后身体自然伸展，两腿自然下垂。

（2）双臂过杆后下放或收于体侧。

（3）身体过杆时依次注意下肩、展体、挺髋。

（4）臀部过杆后应依次屈髋、抬大腿、上踢小腿。

（5）利用身体重心向上的趋势，顺势依次完成过杆动作。

4. 落地

（1）身体过杆后注意低头和保持屈髋、伸膝动作。

（2）以肩背部先着海绵垫，并做好缓冲。

（3）肩背着垫后，两膝保持适度伸展或两腿适当分开。

（4）避免两臂先着海绵垫。

三、跳跃的专门性练习

（1）单腿跳。平地单腿跳、上坡单腿跳、台阶单腿跳。
（2）跨步跳。
（3）原地向上收腿跳或挺身跳。
（4）单腿、双腿连续跳过障碍。
（5）蛙跳练习。深蹲蛙跳、半蹲快速蛙跳。
（6）助跑加起跳摸高练习。

四、跳跃的一般性练习

（1）原地上跳（也称轻松跳）。原地上跳是一种不受场地、器械、天气限制的活动，能使身体迅速升温并可随时进行，运动量及强度可因人而异。

（2）跳绳。跳绳对发展灵敏、速度、弹跳及耐力等身体素质有良好作用，常被用作各专项运动训练的辅助练习。跳绳时，用前脚掌起跳和落地，不要用脚跟落地，以免脑部受到震动，落地时屈膝缓冲，呼吸要自然有节奏。跳绳的种类有：单脚跳绳、双脚跳绳、一带一跳绳及花样跳绳。

第五节　投掷

投掷是人体运用自身的力量，通过一定的运动形式，将手持的规定器械进行抛射并尽可能获得远度的运动项目。投掷的竞赛项目有投铅球、掷铁饼、掷标枪和投链球、实心球等。

一、投掷技术的演变

投铅球技术最初采用的是原地推铅球技术，后来逐渐发展到侧向推铅球技术和上步侧向推铅球技术。20 世纪 50 年代，美国运动员奥布赖恩发明背向滑步推铅球技术，该技术被称为“铅球史上的一场革命”。20 世纪 70 年代，苏联运动员巴雷什尼科夫发明旋转推铅球技术，由于旋转后难以控制身体平衡，至今只有高水平运动员使用。男、女铅球项目分别于 1896 年和 1948 年被列为奥运会正式比赛项目。

掷标枪技术的演变是非常有趣的，在古代可以在标枪上缠绕皮带帮助用力，可以用手指顶在标枪的尾端进行投掷，还有加助跑的投远和原地投准。持枪法由过去的肩下携枪助跑，发展为现在的肩上持枪助跑。握枪法由古老的钳式握法，发展为现在的现代式握法。投掷步由过去的“单足跳”“后交叉”发展为现在的“前交叉”。

从古代到现代，掷铁饼技术的演变可以概括为：原地掷饼—上步掷饼—侧向旋转掷饼—背向纵跳式旋转掷饼—背向旋转低腾空换步式掷饼。

二、投掷的技术阶段划分

（一）准备阶段

准备阶段包括握持器械和预备姿势。由于投掷的项目不同，握持器械的方法和预备姿势也不同，其共同要求是（以右手投掷为例）：握持器械必须做到稳固、自然，对器械有良好的肌肉感觉，便于控制器械；动作自然放松，能充分利用投掷臂的长度，为预加速阶段和最后用力阶段创造良好的条件。

（二）预加速阶段

预加速阶段是人体或器械预先获得速度，为最后用力做准备的阶段。根据不同项目，预加速阶段可分为助跑、滑步、旋转三种形式。

预加速阶段要求动作自然、协调，充分利用场地，均匀加速，并有一定节奏，能控制住器械，能维持好身体平衡；另外，预加速的速度要与投掷者的技术和身体素质水平相适应，并与最后用力阶段紧密结合，不应出现减速或停顿现象。预加速阶段结束时，应形成超越器械的身体姿势，为最后用力阶段创造良好条件。

（三）最后用力阶段

最后用力阶段是投掷项目的主要技术阶段，其任务是在预加速阶段结束时，身体取得超越器械姿势的基础上，合理调动全身各运动器官协调用力，最后通过投掷臂和手的动作，以最快的速度将力量集中到器械上，并以适宜的角度，把器械投掷得更远。对各投掷项目最后用力阶段的共同要求是（以右手投掷为例）：预加速阶段结束时，左脚着地迅速，形成两脚支撑；掌握好正确的用力顺序和用力方向，并且运用全身的力量投掷（髋部首先发力，然后将下肢、躯干和上肢的力量共同集中到器械上）；身体重心由低到高，由后向前，并且做好左侧支撑；做好器械出手瞬间手指拨动器械的末节用力动作。最后用力动作是在预加速阶段结束时身体超越器械的基础上，用最快速度完成，以缩短最后用力的工作时间，尽可能地提高器械出手的初速度。

（四）结束阶段

结束阶段是指器械出手后的身体平衡阶段，任务是摆脱最后用力阶段的惯性，防止犯规。器械出手后，应通过降低身体重心、交换两腿位置、改变身体运动方向等，维持器械出手后的身体平衡。

三、铅球（以右手背向滑步推铅球为例）

预备姿势：五指自然分开，把球放在食指、中指和无名指的指根上，拇指和小指扶在球的两侧，手腕背屈。将球放在锁骨窝处，头稍向右转，用颈部和下颌贴住球，肘部外展略低于肩，掌心向外，完成握持球的动作。背向投掷方向站立，右脚尖靠近投掷圈的后沿，上体自然直立，左臂上举，重心放在右腿上，左腿微屈点地于右脚后侧（图 5-5-1）。

滑步开始前做 1~2 次预摆，然后左大腿向后方摆动，同时右腿蹬离地面，右脚沿地面滑行至投掷圈中心部位，接着右腿迅速内扣，左脚以内侧掌着地，形成背向最后用力开始姿势。然后，右脚蹬转，右髋向投掷方向转动，使髋轴转动超过肩轴，上体形成扭紧姿势。左脚前掌内侧着地，插到抵趾板内沿，身体边转边使重心向左腿移动，上体抬起，左臂猛力摆起，带动左肩转向投掷方向，抬头挺胸，右腿充分蹬伸，右臂快速伸臂，并做甩腕、拨指推球动作。球出手后，身体顺势左转换步，右腿向左跨一步，屈膝内扣，着地缓冲，左腿后抬，以维持身体平衡，然后从投掷圈的后部退出（图 5-5-1）。

投铅球

图 5-5-1　背向滑步推铅球

四、标枪

（一）握持枪

将标枪放在掌心上，大拇指和中指相对，扣在标枪线把后端的枪身上，食指自然弯曲握在枪杆上，无名指和小指自然握在线把上（图 5-5-2）。屈臂举枪于肩上，大小臂夹角约为 90°，手高于耳，在头侧上方，肘关节稍向外，枪尖稍低于枪尾或平行地面（图 5-5-3）。

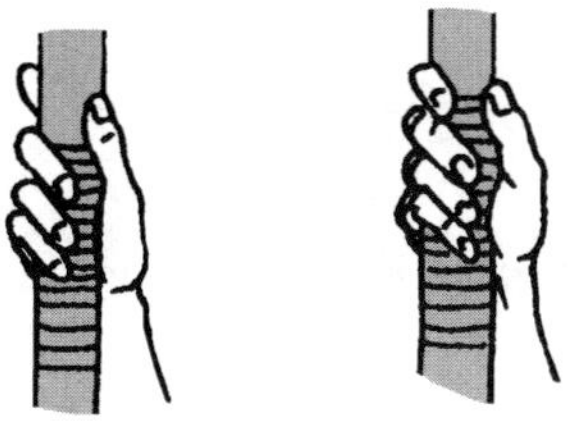
图 5-5-2　握枪方法

图 5-5-3　持枪方法

（二）助跑

助跑的距离一般为 25～35 米，分为预跑阶段和投掷步阶段两个阶段。

1. 预助跑

预助跑时，应保持一定的直线性；前脚掌着地，富有弹性；助跑动作放松自然，逐渐加快速度；可采用“平跑式”和“弹跳式”两种助跑形式；持枪臂随助跑动作前后自然摆动，非投掷臂微屈在体侧随之摆动；助跑速度一般控制在绝对速度的 80%左右。

2. 投掷步

投掷步的目的是完成引枪和超越器械动作，为最后用力创造有利条件。在投掷步的过程中，不但要保持较高的助跑速度和完成引枪交叉步及超越器械等动作，还要实现由助跑向最后用力动作的过渡和衔接。具体步骤如下：

（1）一般采用 5 步投掷步教学，高水平运动员大多采用 7 步（或 7 步以上）投掷步技术。

（2）左脚踏上第二标志线后，右腿前迈开始进行引枪动作，一般采用直接后引的形式完成引枪动作，用两步完成。

（3）引枪时动作协调，上体自然右转，侧对投掷方向，左臂自然摆动，上、下肢动作配合应协调一致，两眼平视投掷方向。

（4）做投掷步时，两腿积极蹬摆，节奏清楚、明显，不能降低水平速度。

（5）控制好标枪，右手持枪不低于右肩，枪尖控制在前额侧方，两眼注视前方。

（6）投掷步结束、交叉步开始时，右腿自然弯曲，大腿带动小腿积极前摆，左腿积极蹬伸，上体后倒，躯干与髋关节充分扭紧，投掷臂充分后伸，形成超越器械动作。

（7）在腾空阶段，左腿应有前摆动作，右脚落地前一瞬间，左腿成伸直勾脚尖状态，并超越右脚，准备前插着地。

（8）在投掷步的最后一步，右脚以脚跟落地，并迅速过渡到前脚掌，跪膝，减小制动，髋部积极前移，使右小腿与地面构成较小的夹角，左腿伸直并勾脚前插落地，上体保持超越器械动作，为最后用力做好充分准备。

（三）最后用力

助跑和最后用力是掷标枪完整技术的主要部分，二者的紧密衔接是掷标枪技术的重点和难点。最后用力的任务是尽量利用助跑速度和超越器械的身体姿势，连贯完成由助跑向最后用力的过渡，充分发挥人体各部分的肌肉力量，并通过投掷臂集中作用于标枪上，以获得最大的出手初速度和适宜的出手角度，使标枪飞行得更远。具体步骤如下：

（1）左腿积极稳固地制动支撑，使下肢的动能迅速向上传递。

（2）右腿积极蹬转送髋，上体迅速转向投掷方向，胸部充分拉紧，投掷臂向上翻转，形成“满弓”。

（3）躯干迅速向前用力，使上体逐级加速，形成爆发式的用力过程。

（4）上臂带动前臂向前做爆发式“鞭打”动作。

（5）标枪出手时应保持合理的出手角度，比较合理的出手角度为29°~36°（图5-5-4）。

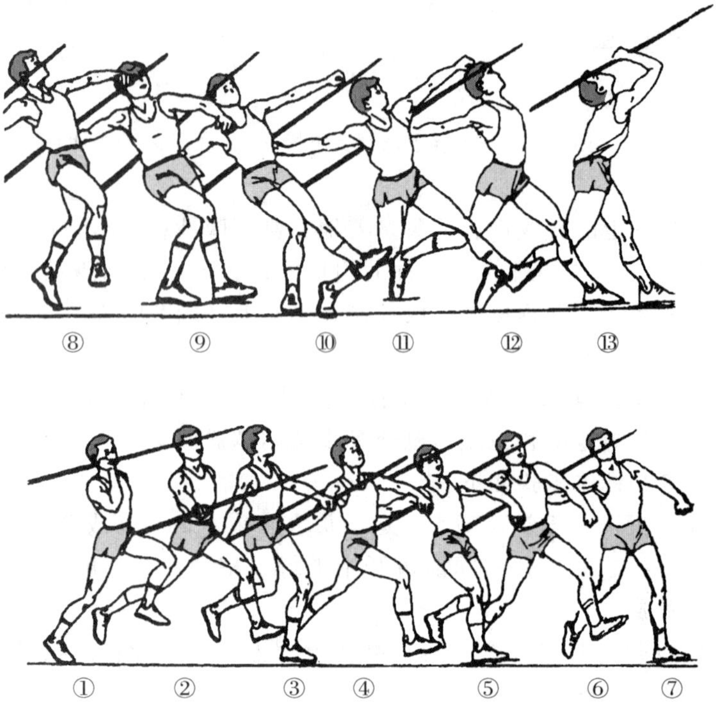

图5-5-4　掷标枪完整技术动作

（四）保持身体平衡

（1）标枪出手后，应有效控制身体继续向前移动，防止犯规。

（2）及时向前跨出1~2步，身体稍向左转。

（3）降低身体重心，保持平衡。

五、投掷实心球

将实心球作为投掷器械的锻炼，既安全，又有效，能很好地发展身体的协调性、柔韧性，加强腰腹肌的力量，提高上下肢的爆发力。

（一）前抛实心球

面对抛球方向，两脚开立，双手持球。抛球时身体伸展，持球向上，接着重心下降，屈膝弯腰下蹲，持球从两腿间向后预摆，然后迅速蹬地，向前抬头抡臂，将球向前上方抛出，球离手时手指拨球，出手角度约为35°。

（二）后抛实心球

背对抛球方向，两脚开立，双手持球。抛球时，预摆动作同前抛动作，经过1~2个预摆动作后，两腿蹬伸展体，身体微微后仰，仰头抡臂，将球从头部的后上方抛出，球离手时手指拨球，出手角度为 40°左右。

思 考 题

1. 跑的技术由哪几个阶段组成？
2. 跳远和跳高的技术由哪几个阶段组成？
3. 投掷的技术由哪几个阶段组成？

第六章

篮球运动

第一节　篮球运动概述

篮球运动是一项集体对抗性运动项目，具有强烈的竞争性和观赏性，以及浓厚的趣味性和娱乐性。自 1891 年篮球运动诞生至今已有 130 年的历史。1932 年，在瑞士日内瓦成立了国际业余篮球联合会；1936 年，第十一届奥运会上，男子篮球被列为正式比赛项目。1951 年和 1953 年分别举行了第一届世界男子、女子篮球锦标赛。1976 年，第二十一届奥运会把女子篮球列为正式比赛项目。目前，国际篮球联合会成员已达 210 多个国家和地区。篮球主要赛事有世界篮球锦标赛、世界青年篮球锦标赛、奥运会篮球比赛、NBA 等。

综观世界篮球大赛的状况，篮球运动继续向着高、快、准、全的方向发展，即向高空优势、高速度、高超技巧、快速灵活和全面准确的方向发展。篮球运动深受青少年喜爱，适合各年龄段和各类人群进行锻炼和活动，是目前世界上参加人数较多的运动项目之一。

第二节　篮球基本技术

篮球技术是队员在比赛中以攻守为目的所运用的各种专门技术动作的总称，是队员进行比赛的主要手段。基本技术掌握的情况，直接影响着队员阶段技术的提高和对高难度动作的掌握。篮球技术是篮球战术的基础，任何战术效果都取决于篮球技术的合理运用和巧妙发挥。没有技术，也就没有战术，战术的发挥给技术提出了更高的要求，促使篮球技术不断地改进、完善、丰富和创新。

一、移动技术

（一）起动

起动是队员在球场上由静止状态变为运动状态的一种技术，是获得位移初速度的方法。

要点提示：移动重心时，起动后的前两三步前脚掌蹬地要短促有力。手臂要协调摆动，充分利用蹬地的反作用力，迅速向跑动方向迈出。

（二）变向跑

变向跑是队员在跑动中突然改变方向以完成攻守任务的一种方法。

要点提示：变方向的瞬间屈膝降重心、移重心，变方向的异侧脚前脚掌内侧迅速蹬地，同侧方向的脚迅速跨出。

（三）侧身跑

侧身跑是队员向前跑动中为了观察场上情况，侧转上体，采用攻守行动的一种跑动方法。

要点提示：面向球转体，切入方向的内侧腿深屈，外侧脚用力蹬地，身体内倾。

（四）急停

急停是队员在快速移动中突然制动速度的一种方法。急停包括跨步急停和跳步急停。

1. 跨步急停

要点提示：第一步要大，第二步要跟得快，用脚前掌内侧用力蹬地。

2. 跳步急停

要点提示：重心放在两脚之间，两腿弯曲，两脚开立宽于肩，两脚微微内扣。两臂屈肘于体侧，保持平衡。

（五）滑步（图 6-2-1）

滑步是防守移动的主要方法之一。它易于保持身体平衡，主要分为侧滑步、前滑步和后滑步三种。

要点提示：重心平稳，移动时滑动方向的异侧脚先蹬地，同侧脚同时跨出，异侧脚再跟上。

图 6-2-1　滑步

移动技术学练方法：

（1）由基本站立姿势开始，按信号做迅速起动练习。

（2）原地徒手或持球做转身跨步练习。

（3）利用标志杆做徒手起动、急停、转身、变向跑练习。

（4）原地背向站立，听信号后做转身起动、急停、转身综合练习，或按要求做变速跑、变向跑练习。

（5）利用篮球场上的罚球圈、中圈和三分线，做变向跑、变速跑、侧身跑练习。

（6）原地双脚起跳，向前、左、右跨一步或向后撤一步做双脚起跳练习。

（7）跑动中做单脚起跳摸篮板、篮圈练习。

（8）全场一对一做徒手攻防脚步动作练习。

二、传球技术

传球是篮球比赛中进攻队员之间有目的地转移球的方法。它是场上队员之间相互联系和组织进攻的纽带，是实现战术配合的具体手段。

（一）双手胸前传球

双手持球，两拇指位于球后侧成“八”字形，其余四指分开置于球侧，掌心不要触球。传球时，迅速向传球方向伸臂，重心前移、翻腕、拨指（图 6-2-2）。

要点提示：蹬地，展体，伸臂，扣腕，手腕急促地由下而上、由内向外翻，同时拇指下压，中指和食指用力拨球。

图 6-2-2　双手胸前传球

（二）单手肩上传球

以右手传球为例，左脚向传球方向迈出半步，同时向右转体将球引至右肩侧上方。出球时，右脚蹬地的同时转体带动上臂，肘在前，前臂迅速前甩，手指用力下压将球传出。

（1）明确传球的动作要领，做原地徒手的模仿练习。

（2）对墙设定目标，做原地的传球练习，体会手臂、腕、指的动作，以及传球路线和落点。

（3）原地将球传给跑动中的队员，体会移动中传球的提前量和落点。

（4）在消极防守的情况下练习传球的落点。

（5）在实战中体会合理地运用不同的传球技术，控制球的速度和路线。

三、投篮技术

原地双手胸前投篮

投篮是篮球的关键技术，是唯一的得分手段，投篮得分的多少决定着比赛的胜负。

（一）双手胸前投篮

两脚前后或左右开立，两膝微屈，双手持球于胸前，肘关节自然下垂。投篮时，眼睛瞄准篮筐，下肢蹬地发力，腰腹伸展，两臂向前上方伸出，前臂内旋，拇指下压，手腕前屈，食指、中指用力拨球通过指端将球投出。

要点提示：要掌握好屈膝蹬地，腰腹伸展，手臂上伸和球出手时手腕、手指用力动作的连贯性、协调性和一致性。

（二）单手肩上投篮

以右手投篮为例，右手投篮时，右脚在前，脚尖正对球篮，屈膝，身体重心在两腿之间，上体保持正直，右手手指自然分开托球于肩上，手腕后翻，掌心空出，左手扶球的侧下部。投篮时，两脚蹬地发力，伸展腰腹向前上方，抬肘伸臂，手腕前屈，食指最后用力，并使球向后旋转把球投向篮筐（图 6-2-3）。

要点提示：投篮时，要自下而上发力，抬肘，手臂上伸，屈腕拨指，将球投出。

图 6-2-3　单手肩上投篮

原地单手肩上投篮

（三）行进间单手低手投篮

以右手投篮为例，当球在空中运行时，右脚向来球方向或投篮方向跨出一大步，同时接球，左脚向前跨出一小步，脚跟先着地，上体稍后仰，然后迅速过渡到前脚掌着地，并用力蹬地起跳，右腿屈膝上抬，左脚蹬离地面。同时双手向前上方举球，腾空后，右臂向前上方伸展。球出手后，两脚同时落地，两膝弯曲，以缓冲落地的力量（图 6-2-4）。

要点提示：第一步大，第二步稍小，要继续加速，起跳迅速，投篮时要控制好身体平衡。

图 6-2-4　行进间单手低手投篮

行进间单手肩上低手投篮

（四）跳起单手肩上投篮

屈膝，重心在两脚之间，两脚用力蹬地垂直起跳，同时将球举至右肩上，左手扶球左侧下方，当身体接近最高点时，右臂向前上方伸直，手腕前屈，手指拨球将球投出。在空中要保持身体平衡，球出手后，身体自然下落。

要点提示：动作的关键在于节奏清晰，起跳投篮衔接要好。

四、运球技术

运球是一项重要的进攻技术，是控制球、组织战术配合及突破防守的重要手段。

（一）高运球

抬头，目视前方，上体稍前倾，以肘关节为轴，按拍球的后上方，球的落点在身体前侧方，球的反弹高度在腰腹之间。主要用于行进间运球。

要点提示：运球手虎口向前，注意球的落点。

高运球

（二）低运球

抬头，目视前方，两膝深屈，用身体保护球，同时用手短促按拍球，球的反弹高度在膝部。主要用于遇到防守急停时的运球（图 6-2-5）。

要点提示：大小臂的发力要协调，手腕的用力要柔和，控制好球的反弹高度。球弹起的高度以不超过膝关节为宜。

低运球

图 6-2-5　低运球

（三）运球急停急起

运球急起时，后脚用力蹬地，同时按拍球的后侧上方，向前运球，以超越对手。运球急停时，手按拍球的前上方，同时两脚做跨步急停，并转入低运球，用手臂、身体和腿护球。

要点提示：运球急起、急停时，要停得稳，起得快，注意运球手触球位置，控制好球。

运球急停急起

（四）运球转身

以右手运球为例。变向时，以前脚（左脚）为轴，左后转身的同时，右手将球拉至身体的后侧方，并按拍球落在身体的外侧方，然后换左手运球，加速前进（图 6-2-6）。

要点提示：转身运球时要降低重心，拉球动作和转身动作要连贯一致，防止重心上下起伏。

运球转身

图 6-2-6　运球转身

（五）背后运球

右手运球从背后换左手时，右脚前跨，右手将球拉到右侧身后，迅速转腕按拍球的右后方，使球从背后反弹至左侧前方，左脚同时向左前方跨步，换左手运球加速前进（图 6-2-7）。

要点提示：右手将球拉至右侧身后时，要以肩关节为轴，并迅速转腕按拍球的后上方。

背后运球

图 6-2-7　背后运球

五、持球突破技术

持球突破是持球队员运用脚步动作和运球技术快速超越对手的一种攻击性技术。

（一）交叉步突破（图 6-2-8）

以右脚作中枢脚为例。两脚左右开立，两膝微屈，身体重心降低，持球于胸腹之间。突破前，先做瞄篮动作或向左虚晃动作，以吸引防守队员，造成防守队员的重心不稳定。突破时，左脚内侧迅速蹬地并向右前方迈出一大步，上体右转，左肩前探下压，右手放球于迈脚的侧方，同时右脚蹬地向前跨出，右手运球超越对手。

持球交叉步突破

要点提示：跨步、转肩、拍球三位一体，贴近对手走切线。

图 6-2-8　交叉步突破

（二）同侧步突破（图 6-2-9）

以左脚作中枢脚为例。动作方法与交叉步突破基本相同。不同之处在于，右脚向右前方跨步，左脚蹬地向前方跨出。

要点提示：蹬跨积极，起动迅速，转体探肩保护球。

图 6-2-9　同侧步突破

六、防守技术

防守是防守队员合理地运用脚步移动和手臂动作积极地抢占有利位置，阻止和破坏对手的进攻意图和行动，并以争夺控制球权为目的的技术。

（一）防守无球队员

防守无球队员的位置，应与球和对手保持一定的距离和角度，站位在对手与球篮之间偏向有球一侧。防守时，根据球和人的移动方向，合理运用步伐，随时调整防守位置。

要点提示：要抢占“人球兼顾”的有利位置，防守时，要做到内紧外松，近球紧、远球松，松紧结合。防止对手摆脱空切，随时准备协防、补防。

（二）防守有球队员

防守有球队员选择位置时，应站在进攻队员与球篮之间，根据对手离球篮的距离和进攻队员的技术特点，调整防守位置。

要点提示：要及时抢占对手与球篮之间有利的防守位置，并根据防守队员的技术特点，采用平步或斜步防守步伐。

七、抢球、打球、断球技术

抢球、打球、断球是防守中具有攻击性的技术，它是积极的防御思想在防守过程中的体现，是积极防守战术的基础。

（一）抢球（图 6-2-10）

抢球时，手部动作有拉抢和转抢两种。抢球时，用双手抓住球向后突然猛拉，或者采用前臂、手腕及上体扭动的力量将球夺走。

要点提示：判断准确，下手及时。

图 6-2-10　抢球

（二）打球（图 6-2-11）

当对手接到球的瞬间，可突然上步打球，若对手持球较高，可采用由下而上的方法打球，用手指和指根击球的下部。若持球部位较低，可采用由上而下的方法打球，用手指和手指外侧击球的上部。此外，还有跳起投篮时的封盖球。

要点提示：打球时，动作要小而快，切记动作不要过大、过猛。

图 6-2-11　打球

（三）断球

断球前，身体重心下降，做好起动的准备。当持球者传球给同伴球离手的瞬间，突然起动，快速助跑，侧身跃出，充分伸展两臂和身体，用单手或双手将球截获。断球有横断球、纵断球和封断球三种。

要点提示：掌握断球时机，动作快速、突然。

八、抢篮板球技术

比赛中双方队员在空间争抢投篮未中而从篮板或篮圈反弹出的球，统称为抢篮板球。抢篮板球技术又分为抢进攻篮板球和抢防守篮板球。抢篮板球技术由抢占位置、起跳动作、抢球动作和抢球后续动作所组成。

（一）抢占位置

要设法抢占在对手与球篮之间的有利位置。

要点提示：判断准确，移动及时，抢位得当。

（二）起跳动作

起跳不仅要求在起跳腾空后，身体能够达到一定的高度，而且要根据球的高度、方向、落点，采取不同的起跳蹬地用力的方向，从而使起跳后抢球手有利于在空中接近球反弹的方向和落点。

要点提示：起跳迅速，配合协调，时机掌握得好。

（三）抢球动作和抢球后续动作

根据比赛时场上队员所处的位置，球反弹的方向、高度及个人的特点，抢球动作可分为双手抢球、单手抢球和点拨球三种。

要点提示：准确判断球的高度，合理运用单手抢、双手抢或点拨球技术。抢到球时，要迅速持球到有利位置，并加以保护或进行下一个进攻动作。

第三节　篮球基本战术

篮球战术是篮球比赛中队员运用攻守方法的总称，是队员个人技术合理应用和队员之间相互协调配合的组织形式。运用战术的目的是为了更好地发挥本方队员的技术与特长，制约对方，争取掌握比赛的主动权，最终获取比赛的胜利。

一、进攻战术基础配合

（一）传切配合

传切配合是指进攻队员之间用传球和切入技术组成的简单配合。如图 6-3-1 所示，⑤传球给④时，⑤乘对手不备，突然横切或从底线切入篮下接④的传球并投篮。

要点提示：传球队员要注意用假动作吸引对手，切入队员要掌握好切入的时机。

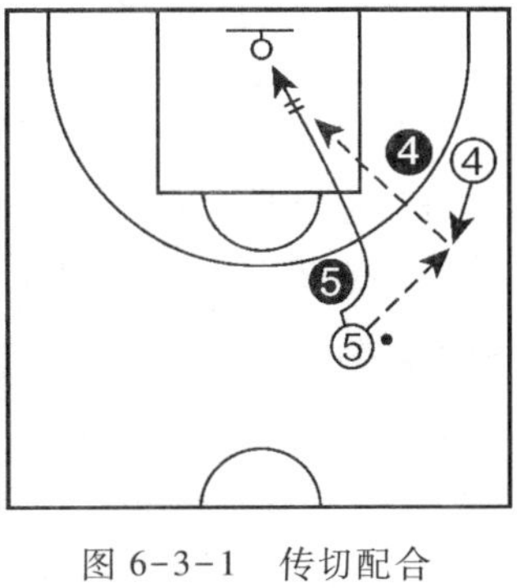

图 6-3-1　传切配合

（二）掩护配合

掩护配合是掩护队员采用合理的行动，用自己的身体挡住同伴防守者的移动线路，使同伴借以摆脱防守的一种配合方法。根据掩护队员的掩护位置可分为前掩护、侧掩护和后掩护。如图 6-3-2 所示，⑤传球给④后，移动到❹身体左侧做侧掩护，④接球后瞄篮或做向左侧突破的动作。当⑤掩护到位时，④立即从右侧贴着⑤的身体运球突破上篮，⑤立即转身切向篮下抢篮板球或接球投篮。

要点提示：掩护队员行动要隐蔽快速，被掩护队员要注意用假动作吸引对手，当同伴到达掩护位置时，摆脱对手动作要快速、突然。

（三）策应配合

策应配合是指进攻队员背对或侧对篮筐接球，以其作枢纽，与同伴空切相配合而形成的一种里应外合的方法。如图 6-3-3 所示，④摆脱防守插到罚球线做策应，⑤将球传给④，并立即空切篮下，接④的策应传球投篮。

要点提示：策应者抢位要及时到位，传球者要迅速将球传给策应者。

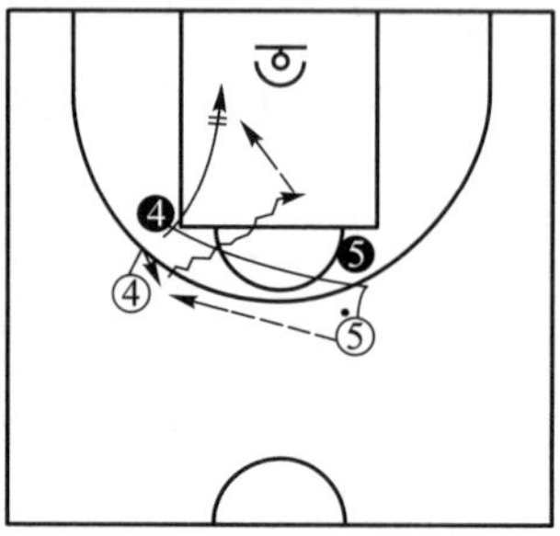

图 6-3-2　掩护配合

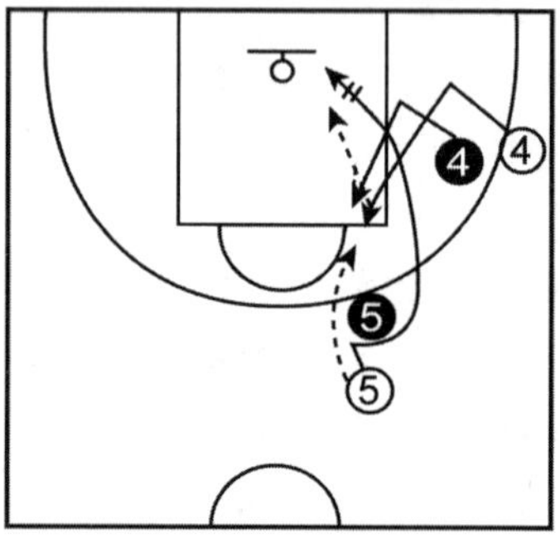

图 6-3-3　策应配合

二、防守战术基础配合

（一）“关门”配合

如图 6-3-4 所示，当⑤从左面突破时，防守队员❹与❺迅速靠拢，以封堵进攻队员⑤的行进路线，进行“关门”配合。

要点提示：在防守队员积极堵截持球队员的突破路线的同时，靠近突破一侧的防守队员要及时快速地向同伴靠拢进行“关门”配合。

（二）交换配合

如图 6-3-5 所示，⑤将球传给④，⑤给④做侧掩护，④运球突破。此时❺发出交换防守信号后立即防守④，❹随之后撤调整位置，堵住⑤的切入，并准备抢断④的传球。

要点提示：防守掩护的队员要主动发出换人信号，双方准备换防。两防守队员要到位、及时换防。

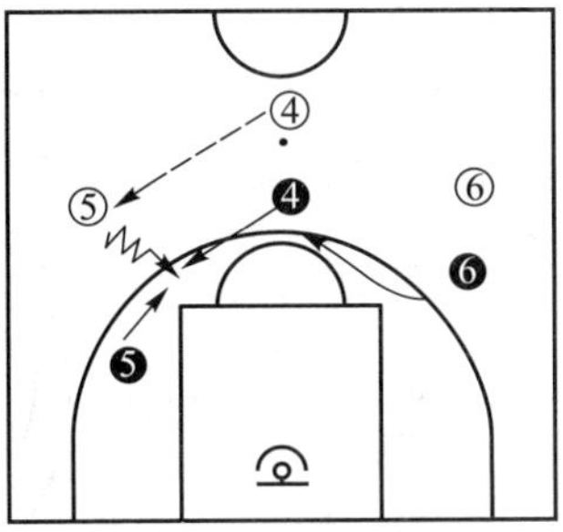

图 6-3-4　“关门”配合

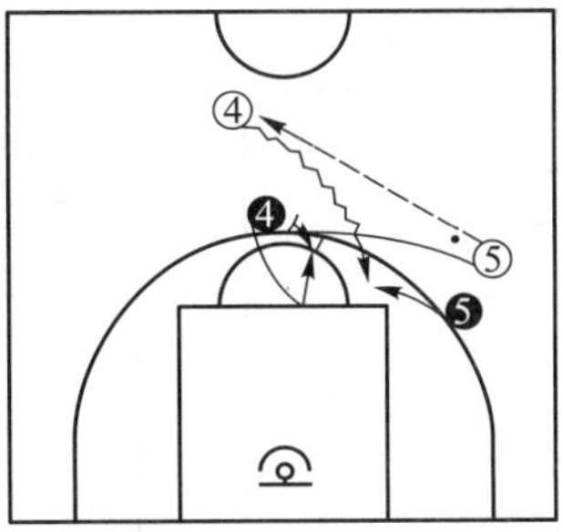

图 6-3-5　交换配合

三、快攻战术

快攻是由防守转入进攻时，以最快的速度、最短的时间，在对方尚未部署好防守之前，创造人数上、位置上的优势，果断而合理地进行攻击的一种快速的进攻战术。

（一）长传快攻

如图 6-3-6 所示，以抢后场篮板球通过接应发动长传快攻为例。当⑦抢到篮板球后，⑤和⑥已经启动快下，但由于受到❼的严密封锁，⑦不能及时直接长传球给快下队员，此时应立即将球传给⑧，⑧接应后再长传给快下队员⑤或⑥，⑨及时插中，做接应准备，⑧和⑦随后跟进。

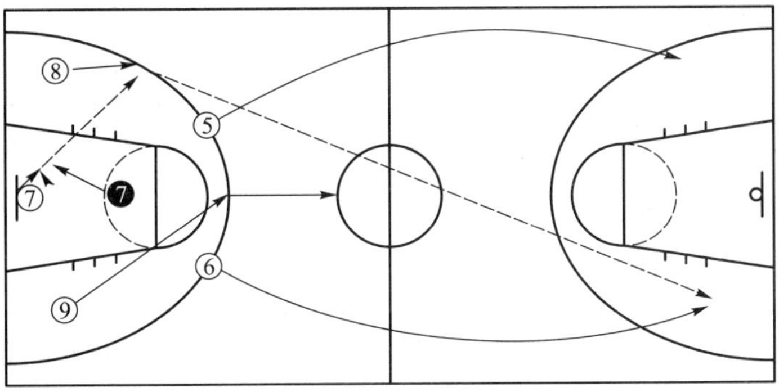

图 6-3-6　长传快攻

（二）短传快攻

短传快攻由发动与接应、推进、结束三个阶段组成。

1. 发动与接应阶段

接应的方式有固定队员固定地区、固定地区不固定队员、固定队员不固定地区和机动接应等几种形式。以固定地区不固定队员的接应为例，如图 6-3-7 所示，图中方块为接应区，但接应队员不固定，⑦和⑧都可以接应，当⑥控制球时，⑧去接应更有利，⑦立即改变路线快下，而⑧立即插上接应。

2. 推进阶段

推进阶段有三种形式：传球推进、运球推进、传球与运球结合推进。以中路运球推进为例，如图 6-3-8 所示，⑤控制球后，⑧插入接应从中路快速推进，在后方的⑥与⑦迅速沿边线快下，④和⑤随后插空跟进。

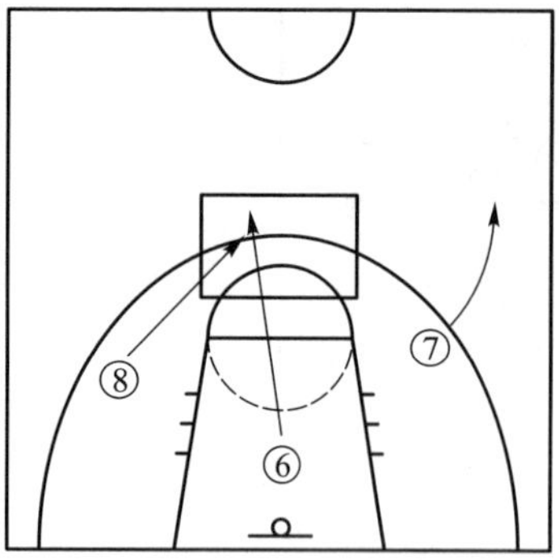

图 6-3-7　发动与接应阶段

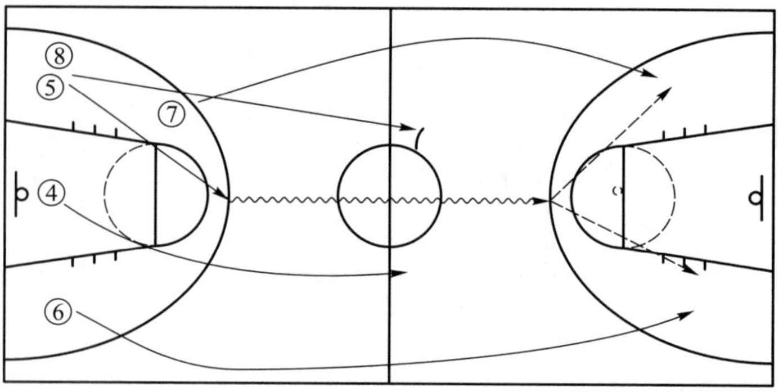

图 6-3-8　推进阶段

3. 结束阶段

快攻二攻一配合技巧，如图 6-3-9 所示，在两人快攻推进到篮下形成二攻一时，⑩利用快速运球逼近篮下，❺上前堵截时，⑩立即将球传给⑨投篮。

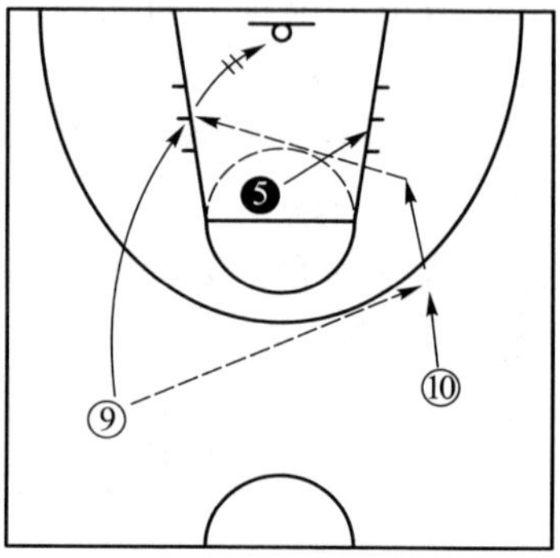

图 6-3-9　结束阶段

（三）防守快攻

防守快攻是防守战术的重要组成部分。掌握防守快攻的方法，能有效地减慢对方的进攻速度，为本队快速回防争取宝贵的时间。防守快攻的方法有：

（1）减少进攻中的失误。

（2）积极拼抢前场篮板球。

（3）堵截快攻第一传和破坏对方的接应。

（4）控制对方快攻的推进速度。

（5）防守对方的快下队员。

（6）提高个人防守能力，利用防守假动作，增强以少防多的战术训练。

要点提示：合理运用封、夹、堵、断、抢等手段，用最大的力量破坏和减少对方发动快攻的质量和次数。

四、全队战术配合

（一）半场人盯人防守

半场人盯人防守是在后场进行人盯人的防守战术。基本要求是：

（1）合理分工，强防强，弱防弱。

（2）以盯人为主，近球紧、远球松，积极移动，抢占有利位置。

（3）根据分工防好自己的对手，同时注意协防、补防、夹击和抢断球。

（4）针对攻方的进攻特点，扩大或缩小防守范围，如对方远投命中率较高，则应扩大防区；如对方内线和突破能力强，则应缩小防区。

（二）区域联防

区域联防是一种半场防守的全队战术。其形式有“2-1-2”“2-3”“3-2”“1-3-1”等，基本要求是：

（1）根据区域联防的队形及队员特点合理分配防守区域。

（2）在分工防守各自区域时，积极地随球移动，对从本区穿过的队员做到一迎、二送、三交接。做到既有分工，又有合作，分工不分家。

（3）加强对有球一侧的防守，兼顾远球区，做到以防球为主，人球兼顾，根据场上情况队员可越区、换区防守。

（4）当进攻队员采用频繁穿插移动时，要协助同伴进行“关门”“夹击”“补位”等防守配合。

要点提示：每个队员必须认真负责自己的防区，并以防球为重点，做到人球兼顾，要严防进入罚球区附近和罚球区的进攻队员，随时准备与同伴进行协防、换位、越区、“护送”等防守配合。

（三）全场紧逼

全场紧逼是篮球防守战术之一。当进攻队失球后转入防守时，每个队员都应立即看住附近的对方队员，在全场紧紧盯住对手，积极阻挠对手的移动、传接球、运球和投篮，破坏对方的战术配合。采用全场紧逼战术，要求全队思想统一、行动一致，队员有坚定的信心和顽强的意志，并有扎实的防守技术和较好的身体素质等。

要点提示：迅速退回后场，立即找到对手，选择有利的位置，做到人球兼顾，并与同伴协同防守。

第四节　篮球竞赛规则简介

篮球竞赛规则是篮球运动不可分割的重要部分，是临场裁判员执裁的主要依据，也是运动员在规则规定的范围内合理地运用各种技、战术的主要依据。

一、场地与设备

（一）场地

标准篮球场是长 28 米、宽 15 米的长方形，球场各线的宽度为 5 厘米。球场的大小从端线和边线的内沿算起。球场内有三分投篮区、限制区和罚球区。

（二）设备

在篮球场纵轴延长线上，端线外至少 2 米的地方各安置一篮球架，架上安装篮板，篮板的投影垂直于地面，平行于端线，并距离端线 1.2 米。它的下沿离地面 2.90 米。篮板中安装牢固的篮圈，篮圈距离地面 3.05 米，平行于地面。

二、违例、犯规及其罚则

（一）违例及其罚则

违反规则而未构成犯规的行为统称违例。其罚则是违例队失去控制球权，由对方在最靠近发生违例的地点掷界外球。

（1）跳球违例。跳球时，两名跳球队员的脚要站在靠近本队球篮一边的半圆，一只脚靠近两人之间的线的中心，球达到最高点后必须被一名双方跳球队员合法地拍击。超出以上规定的为跳球违例。

（2）队员出界和球出界。当队员身体的任何部分与界线或界线外的地面接触时，即为队员出界；当球触及界外队员或任何其他人员、界线上或界线外的地面或任何物体、篮板的支柱或背面时即为球出界。

（3）非法运球。队员第一次运球结束后，不得再次运球，否则为非法运球。

（4）带球走。不按规则规定的持球移动为带球走。持球时，球未离手而中枢脚已离开地面再运球或中枢脚提起又落地后再传球、投篮等，均判违例。

（5）3 秒违例。某队前场控制球时，持球队员或其同伴在对方限制区内停留时间不得超过 3 秒，否则为违例。

（6）5 秒违例。有三种情况：罚球队员在裁判员递交球后 5 秒没有投篮出手；掷界外球的队员在裁判员递交球后或已将球放在他可处理球的地点后 5 秒，没有将球掷入场内；持球队员被严密防守，在 5 秒内没有传、投、滚或运球时。

（7）8 秒违例。进攻队在后场控制球后，未能在 8 秒内使球进入前场。

（8）24 秒违例。当一次进攻开始时，从后场一得到球，必须在 24 秒之内尝试投篮一次，否则判 24 秒进攻违例。

（9）掷界外球违例。掷界外球时，掷球队员未站在裁判员指定的距违例地点最近的界外掷球入场（但直接位于篮板后面的地方除外）。

（10）拳击球、脚踢球违例。队员用拳击球为违例，故意踢球或用腿的任何部分拦阻球为违例，脚或腿偶然碰球不算违例。

（11）球回后场违例。某队控制前场活球，该队的队员不得使球非法地回到他的后场（中线属于后场），否则视为违例。某队一名队员在他的前场最后触及球，并且随后该队最先触及回到后场的球为违例。

（12）干扰球违例。在投篮的时候，当球在飞行中下落，并完全在篮圈水平面上时，进攻或防守的队员都不能触球，但球触及篮圈后或明显不会触及篮圈时除外。

（二）犯规及其罚则

犯规是违反规则的行为，含有与对方队员的身体接触和违反体育道德的行为。对犯规队员应予以登记，并按照规则的有关条款予以处罚。

（1）侵人犯规。侵人犯规是一种违反规则而造成与对方发生不合理的身体接触，如队员通过伸展臂或过分地弯曲身体成不正常姿势以阻挡、推拉、撞绊来阻碍对方行进或使用粗野动作及用手触及对方等。

（2）技术犯规。有意的、不道德的或有投机取巧性质的行为，虽未发生身体接触，但应判技术犯规。在比赛期间，技术犯规者包括临场队员、替补队员、教练员、助理教练员和随从人员。

（3）双方犯规。两名互为对方的队员几乎同时相互发生侵人犯规的情况。

（4）违反体育道德的犯规。裁判员认为队员不是在规则的精神和意图的范围内合法地、直接地试图抢球，造成的侵人犯规是违反体育道德的犯规。

（5）取消比赛资格的犯规。任何技术犯规、侵人犯规都是十分恶劣的不道德行为，均为取消比赛资格的犯规。

（6）打架。在打架或可能导致打架的任何情况下，任何座席人员离开球队席区域的界限应被取消比赛资格，并令其离开球场附近，包括球队席区域和球场附近，并不得以任何方式再和他的球队联系。

三、一般规定

（1）队员5次犯规。一名队员已发生5次侵人犯规或技术犯规，他必须在30秒内被替换。

（2）全队犯规。在一节比赛中某队已累计发生了4次队员犯规时，该队处于全队犯规被处罚状态。所有随后发生的对未做投篮动作的队员的侵人犯规应被判2次罚球，代替掷球入界。

（3）可纠正的失误。如果裁判员无意地忽略了某条规则，并仅仅是导致了以下5种情况时，允许裁判员纠正这个失误：没有判给应得的罚球；判给不应得的罚球；允许不该罚球的队员执行罚球；在错误的球篮执行罚球；不正确地判给了得分或取消得分。

四、比赛通则

（1）比赛时间。比赛时间分为4节，每节10分钟。在第1、2节（第一半时）和第3、4节（第二半时）之间，以及每一决胜期的前面有2分钟的比赛休息时间。两个半场之间的休息时间为15分钟。

（2）比赛开始。比赛由中圈内跳球开始。

（3）暂停。每队第一半时有2次暂停，第二半时有3次暂停，决胜期有1次暂停。暂停机会可以不用，但不准挪到第二半时或决胜期内使用。每次暂停时间为1分钟。

（4）替换。替换队员必须亲自到记录台前报告被替换队员号码，然后坐在替换席上，经临场裁判准许后，方可进入场地替换。只有在替换机会期间，球队才可以替换队员。

（5）比赛结束。当结束比赛时间的比赛计时钟信号响时，一节、决胜期比赛应结束。

（6）比分相等和决胜期。如果在第4节比赛时间终了时两队比分相等，为打破平局，需要一个或多个5分钟的决胜期来继续比赛，直到分出胜负为止。

思考题

1. 篮球和时间有关的规则有哪些？
2. 谈谈自己学练篮球的心得。

第七章 排球运动

第一节 排球运动概述

排球运动是由参加运动的人以身体的任何部位（以单手或双手为主）相互在空中击球，使球不落地，既可隔网进行比赛，也可不设球网进行击球游戏的一种体育运动项目。排球运动形式多种多样，依运动目的、竞赛规则、参与人数、比赛形式的不同可分为很多类。一般来说，以提高运动成绩为目的，并在国际上设有统一竞赛规则的运动形式称为竞技排球。目前竞技排球包括6人制排球和沙滩排球；以娱乐或游戏方式，对参与人数有特殊规定，主要以健身为目的，在国际上还没有统一竞赛规则的运动形式统称为娱乐排球，如软式排球、气排球、草地排球等。

排球运动1895年起源于美国，由威廉·摩根发明。1947年4月18日，国际排联在法国巴黎成立，现在已成为拥有220多个会员的体育组织。目前，世界性的比赛有：世界排球锦标赛、世界杯排球赛、奥运会排球比赛、世界青年排球锦标赛、世界沙滩排球锦标（巡回）赛、世界男排联赛和世界女排大奖赛等。

排球运动对场地的要求不高，设施比较简单，主要规则容易掌握，运动量可大可小，适合不同年龄、性别和不同运动水平的人参与。

第二节 排球基本技术

排球技术是指在排球规则允许的条件下，运动员采用各种合理的击球动作和为完成击球动作所必不可少的其他配合动作的总称。排球动作多种多样，每一项技术动作都有不同的动作结构和动作方法。采用的击球动作和配合动作，首先要符合排球规则的要求，符合人体解剖学和运动生物力学原理，其次要结合个人特点，在完成动作时做到协调、轻松、正确、省力，能够充分利用时间和空间变化发挥人的体能和技能。

排球基本技术包括准备姿势和移动、垫球、传球、发球、扣球、拦网6大基本技术。第1项是无球技术，后5项是有球技术。

一、准备姿势和移动

准备姿势和移动是完成各项击球技术的前提和基础，并对各项击球技术动作的运用起着连接作用。

（一）准备姿势

在起动、移动和击球前所采用的合理的身体动作或姿势，称为准备姿势。准备姿势是为了迅速起动，快速移动，及时助跑、起跳、倒地，便于完成各种击球动作。准备姿势按身体重心高低可分为稍蹲、半蹲和低蹲三种。其中应用最多的是半蹲准备姿势。

1. 准备姿势技术动作要领

（1）稍蹲准备姿势（图 7-2-1）。仅仅是身体重心稍高，动作方法与半蹲姿势相同，一般用于扣球和发球前。

（2）半蹲准备姿势（图 7-2-2）。两脚前后开立略比肩宽，两膝弯曲，脚跟自然提起，上体前倾，重心靠前，膝部的垂直线应在脚尖前面，两臂放松自然弯曲置于腹前，两眼平视，注意来球，两脚始终保持微动。

（3）低蹲准备姿势（图 7-2-3）。身体重心较半蹲姿势稍低，主要运用于接扣球、接拦回球。

图 7-2-1　稍蹲准备姿势

图 7-2-2　半蹲准备姿势

图 7-2-3　低蹲准备姿势

2. 准备姿势学练方法

（1）了解准备姿势动作方法和必要性。

（2）移动（跑、跳）后成准备姿势，练习随时保持准备姿势的能力。

（3）双人相互对照和研究准备姿势与身体灵活性的关系。

（二）移动

从起动到制动之间的位移动作称为移动。移动的目的是为了及时接近球，保持好人与球的位置关系以便击球，同时也是为了迅速占据场上有利位置。在排球比赛中的移动多数是短距离的，两三步的移动最多。从动作结构分析，主要是启动、移动、制动三个环节。距离稍长时，还包括途中的步法和频率。移动的种类有并步、滑步、交叉步、跨步、跑步和综合步。

二、垫球

用除手指弹击动作外的身体任何部位击球的动作称为垫球。垫球是排球的基本技术之一，最常用的是前臂垫球。垫球主要用于接发球、接扣球、接拦回球，以及防守和处理各种困难球。根据动作方法，垫球可分为正面双手垫球、体侧双手垫球、背向双手垫球、跨步垫球、低姿垫球、单手垫球、滚翻垫球、侧倒垫球、鱼跃垫球、挡球、前扑垫球及其他部位垫球；根据动作用途可分为接发球、接扣球、接拦回球及接其他球垫球。

（一）正面双手垫球技术动作要领（图 7-2-4）

正面双手垫球

图 7-2-4　正面双手垫球

1. 准备姿势

面对来球，成半蹲或稍蹲姿势站立。

2. 手型、触球部位和击球点

当球接近腹前时，两手掌根相靠，两手手指重叠，手掌互握，两拇指平行向前，手腕下压，两前臂外翻成一个平面（图 7-2-5），用这个平面击球的后下方。击球点保持在腹前高度，从而便于控制用力大小和根据垫球的方向调整手臂与球的角度。

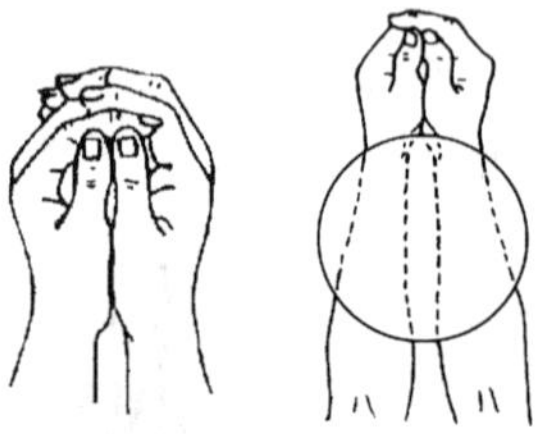

图 7-2-5　垫球手型和击球部位

3. 击球

两臂靠拢前伸，插到球下，向前上方蹬地抬臂，迎击来球。垫击动作结束后，立即松开双臂准备好下一个动作。

（二）体侧双手垫球技术动作要领

体侧双手垫球

在体侧用双手击球称为体侧双手垫球。当来球飞向体侧，队员来不及移动到球的正前方时，可采用体侧垫球。当球向右侧飞来，左脚蹬地，跨右脚，重心右移，两臂夹紧向右伸出，左臂微向下倾斜，用向左转腰和提右肩的动作，配合两臂自右后方向前截住球飞行的路线，用两前臂垫击来球的后下部。当球向左侧飞来时，以相反方向的动作击球。

体侧双手垫球的优点是伸臂动作快，控制范围大。其缺点是不易控制垫球方向，准确性不及正面双手垫球。

（三）背向双手垫球技术动作要领

背向双手垫球

从身前用双手向背后垫球称为背向双手垫球。在接应同伴起球后，球飞得较远而又无法进行正面垫球时，以及需将球处理过网时，常运用背向双手垫球。

背向双手垫球时，要判断好来球的方向，快速移动到球的落点处，背对垫出球的方向，两臂夹紧伸直。击球时，用蹬地、抬头挺胸、展腹和上体后仰的动作带动两臂向后上方摆动抬送，以前臂触球的前下方，将球向后上方击出。背向双手垫球的击球点一般应在肩前上方。

背向双手垫球的要点：一插、二夹、三抬、四压。

背向双手垫球的特点是垫击点较高，准确性稍差。

（四）垫球学练方法

（1）结合下肢动作，徒手模仿练习。

（2）结合球的练习。如击固定球练习、垫抛球练习、对墙垫球练习等。

（3）结合移动的垫球练习。两人面对面相距 3~4 米对垫练习。

三、传球

利用全身协调用力并通过手指手腕的弹力，将球传至一定目标的击球动作称为传球。传球是排球运动中一项重要的基本技术，是组织进攻战术的基础。双手传球的技术动作通常分为正面传球、背向传球、侧向传球三类。下面介绍正面传球。

（一）正面传球技术动作要领

面对目标的传球称为正面传球。它是传球中最基本的技术，是掌握和运用其他各种传球技术的基础（图 7-2-6）。

图 7-2-6 正面传球

正面传球

1. 准备姿势

采用稍蹲准备姿势，上体稍挺起，仰头看球，屈肘，两手自然抬起，放松置于额前。

2. 迎球和击球点

当来球接近额前时，开始蹬地、伸膝、伸臂，双手手指微张，从额前向前上方迎出。击球点在额前上方约一球距离处。

3. 手型（图 7-2-7）

手触球时，十指应自然张开使两手呈半球状，使手指与球吻合，手腕稍后仰，以拇指内侧、食指全部和中指的二、三指节触球的后下部，无名指和小指在球两侧辅助控制球的方向。

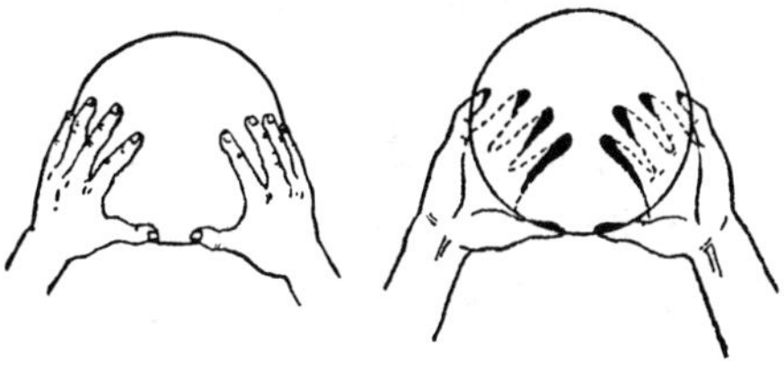

图 7-2-7 传球手型

4. 用力

在迎球动作的基础上，当手和球即将接触时，手腕和手指要有前屈迎球的动作。当手与球接触时，各大关节应继续伸展，最后用手指手腕的弹力将球击出。

（二）正面传球学练方法

（1）原地模仿练习。重点体会触球手型、击球点位置、身体协调配合动作及传球用力的全过程。

（2）原地传球练习。如原地自传球练习、对墙自传球练习，主要体会正确的手型和手指、手腕用力的肌肉感觉。

（3）移动传球练习。每人一球行进间自传球练习；每人一球向左、右、前、后移动传球练习；两人一组，一抛一传球练习；两人对传练习。

四、发球

队员在发球区用一只手将自己抛起的球直接击入对方场区的技术动作称为发球。发球是比赛的开始，也是进攻的开始。准确而有攻击性的发球，不仅可以直接得分或破坏对方的进攻战术，还可减轻本方防守压力，为防守反击创造有利条件。

发球技术主要有：侧面下手发球、正面下手发球、正面上手发球和跳发球等。其中，正面上手发球是最基本的和运用最多的发球方法，正面下手发球和侧面下手发球是初级技术，适合于初学者使用。下面介绍侧面下手发球和正面上手发球。

（一）发球技术动作要领

1. 侧面下手发球（图 7-2-8）

左肩对网（以右手发球为例），两脚左右开立与肩同宽，两膝微屈，上体稍前倾，重心落在两脚之间，左手持球置于腹前。左手将球平稳上抛于胸前约一臂距离，球离手高度约一个半球。在抛球的同时，右臂摆至右侧后下方，接着利用右脚蹬地向左转体的力量，带动右臂向前上方摆动，在腹前用全掌、虎口或掌根击球的后下方。

侧面下手发球

图 7-2-8　侧面下手发球

这种发球动作较简单，容易掌握，适合女子初学者。其特点是发球失误少，但攻击性较弱。

2. 正面上手发球（图 7-2-9）

发球时（以右手发球为例），面对球网，两脚自然开立，左脚在前，左手托球于体前。然后左手将球平稳地抛于右肩的前上方，高度适中，同时右臂抬起，屈肘后引，肘与肩平，上体稍向右侧转动，抬头、挺胸、展腹，手掌自然张开，腿蹬地使上体向左转动，同时收腹，带动手臂向前上方快速挥动。在右肩前上方伸直手臂至最高点，用全掌击球的后中下部。击球时，手指和手掌要张开与球吻合，手腕要迅速做推压动作，使击出的球呈上旋飞行。击球后，随着重心前移，迅速进场。

上手发球要点：抛稳、击准、展胸、挥臂、鞭打、扣腕。

正面上手发球

图 7-2-9　正面上手发球

这种发球击球点高，可以充分利用胸腹和上肢的爆发力，加之运用手掌的推压动作使球呈上旋飞行，不易出界，具有较大的攻击性和准确性。

（二）发球技术学练方法

（1）徒手模仿练习。

（2）击固定球练习。

（3）抛击结合练习。

（4）巩固和提高完整发球技术练习。

五、扣球

队员跳起在空中，用一只手或手臂将本方场区上空高于球网上沿的球击入对方场区的击球方法称为扣球。它是排球的基本技术之一，也是排球攻击性最强的一项技术。扣球是排球比赛得分的主要手段，也是进攻中最积极有效的武器。扣球技术按动作方法分为正面扣球、勾手扣球和单脚起跳扣球。

现以两步助跑、右手扣球为例来讲解正面扣球技术要领。

（一）正面扣球技术动作要领（图 7-2-10）

正面扣球

图 7-2-10　正面扣球

1. 准备姿势

扣球助跑前采用稍蹲准备姿势，两臂自然下垂，身体离网三米左右，观察来球，做好向各个方向助跑起跳准备。

2. 助跑

助跑开始时，左脚先向前迈出一步，紧接着右脚再快速跨出一大步，左脚及时并上，踏在右脚之前，两脚尖稍向右转。两臂绕体侧向上引摆。

3. 起跳

在助跑跨出最后一步（即第二步），左脚并上踏地制动的同时，两臂从后积极向前摆动，随着双腿蹬地向上起跳，两臂配合起跳有力地向上摆动。

4. 空中击球

起跳后，挺胸展腹，上体稍向右转，右臂向后上方抬起，身体成反“弓”形。挥臂时，以迅速转体、收腹动作发力，依次带动肩、肘、腕各关节向前上方呈鞭甩动作挥动（图 7-2-11）。击球时，五指微张，全掌包满球，在手臂伸直的最高点前上方击球的后中部，同时主动用力屈腕屈指向前推压，使扣出的球呈上旋（图 7-2-12）。

扣球要点：助跑点适中，起跳有滞空，反弓展体，挥球向前冲。

图 7-2-11　空中击球

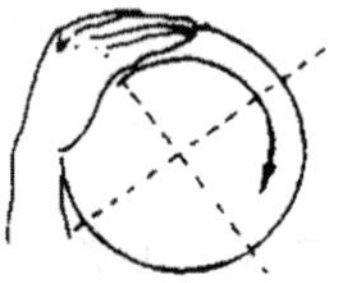

图 7-2-12 击球部位

5. 落地

两脚前脚掌先着地，再过渡到全脚掌，顺势屈膝、收腹，以缓冲下落的力量。

（二）正面扣球学练方法

1. 助跑起跳练习

① 原地双脚起跳练习；② 一步或两步助跑起跳练习；③ 从进攻线附近做两步助跑起跳练习。

2. 扣球挥臂动作的击球手法练习

① 徒手模仿扣球挥臂练习；② 扣固定球练习；③ 自抛自扣练习；④ 扣抛球练习。

3. 完整扣球练习

① 助跑起跳扣抛球练习；② 4 号位扣球练习；③ 结合二传扣一般高球练习。

六、拦网

靠近球网的队员，将手伸向高于球网处阻挡对方的来球，并触及球，称为拦网。拦网是防守的第一道防线，也是第一道进攻线。它不仅可以将对方的扣球拦回、拦起，减轻本方后排防守的压力，而且可以将球拦死，直接得分。根据拦网的形式可分为原地起跳拦网和助跑起跳拦网两种，根据组成拦网的人数又可分为单人、双人和三人拦网。

（一）拦网技术动作要领

1. 单人拦网（图 7-2-13）

图 7-2-13 单人拦网

拦网伸臂动作

（1）准备姿势。队员面对球网，两脚左右开立，约与肩宽，距网 30~40 厘米，两膝微屈，两臂屈肘置于胸前。

（2）移动。常用的步法有一步、并步、交叉步、跑步等。无论采用哪种步法，都要做好制动动作，以保证向上起跳，避免触网和冲撞同队队员。

（3）起跳。原地起跳时，两腿屈膝，重心降低，用力蹬地，垂直向上跳起。

（4）空中动作。起跳时，两手从额前沿球网向上方伸出，两臂伸直并保持平行，两肩上提。拦网时，两臂应伸过网去接近球。两手自然张开，屈指屈腕呈半球状。当手触球时，两手要突然紧张，手腕下压盖在球的前上方（图 7-2-14）。

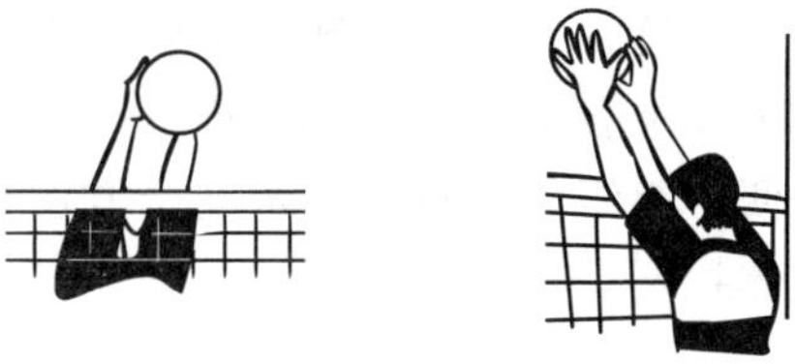

图 7-2-14 拦网空中动作

（5）落地。拦网后，要做含胸动作，以保持身体平衡。手臂要先后摆或上提，从网上收回至本方上空，再屈肘向下收臂，以免触网。与此同时屈膝缓冲，双脚落地。

2. 双人或三人拦网

集体拦网是以单人拦网为基础，进行两人或三人协同一致拦一个进攻点的配合行动，目的在于扩大拦截面。它主要是在对方扣球进攻力强、路线变化多、很少轻扣和吊球的情况下采用。

（二）拦网的学练方法

（1）拦网手型练习。

（2）移动起跳拦网练习。

（3）结合球的拦网练习。

（4）双人或三人拦网练习。

第三节 排球基本战术

排球战术是指运动员在比赛中，根据排球竞赛规则、排球运动的规律、比赛双方的具体情况和临场变化，合理运用个人技术及集体配合所采取的有意识、有组织的行动。

排球战术分为个人战术和集体战术两大类，集体战术又分为进攻战术和防守战术。

一、进攻战术

进攻战术由一传、二传和扣球三个环节组成，分为进攻阵型和进攻打法两个方面。进攻阵型即进攻时采用的组织形式。合理的进攻阵型有助于某些集体战术的组成，它是完成各种进攻打法的基础。进攻阵型主要有“中二三”“边二三”和“插三二”，下面介绍前两种。

（一）“中二三”进攻阵型

“中二三”进攻阵型是指由前排3号位队员担任二传，其他队员将球垫、传给二传队员，再由二传队员将球传给前排4号位队员、2号位队员或后排三名队员进攻（图7-3-1）。

采用“中二三”进攻阵型时，应注意以下两点：

（1）当二传队员轮换到4号位或2号位时，应根据“中二三”战术的需要，采用换位方法，把二传队员换到3号位，以便组织进攻。接发球时的换位站位方法，如图7-3-2①、②所示。

（2）3号位二传队员如果向两边都采用正面传球，可以居中站位；如果二传队员利用正面长传或背后短传，站位可偏近2号位。

这种阵型是排球战术中最基础、最简单的一种进攻阵型。其特点是二传队员位置居中，距离场上各个位置都比较近，一传的目标明确，二传队员也易于接应，加之战术配合简单，因而便于组织。缺点是战术配合方法少，进攻点较清楚，战术意图易被对方识破，对方容易组成集体拦网。

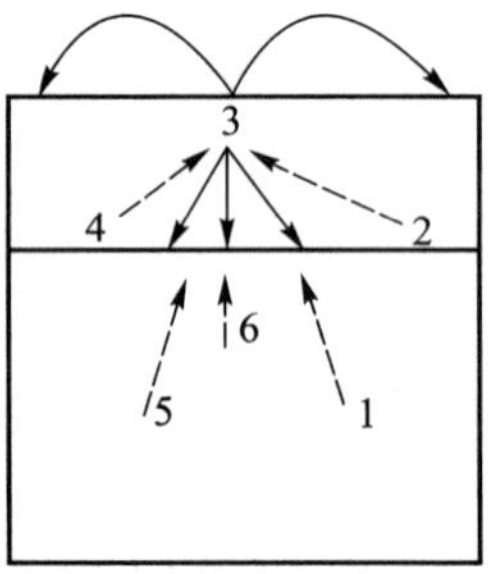

图7-3-1 “中二三”进攻阵型

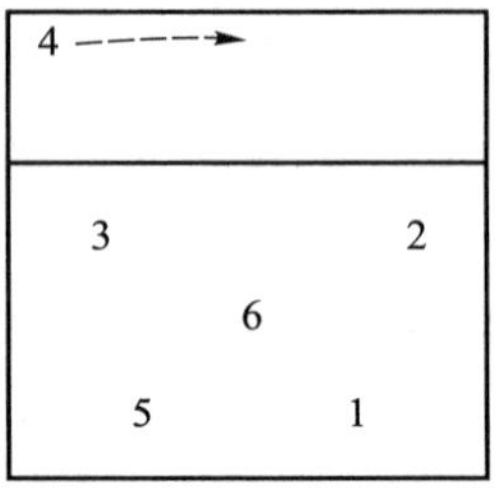

①

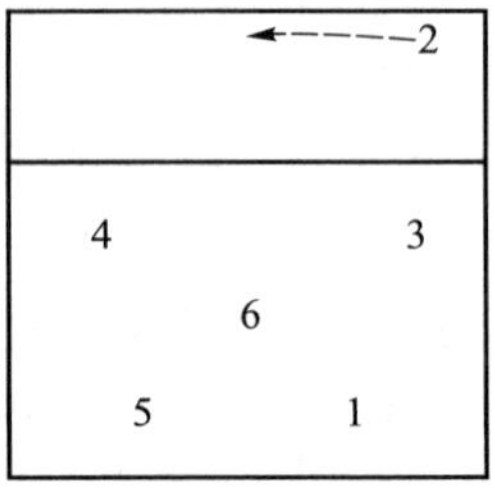

②

图7-3-2 “中二三”换位

（二）“边二三”进攻阵型

“边二三”进攻阵型是指由前排2号位队员站在2号位与3号位之间，担任二传，其他队员将球传、垫给二传队员，再由二传队员将球传给前排4号位队员、3号位队员或后排三名队员进攻（图7-3-3）。

“边二三”进攻阵型比较简单，容易掌握；但由于对一传、二传的要求都较高，组织“边二三”进攻阵型要比组织“中二三”进攻阵型的难度大，其战术配合也较为复杂。

采用“边二三”进攻阵型时，应注意以下三点：

（1）当二传队员轮换到4号位或3号位时，应根据“边二三”战术需要，采用换位方法把二传队员换到 2 号位。接发球时的换位方法如图 7-3-4①、②所示。

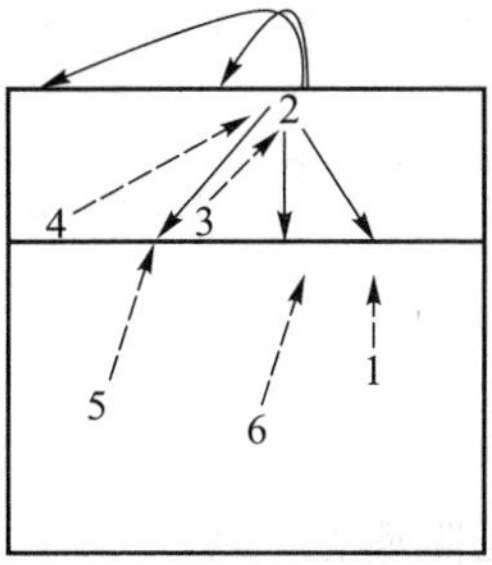

图 7-3-3　“边二三”进攻阵型

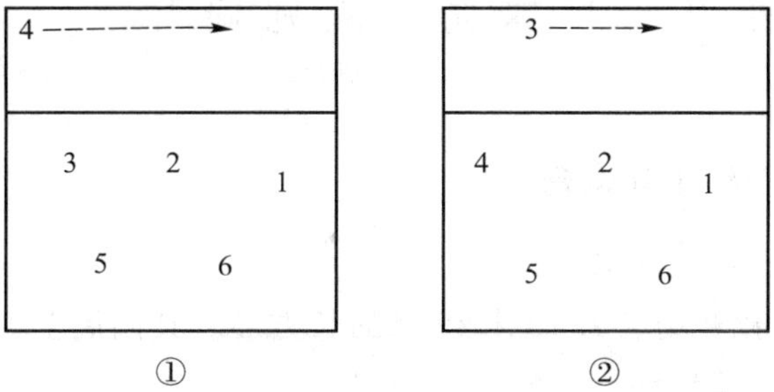

图 7-3-4　“边二三”换位

(2) 二传队员应在 2、3 号位之间，不要紧靠边线站立，以便于运用背快球战术。

(3) 前排二传队员可根据对方拦网情况，采用两次进攻的战术。

二、防守战术

防守战术的形式可分为接发球防守阵型和站位，接扣球防守阵型和站位，接拦回球防守阵型和站位，接传、垫球防守阵型和站位。本书只简单介绍接扣球防守阵型中，双人拦网下的“心跟进”和“边跟进”防守阵型。

(一)“心跟进”防守阵型

固定由 6 号位队员跟进防吊球及前区球，称为“心跟进”防守阵型，或称为“6 号位跟进”防守阵型。这种防守阵型，多在对方采取以扣吊结合为主的进攻战术时，为了解决空心问题而采用。其优点是加强了网前的防守；缺点是后场防守人少，空隙较大，力量相对有所减弱。以对方 4 号位队员进攻为例，本方由 2 号和 3 号位队员拦网，封住中区，4 号位队员后撤 4 米左右防守，6 号位队员跟至拦网队员身后 3 米附近，1 号位和 5 号位队员防守后场，每人负责一个防区，如图 7-3-5 所示。

(二)“边跟进”防守阵型

由 1 号位或 5 号位队员跟进防吊球及前区球，称为“边跟进”防守阵型，也称为“1、5 号位跟进”防守阵型。这种阵型一般在对方进攻力量较强、战术变化较多、吊球较少时采用。

“边跟进”防守阵型有“死跟”和“活跟”两种不同的运用形式。以对方 4 号位进攻为例，“死跟”的基本站位形式如图 7-3-6①所示，“活跟”的基本站位形式如图 7-3-6②所示。

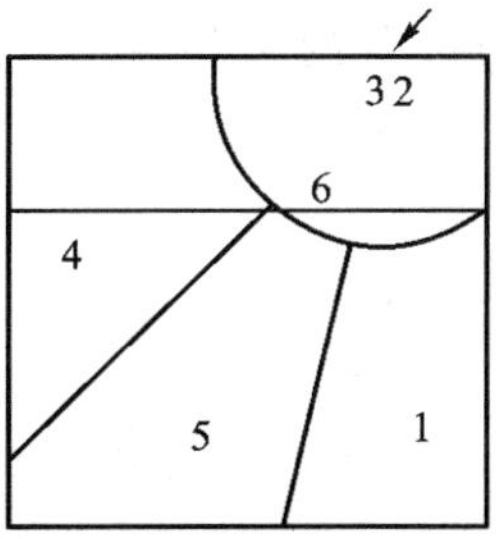

图 7-3-5　“心跟进”防守阵型

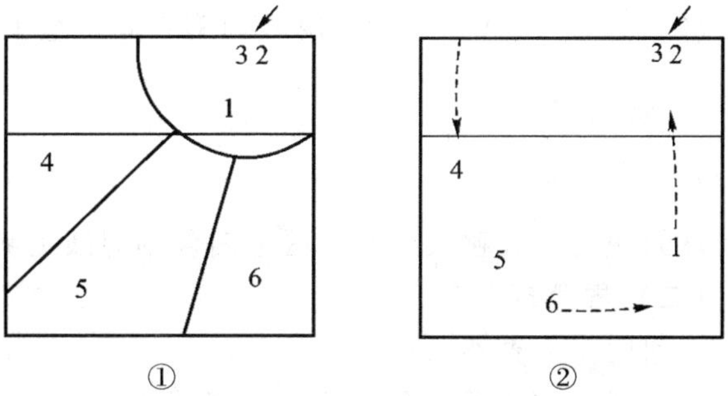

图 7-3-6　“边跟进”防守阵型

第四节　排球竞赛规则简介

一、器材与设备

（一）面积

比赛场区为 18 米×9 米的长方形。其四周至少有 3 米宽的无障碍区。

（二）球网与网柱

1. 球网高度

球网架设在中线上空，男子球网高度为 2.43 米，女子为 2.24 米。

2. 标志带

两条宽 5 厘米、长 1 米的白色带子为标志带，分别系在球网的两端，垂直于边线。标志带被认为是球网的一部分。

3. 标志杆

标志杆是有韧性的两根杆子，长 1.8 米，直径 10 毫米。两根标志杆分别设置在标志带外沿球网的不同侧面。标志杆高出球网 80 厘米。高出部分每 10 厘米应涂有明显对比的颜色。标志杆被认为是球网的一部分，并视为过网区的边界。

4. 网柱

两根网柱分别架设在两条边线外的 0.5~1 米处，高 2.55 米，最好可以调节高度。

（三）球

圆周：65~67 厘米；重量：260~280 克；气压：0.3~0.325 千克/平方厘米。

二、比赛方法

（一）胜 1 局

每局（决胜的第 5 局除外）先得 25 分同时超过对方 2 分的队胜 1 局。当比分为 24∶24 时，比赛继续进行至某队领先 2 分（26∶24，27∶25……）为止。

（二）胜 1 场

（1）胜 3 局的队胜 1 场。

（2）如果 2∶2 平局时，决胜的第 5 局打至 15 分并领先对方 2 分的队获胜。

三、比赛行为

（一）界内球

球的任何部分触及比赛场区地面包括界线为界内球。

（二）界外球

下列情况为界外球：

（1）球接触地面的部分完全在界线以外。

（2）球触及场外物体、天花板或非场上比赛队员。

(3) 球触及标志杆、网绳、网柱或球网标志带以外部分。

(4) 球的整体或部分从过网区以外过网。

(5) 球的整体从网下空间穿过。

(三) 击球

比赛中，队员与球的任何部分被触及都视为击球。每队最多击球 3 次（拦网除外），如果超过则判为“4 次击球”。

(四) 犯规

1. 击球时的犯规

(1) 4 次击球。一个队连续击球 4 次。

(2) 借助击球。队员在比赛场地内借助于同伴或任何物体的支持进行击球。

(3) 持球。球被接住和/或抛出，而不是被弹击出。

(4) 连击。一名队员连续击球两次，或球连续触及其身体不同部位。

2. 发球时的犯规

(1) 发球次序错误。

(2) 没有遵守“发球的执行”规定。

(3) 球触及发球队队员或球的整体没有从过网区通过球网垂直平面。

(4) 界外球。

3. 进攻性击球的犯规

(1) 在对方空间击球。

(2) 击球出界。

(3) 后排队员在前场区完成进攻性击球，并且击球时球的整体高于球网上沿。

(4) 在前场区内高于球网上沿的对方发球完成进攻性击球。

(5) 自由防守队员对高于球网上沿的球完成进攻性击球。

(6) 队员在高于球网处，对同队自由防守队员在前场区用上手传出的球完成进攻性击球。

4. 拦网犯规

(1) 在对方进攻性击球前或击球的同时，在对方空间完成拦网。

(2) 后排队员或自由防守队员完成拦网或参加了完成拦网的集体。

(3) 拦对方的发球。

(4) 拦网出界。

(5) 从标志杆以外伸入对方空间拦网。

(6) 自由防守队员试图进行个人或参加集体拦网。

思　考　题

1. 简述排球都有哪些技术动作。

2. 试述“心跟进”“边跟进”防守阵型，并画图说明。

第八章

足球运动

第一节　足球运动概述

足球运动是以脚为主、用除手和臂以外的身体其他部位支配球（守门员在本方罚球区内和队员掷界外球时除外），在长方形、平坦的、两端各有一个球门的场地上，两队相互攻守，激烈对抗，以射门进球多少决定胜负的球类运动项目。

现代足球运动起源于英国，1863 年 10 月 26 日被定为现代足球诞生日。1904 年 5 月 21 日，在法国巴黎成立了国际足球联合会（FIFA），现在已有 200 多个国家和地区加入这一组织。1900 年，在第二届奥运会上足球被列为正式比赛项目。目前，规模较大的足球比赛主要有世界杯足球赛、奥运会足球比赛和世界足球锦标赛。世界杯足球赛是由国际足球联合会统一领导和组织的世界性足球比赛。每届比赛从预赛到决赛前后历时三年，是世界上规模、影响最大，水平最高的足球比赛。在世界杯足球赛中，夺冠次数最多的队伍为巴西队。

第二节　足球基本技术

足球技术是指在足球规则条件下，运用身体的有效部位合理完成各种动作方法的总称。足球技术是运动员进行比赛活动的基本手段和能力，是完成战术配合、决定战术质量的前提和保证。

一、踢球与头顶球技术

脚内侧踢球

传球是足球运动的纽带，使足球战术得以产生；射门得分体现了足球的战术目的。踢球和头顶球是传球和射门技术的基础，任何传接配合与射门都是通过踢球和头顶球来实现的。

（一）踢球

踢球是指运动员有目的地用脚的某一部位将球击向预定目标的动作方法。它是比赛中运用最多的技术。踢球方法有脚内侧、脚背内侧、脚背正面、脚背外侧、脚尖和脚跟踢球。但不论是哪一种踢球方法，其完整的动作过程都应包括助跑、支撑、摆腿、击球和随前动作这 5 个环节。

脚背内侧踢球

1. 技术环节

（1）助跑。助跑是为了使支撑脚站于正确位置，以增加击球的速度和力量。助跑最后一步要跨大步。

脚背正面踢球

（2）支撑。支撑的主要作用是维持身体在踢球过程中的平衡，保证踢球腿充分地踢摆发力。支撑时，膝关节弯曲，脚尖指向击球方向。为使球呈直线运行，支撑脚一般需站于球的平行位或稍后，否则会影响踢球腿的摆幅及出球的角度与高度。

（3）摆腿。后摆幅度和前摆速度与击球的力量、速度和距离成正比。前摆腿方向与出球方向要一致，摆腿动作要连贯协调，切忌斜摆腿，并注意小腿的后屈与加速前摆。

（4）击球。击球是踢球技术的重要环节，是决定出球质量的关键要素，它包含击球部位（指球的中上部、中部、中下部等）、击球动作（指脚内侧、脚背等具体脚法）等技术细节，如图 8-2-1 所示。在触球的一刹那，踝关节要紧张用力，脚形应固定（如绷直脚背、脚趾扣紧等），要保持踢球前和踢球后脚形一致。

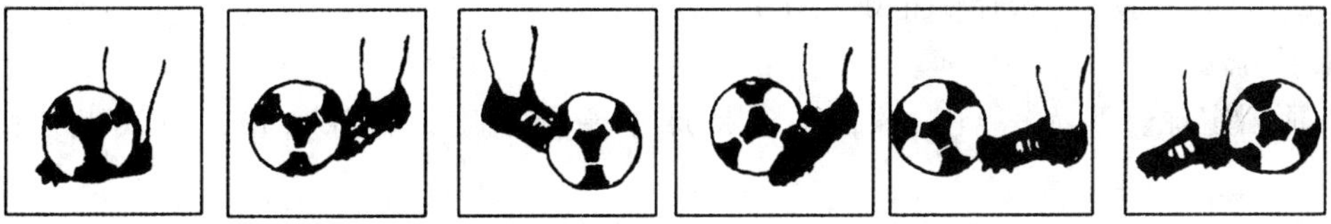

图 8-2-1　击球

（5）随前动作。踢球腿踢完球后要顺势前摆，髋部前送，控制出球方向和加大踢球力量，并保持好身体平衡，以便更快、更好地衔接下一个动作。

2. 练习方法

（1）踢固定球。两人一组一球，一人踩球，一人踢固定球，体会踢球动作的整个过程，特别是体会击球。

（2）面对球门或墙用各种脚法做踢静止球的踢准练习。

（3）两人面对面相距 5~7 米传球。

（4）面对墙相距 15~20 米，对墙踢球后立即迎上去用各种脚法直接踢反弹回来的球，可连续踢。

（5）4 人练习。4 人一组，面对面相距 10 米，做正面传球后的随球跟进练习，也可做传球后转移离开原地的练习，如图 8-2-2 所示。

图 8-2-2　4 人练习示意图

3. 练习提示

（1）脚的站位不能距球太近或太远，也不能距球过前或过后。踢活动球时，支撑脚的选位应考虑到摆腿的时间，应有提前量。

（2）同一种脚法要踢出不同状态（高空球、平直球、地滚球等）的球，关键是靠踝关节的屈伸和击球点的高低来掌握。

（3）在练习踢球时，应按模仿性练习、踢固定球练习、踢定位球练习、踢地滚球练习、踢空中球或反弹球练习、踢弧线球练习和移动中踢球练习的顺序进行练习。

（4）开始学习踢球时，一定要注意左、右脚同时发展。

（二）头顶球

头顶球是指运动员有目的地用额部将球击向预定目标的动作方法。头顶球是传球、射门和断球的有效手段。头顶球的方法分为前额正面顶球和前额侧面顶球。

1. 技术要点

（1）要判断好来球性质和运行路线，选择好顶球的位置和起跳时间。

（2）顶球前两眼应注视来球，两臂自然张开，上体要后仰或成反弓形。当球运行到身体垂直部位前一刹那，屈体甩头击球。头击球时，颈部肌肉要紧张，切忌闭眼缩颈。

（3）顶球时，用力顺序为蹬地、身体重心前送、收腹屈体、甩头。动作要求快速、协调、一致。根据出球的需要，选择好正确的击球点。

2. 练习方法

（1）顶固定球。两人一组一球，一人持球于头部高度，将球拿稳，一人做顶固定球的练习。

（2）顶悬吊球。先原地顶球练习，再升高吊球高度，做原地和助跑跳起顶吊球练习。

（3）两人一球，一人抛球，一人顶球练习。

（4）两人一球，对顶练习。

（5）3人或4人一组做转体头顶练习。

3. 练习提示

（1）练习时，要养成主动迎球和目迎目送的习惯，头顶球时切忌张嘴。

（2）在正确掌握原地顶球的基础上，再进行跳起顶球和鱼跃顶球练习。

（3）当要使顶出的球向前或正面运行时，一般采用前额正面顶球或鱼跃顶球；要使顶出的球变向时，通常采用前额侧面顶球或转体额正面顶球。

二、控球技术

控球技术是指运动员合理地利用球的技巧，包括接球、运球、调整球直至出球所做的一切动作。足球比赛中的激烈争抢实际上是控球权的争夺，只有掌握了控球权，才能有战术配合和射门得分的机会。控球技术是牢固掌握控球权的基本保证。

脚内侧接地滚球

（一）接球

接球是指运动员用身体的有效部位，将运行中的球有目的地接控在所需位置上的动作方法。它是运动员获得球的主要手段。良好的接控球能力能为本方创造更多的进攻机会，也是保证进攻战术顺利进行的重要因素。

脚内侧接空中球

1. 技术要点

（1）无论用何种方法接球，要预先判断来球的性能，提前选好合适的接球位置。

（2）接球时的迎撤动作是接好球的关键，迎撤动作的幅度、速度与来球力量成正比，或做轻微下压、切和撤引动作，以改变球的前进方向和抵消来球力量。

（3）接球后，身体重心必须迅速移动，以便更快、更好地衔接下一个动作。

2. 练习方法

（1）接地滚球的练习。可规定接球的部位，也可视来球的情况用脚底、脚内侧、脚背内侧、脚背外侧接球并使球改变方向。

脚内侧接反弹球

（2）对墙踢球。迎上去接反弹回来的球。

（3）接空中球练习。两人一球，相距一定距离做传接球练习。可根据需要，练习用脚的各个部位，以及腿部、胸腹部接球练习。

（4）接反弹球练习。可自抛自接或在颠球中进行接球练习，也可采用各种抛接或传接的对练。

（5）在对抗情况下做接球练习。

3. 练习提示

（1）在练习中，要养成主动迎球、接球的习惯，力争在球的第一落点将球接好。

（2）要把接球动作与传球、运球、过人和射门快速衔接起来。

胸部接球

（3）接地滚球和反弹球时，一般采用脚内侧、脚底、脚背内侧、脚背外侧等部位接球；接空中下落球时，可采用胸部、大腿部、脚背正面或脚内侧接球；接平直空中球时，可采用缩胸或转体使球改变方向的接球方法。

（二）运球和运球过人

运球是指运动员在跑动中为将球控制在自身范围内，用脚部进行的推拨球动作。采用此类方法突破防守队员时，称为运球过人。运球既能形成个人突破，制造进攻机会，又能控制和调节攻防节奏，它是为战术配合需要和个人摆脱对手防守服务的。常用的运球方法有脚内侧、脚背正面、脚背内侧和脚背外侧运球等。

脚背正面运球

1. 技术要点

（1）直线运球时，自然跑动，步幅要偏小，上体稍前倾，两臂协调摆动。运球脚屈膝提起前摆，脚趾稍内转向斜下指，摆至球体上方时，用脚背正面或外侧推拨球的后中部，重心随球跟进。

脚背内侧运球

（2）曲线运球时，触球作用力的方向应偏离球心，使球呈弧线运行。

（3）变向运球时，应根据变向角度的大小，调整支撑脚的位置、触球部位及运球脚用力的方向，以保证蹬摆用力与推拨触球动作协调一致。

2. 练习方法

（1）在原地或运动中，两脚内侧交替推拨球练习。

（2）原地左、右脚拉推球练习。

脚背外侧运球

（3）先是在慢跑中做直线运球，过渡到直线快速运球。

（4）用各种运球方法做运球绕障碍练习或运球绕“8”字练习。

（5）一个人在快速运球中，做突然变向、变速练习，如突然扣球变向等。

3. 练习提示

（1）在练习时，要养成抬头运球注意观察的习惯，切忌看着球运球。

（2）在练习中，要注意多练左、右脚同时运球技术，或脚背内、外侧运球结合技术。

运球过人

（3）在熟练掌握左、右脚运球技术的基础上，再练习个人突破技术和方法。

三、抢、断球技术

抢、断球指防守队员有目的地运用身体的某一部位，将对手控制下或传递中的球夺过来、踢出去、破坏掉的技术动作方法。抢、断球是运动员获得球的主要手段之一，是球队转守为攻的主要途径，是运动员个人防守能力的综合体现。

（一）技术要点

（1）抢、断位置选择要适当，一般与对手保持约一大步距离。

（2）判断要准确，行动要果断，抢、断时机要掌握好。

（3）正面抢、断时，抢球脚跨步脚内侧正对球，身体重心移至抢球脚，当脚触球时，抢球脚要紧张用力并顺势向上提拉，如图 8-2-3 所示。

图 8-2-3 抢、断球技术

（4）当侧面抢、断球时，要利用身体的合理部位，以适当的力量冲撞对方的相应部位，令对手失去重心，使自己获得球。

（5）正面或侧后铲球要在对手刚拨球后的刹那，铲球腿快速启动，沿地面滑出，抬脚不得过高，倒地动作要连贯，铲球后顺势翻转起身，如图 8-2-4 所示。

图 8-2-4 抢、断球技术

（二）练习方法

（1）对静止球做跨步抢球和倒地铲球练习。

（2）两人并肩慢跑做合理冲撞练习。

（3）两人一球，一人先做消极运球，另一人做正面跨步抢球或正面与侧后面铲球练习；逐步过渡到一人做积极运球过人，另一人做积极抢、断球练习。

（4）1 对 3 人或 2 对 4 人的抢、断球练习。

（5）2 对 2 人或 3 对 3 人小场地比赛，结合运球、突破进行抢、断球练习。

（三）练习提示

（1）抢、断球模仿练习。

（2）抢、断球最容易出现犯规和伤害事故，因此练习中要防止犯规动作和伤害事故。

（3）在练习中，要学会判断和预测，要依情况而变，能抢则抢，不能抢就将球破坏掉，不能破坏掉球就及时封堵对方进攻路线。

（4）在运用抢、断球技术时，应根据自身与对手和球之间的位置与距离，选用正确的抢、断方法。如果对手在正前方运球或正面准备接球，一般采用正面对脚抢、断球或正面铲球技术；如果在与对手平行的近距离侧面，应采用侧面合理冲撞抢、断球。

四、组合技术

在足球比赛中，运动员较多使用组合技术，较少使用单一技术。运动员通过接球、断球、抢球等技术动作获得球，由无球状态转为有球状态，然后根据临场情况进行传球、射门或运球突破再传射的行动。这样一个从获得球到控制球和处理球的完整过程，是由若干有球技术动作组成的，称为组合技术，如图 8-2-5 所示。

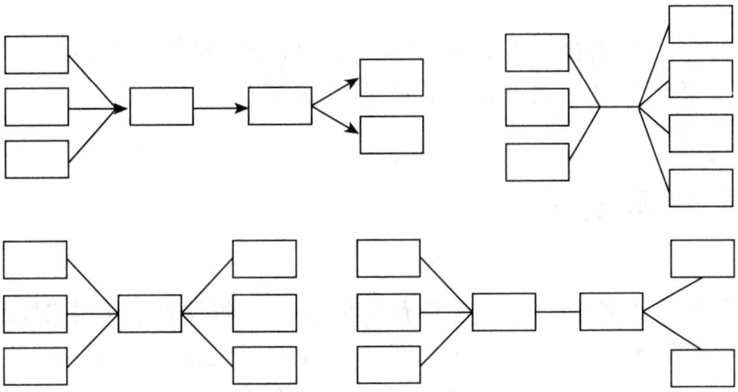

图 8-2-5　组合技术

（一）技术要点

（1）要在比较熟练掌握单个技术的基础上，合理设计组合技术。

（2）组合技术应以二元、三元组合技术为重点。技术组合的基本内容包括接球、运球、突破、传球和射门。

（3）组合技术练习应抓好动作的衔接环节，要求前一个动作为后续动作做准备。

（4）身体重心的快速移动变化是连续完成技术动作的基础。在做动作的瞬间既要保证重心的相对稳定，在做连接后一动作时，又应加速重心的移动。

（二）练习方法

1. 接球—运球练习

（1）颠球或将球抛起，用各种方法接球后运球。

（2）接同伴抛或脚传球运球。

（3）对墙踢球，迎上接反弹球运球。

2. 接球—传球练习

（1）A 向 B 两侧交替传球，B 移动接球后回传给 A。

（2）A、B 行进间接、传球。

（3）接界外掷来的传球。

3. 接球—射门练习

（1）在罚球区附近接从正面或侧面的来球后，不经调整立即射门。

（2）背对球门，接球转身后射门。

（3）接同伴的下底传中球，抢点射门。

4. 接球—运球—传球练习

（1）接正面地滚球，运几步球后回传给同伴。

（2）接球转身后再运球传球。

（3）接侧面或后面同伴的传球，运球下底传中。

5. 接球—运球—射门练习

（1）接自己颠或抛起的球后运球射门。

（2）传球后接斜传或直传空切后运球射门。

（三）练习提示

（1）先做行进间传、接组合练习，在此基础上再做结合射门的练习。

（2）二元、三元组合练习的关键是动作连贯、快速。

第三节　足球基本战术

足球战术是指在足球比赛中，为了达到预期的目的，根据主客观情况所采取的个人行动和集体配合的方法。足球战术又分为进攻战术和防守战术两大系统。无论进攻战术还是防守战术都包含着个人战术和集体战术。个人战术包括摆脱、跑位、选位、盯人等。两人或两人以上的协调配合属于集体战术。个人战术是集体战术的组成部分，集体战术是个人战术的综合，足球比赛要靠集体合作才能完成进攻与防守任务。在进攻与防守中，无论多么复杂的战术配合，总是由个人战术和集体战术协调配合组成，个人战术和集体战术的协调配合就是基础战术。而全队或部分队员的协同配合就形成了全队的攻、守战术方法。

一、比赛阵型

比赛阵型是指比赛场上队员的位置排列、攻守力量搭配和职责分工的形式。阵型的序列一般是从后卫排向前锋。守门员的人数、职责固定，不予计算。目前普遍采用的比赛阵型有："四四二""五三二""三五二"等。

"四四二"阵型是由 4 名后卫、4 名前卫和 2 名前锋组成。前卫队员能攻能守，既加强了进攻，又保证了防守，使攻守趋于平衡；而 2 名边后卫还可以插上助攻。这一阵型在比赛中得到了广泛的运用。

"五三二"阵型是由"四四二"阵型变化而来的。它是把 1 名前卫撤回到后卫线，成为盯人中卫。主要特点是能组成稳固的防线，有利于快速反击。中、后场队员可随机插上进攻，增加了进攻的突然性。

"三五二"阵型是典型挤压争夺中场的阵型。5 名前卫要有效控制中场，进可助攻、退可防守，并能及时、有效地组织二次进攻。两边前卫要阻滞对方的边路进攻，1 名中前卫稍拖后侧重防守，横向跑动拦截对方进攻，作为后卫的前沿屏障。突前的 2 名前卫是二线攻击者，伺机插上传切配合或运球突破射门。

根据对手实力的强弱，“五三二”与“三五二”阵型互变性较强。

二、个人战术

（一）跑位与盯人

1. 跑位

跑位是指比赛中进攻队员在无球的情况下有目的、有意识的跑动方法。根据跑位的目的和开始跑动的状态，跑位分为以下几种：① 摆脱跑位。在防守队员盯逼的情况下跑到空当位置；② 切入跑位。在摆脱对手或无人盯逼的情况下切入到有利位置；③ 扯动跑位。有意识地将防守队员吸引开；④ 牵制跑位。有意识地拉开防守位置距离，制造空当。常用的跑动方法有突然启动、变速跑、变向跑等。

跑位的战术要点是：敏锐的观察、明确的目的、恰当的时机、多变的方向和动作等。

2. 盯人

盯人分紧逼盯人和区域盯人两种。紧逼盯人是贴近对手，不给对手从容得球和处理球的机会。区域盯人是以区域占位为主，既盯住对手又保护同伴。

（二）传球

传球是组织进攻、变换战术和创造射门机会的有效战术手段。选择传球目标、掌握传球时机、控制传球力量与旋转是传球的主要战术内容。

1. 传球时应注意的问题

（1）要根据场上情况的变化及时传出有威胁的球，如转移传球。

（2）传球前，应隐蔽自己的意图，向运球的反方向传球能得到较好的效果。

（3）对控球好、速度慢的队员多传脚下球，对速度快的队员多向前方空当传球。

（4）传空当、转移、传中、传任意球等，要将球速和旋转有机结合，以发挥弧线球的战术作用。

（5）为了保持领先优势，可多用短传控制球；为了挽回败局或争取胜利，可多用长传急攻、斜长传吊冲，以增加射门机会。

（6）顺风时，少做直传、长传，少传高球，传球力量应比平时小些；逆风时，要传低平球，力量比平时要大些；雨天场地潮湿泥泞时，减少短传。横传、回传要谨慎，门前禁忌横传、回传。

2. 对传球的防守

要紧逼控球与传球队员，力争将球抢下，或者封堵其向前传球的路线。即使上述两点均做不到，也尽可能不让其顺利地传球。

（三）运球过人

运球过人是个人进攻战术能力的一部分，是整体战术实力的基础之一。它丰富了战术变化的内容，发挥了个人的技能和智慧。掌握进攻时机，保持适宜的距离，利用速度、方向和动作的变化达到运球过人或突破对方防线的目的，这些是运球过人的主要战术内容。

1. 运球过人时应注意的问题

（1）既要有在前场勇于逼近对手运球过人的信心，又要能随机应变，适当选用各种过人的动作方法。

（2）要熟练地掌握几种运球过人技巧，以对付防守者的各种战术行动。

（3）应根据对手的不同特点，选用不同的过人动作方法。例如，对手速度较慢，可用变速方法过人；对手喜欢贸然行动，可后发制人过人；对手以封堵路线为主，可利用变换运球方向的动作过人等。

2. 对运球过人的防守

（1）对运球过人的防守行动应在保证整体稳固防守的前提下进行。在本方罚球区切不可盲目行动，不能给对方造成以多打少的局面。一般在侧后有同伴保护时，可果断抢、断球；对方利用运球过人正形成突破时，可用铲断将球破坏掉；在别无他法时，也可采用战术犯规。

（2）在具体防守中，应善于抓住运球者两个动作之间衔接的刹那，果断采取行动，或者运用假动作将对方与球有效地加以分隔，决不能盲目急躁、立足不稳而轻易被对方的运球假动作所迷惑。

（3）抢球要把握时机，坚决果断，准确合理，避免无谓的犯规动作。

（四）射门

射门是一切战术配合的最终目的，是攻防矛盾的焦点，因而争夺激烈。要想在密集防守和紧逼拼抢的情况下保证有效地射门，必须要有强烈的射门欲望，要抓住瞬间的射门机会，要合理地运用射门方法。

1. 射门时应注意的问题

（1）强烈的射门欲望是把握住更多射门机会的前提，应注意对此进行培养与训练。

（2）敏锐的观察是抓住射门机会的基础。比赛中，射门时机转瞬即逝，要抓住这宝贵时机，就必须养成射门前善于观察的习惯。

（3）选择合理的射门方法是获胜的保证。

（4）为了占据空间、争取时间、具有突然性，可采用抢点射门、凌空射门和突破后射门。

（5）要利用门前混战，守门员视线被挡时射门。

（6）要注意运球中突然射门、跟进补射、弧线球射门和加强远射的训练。

2. 对射门的防守

（1）防对方直接射门。防守队员首先要有预先判断的能力，并根据判断选好防守位置。一般选在球门与对方队员之间来球一侧的内线，然后力争抢、断或封堵射门的路线和角度，或贴紧对方不让其舒服地完成顶射动作等。

（2）防对方接应或运球射门。防守队员要合理选位，一般在球门与对手之间，距对手 1.5 米左右。根据判断果断抢球或破坏掉射门的球，或尽力封堵其射门的路线与角度。守门员与对手一对一时，要酌情出击或封堵其角度。

（3）稳妥的保护。当本方守门员出击接球或断球时，临近的同伴要立即到球门前保护。当对方罚任意球时，应有队员站在球前，以便赢得“组墙”时间。防守角球时，一般应由两名后卫站在两个球门柱内侧保护球门。

三、局部进攻战术

局部进攻战术是指进攻中两个或几个队员之间的配合方法。它是集体配合的基础。配合的形式有：传切配合、交叉掩护配合和二过一配合。

（一）传切配合

传切配合是指控球队员将球传给切入的进攻队员的配合方法，是局部进攻战术中运用最多的方法。传切配合的形式有局部传切配合和长传转移切入。

（二）交叉掩护配合

交叉掩护配合是指在局部地区两名进攻队员在运球交叉换位时，以自己身体掩护同伴越过防守队员的配合方法。

（三）二过一配合

二过一配合是指在局部地区两名进攻队员通过一次或多次连续传球配合，越过一名防守队员的配合方法。常用的配合方法有：直插斜传二过一、斜插直传二过一、斜传斜插二过一和回传反切直传二过一。

四、整体进攻战术

整体进攻战术是指为了完成进攻战术任务所采取的全局性的进攻配合方法。一次完整的整体进攻是由发动、发展和结束三个阶段组成的。发动阶段是获得球、控制球、传球的进攻阶段；发展阶段是整体的无球跑动和有球配合迅速展开的全面进攻阶段；结束阶段是传中、运球突破、传切配合等形式创造的射门和包抄、补射等攻击对方球门的进攻阶段。依据进攻的方向，整体进攻可分为边路进攻、中路进攻和转移进攻。

（一）边路进攻

边路进攻是指在对方半场两侧地区发动的进攻。边路进攻主要通过边锋或跑到边路的队员运球突破、边锋与中锋或前卫二过一配合、边锋与中锋交叉换位配合、前卫套边配合、后卫插上套边配合等形式，突破对方防线，达到传中的目的。可由中锋和另一侧队员包抄射门，也可直接射门。

（二）中路进攻

中路进攻是指在对方半场中部发展与结束的进攻。中路进攻主要运用的战术有运球突破、踢墙式二过一配合、运球交叉掩护配合、回撤反切突破、横扯插上突破、头球摆渡和定位球。中路进攻主要由中锋和内切的边锋或插上的前卫队员，通过配合或个人运球突破等方法达到进攻目的。

（三）转移进攻

转移进攻是指中路进攻受阻转移到边路组织进攻，或者边路进攻受阻转移到中路或另一侧边路组织进攻。转移进攻的特点是充分利用场地的宽度和足球比赛进攻没有时间和传球次数限制的规则，及时转移攻击点，迫使对方防线横向扯动，出现空当，从而成功地突破防线。

五、整体防守战术

整体防守战术是指全队所采取的防守战术。整体防守战术按形式分为区域盯人防守、人盯人防守和混合盯人防守。

（一）区域盯人防守

由攻转守时，根据场上位置的分布和职责分工，每个防守队员负责防守一定区域。当对方某一队员跑入该区时，就负责盯防；当对方离开这个区域，就不再跟踪盯防。这种防守战术较为节省体力，能防守住进入本防区的进攻队员。但是，由于对方可以任意交叉换位，所以容易造成局部地区以少防多的被动局面，同时在邻近位置的结合部还容易出现漏洞。因此，目前在比赛中已很少采用这种防守战术。

（二）人盯人防守

人盯人防守是每个防守人各自都有明确的防守对象，对手跑到什么位置都要紧跟盯防到什么位置。人盯人防守分为全场人盯人、半场人盯人和后场人盯人防守。人盯人防守分工明确，责任具体，盯防效果好。但体能消耗大，防守队形、防线容易被打乱，一旦突破，不易弥补。因此，目前比赛很少单纯采用人盯人防守。

（三）混合盯人防守

混合盯人防守是盯人防守与区域防守相结合的防守方法，在比赛中常被采用。它结合了人盯人防守和区域盯人防守的优点。对对方中场组织队员和前场攻击队员进行人盯人冻结防守，对其他队员采取区域防守。根据临场情况既可盯人抢、断又可保护补位，形成纵横交错的防守队形。

第四节　足球竞赛规则简介

足球竞赛规则是运动员的行为法规、教练员指导比赛的依据和裁判员执法的准则。

一、比赛场地与比赛用球

（一）比赛场地

比赛场地必须是长方形，边线（两条长线）的长度必须长于球门线（两条短线）。国际比赛的要求是：长最短 100 米，最长 110 米；宽最短 64 米，最长 75 米。

（二）比赛用球

比赛用球为圆形，用皮革或其他适当材料制成；圆周不长于 70 厘米，不短于 68 厘米；重量在比赛开始时不超过 450 克，不少于 410 克；球中气体压力在海平面上等于 0.6~1.1 个大气压力。

二、队员

（1）比赛时，每队上场不得超过 11 人，其中必须有 1 人为守门员。在比赛开始或比赛进行中如果某队人员不足 7 人，比赛不能进行。

（2）守门员可与场上队员互换位置，但必须事先通知裁判员，并应在比赛成死球时进行。

（3）替补队员在死球时，经裁判员允许方可进场。

（4）队员在比赛中不得擅自离场，否则为不正当行为，裁判员应给予警告。

三、比赛时间与比赛开始

（1）正式比赛时间为90分钟，分为上、下半场，各45分钟，中间休息不超过15分钟。

（2）凡竞赛规程规定要决出胜负的比赛，90分钟踢成平局，要加时30分钟。在加时赛前休息10分钟，并重新选择场地。决胜期时，仍分上、下半场，各15分钟，中间换场地不休息。比赛结束，如双方都未进球，要以罚点球决出胜负。

四、裁判员

每场比赛由一名主裁判员，两名助理裁判员和一名第四官员共同执法，他们被授予全部权力去执行与比赛有关的竞赛规则。

五、死球

（1）当球的整体从地面或空中全部越出边线或球门线，为球出界，即死球。

（2）比赛进行中裁判员鸣哨即为死球。

六、计分方法

当球的整体从球门柱间及横木下越过球门线，而此前未违反竞赛规则，即为进球得分。

七、任意球

任意球分直接任意球和间接任意球两种。直接任意球又称为“一脚球”，直接射入对方球门为“胜一球”。间接任意球又称为“两脚球”，直接射入球门无效，只有球再触及其他队员而进入球门者方为有效。

罚任意球时，被罚队员必须退出距球门9.15米范围以外，如果罚球地点距球门不足9.15米，允许防守队员站在球门线上。

八、罚球点球

（1）执行罚球点球时，在球被踢出前，守门员的两脚必须站在球门线上，不得移动。否则，如果球未踢进，则重罚。

（2）罚球点球时，双方队员都应站在禁区外，裁判员鸣哨后，主罚队员方可射门。

九、掷界外球

（1）球越出边线时，由出界前最后触球队的对方在球出界处掷界外球。掷界外球时，可将球掷向场内任何方向。

（2）掷界外球的规定是，双手持球置于头后方，面向场内，两手同时用力将球从头后经头顶用一个完整动作掷入场内。

（3）掷界外球不能直接得分。

（4）界外球被掷入场内，未经其他队员触及前，掷球队员不得再触球。

十、球门球

（1）队员将球踢出对方球门线，由对方踢球门球。

（2）踢球门球时，必须直接把球踢出罚球区，才算进入比赛。

（3）踢球门球直接射入对方球门不算得分。

十一、角球

当球被防守队员踢出本方球门线时，由对方踢角球。踢角球时，不得移动旗杆，必须将球放在角球区内执行。踢角球可以直接射门得分。

十二、越位

（一）越位位置

队员处于越位位置是指接球队员比对方倒数第二名队员更接近球门线。队员处于越位位置本身并不是犯规。

（二）队员不处于越位位置

（1）在本方半场内。

（2）齐平于对方倒数第二名队员。

（3）齐平于对方倒数后两名队员。

（三）构成越位犯规的条件

（1）干扰比赛。

（2）干扰对方队员。

（3）利用越位位置获得利益。

如果队员直接接得球门球、掷界外球、角球，则没有越位犯规。对于任何越位犯规，裁判员应判给对方在犯规发生地点踢间接任意球。

十三、对犯规与不正当行为的判罚

（一）直接任意球

有下列犯规中的任何一种，将判给对方踢直接任意球：

（1）踢或企图踢对方队员。

（2）绊摔或企图绊摔对方队员。

（3）跳向对方队员。

（4）冲撞对方队员。

（5）打或企图打对方队员。

（6）推搡对方队员。

（7）为了得到对球的控制权而抢截对方队员时，于触球前触及对方队员。

（8）拉扯对方队员。

（9）向对方队员吐唾沫。

（10）故意手球（不包括守门员在本方罚球区内）。

（二）间接任意球

如果守门员在本方罚球区内违反下列 5 种犯规中的任何一种，将判给对方踢间接任意球：

（1）用手控制球后在发出球之前持球超过 6 秒。

（2）在发出球之后未经其他队员触及，再次用手触球。

（3）用手触及同队队员故意踢给他的球。

（4）用手触及同队队员直接掷入的界外球。

（5）拖延时间。

如果队员有下列行为，也将判给对方踢间接任意球：

（1）动作具有危险性。

（2）阻挡对方队员。

（3）阻挡对方守门员从其手中发球。

（三）可警告的犯规

如果队员有下列犯规中的任何一种，将被警告并出示黄牌：

（1）犯有非体育道德行为。

（2）以语言或行动对裁判员的判罚表示异议。

（3）持续违反规则。

（4）延误比赛重新开始。

（5）当以角球或任意球重新开始比赛时，不退出规定距离。

（6）未得到裁判员许可进入或重新进入比赛场地。

（7）未得到裁判员许可故意离开比赛场地。

（四）应罚令出场的犯规

如果队员有下列犯规中的任何一种，将被罚令出场并出示红牌：

（1）严重犯规。

（2）暴力行为。

（3）向对方或其他任何人吐唾沫。

（4）用故意手球破坏对方的进球或明显的进球得分机会（不包括守门员在本方罚球区内）。

（5）用可判为任意球或罚点球的犯规破坏对方向本方球门移动着的明显的进球得分机会。

（6）使用无礼的、侮辱的或辱骂性的语言。

（7）在同一场比赛中得到第二次警告。

思 考 题

1. 简述什么是越位。

2. 请选择一项足球技术，并试述其技术要点。

第九章

乒乓球运动

第一节　乒乓球运动概述

乒乓球因“声”得名，是一项形象的、具有中国特色叫法的体育运动；在国际上，被称为“table tennis”。乒乓球是一项富有锻炼价值的运动，特点是球小、速度快、旋转变化多，能增强体质，丰富生活，且男女老少皆宜；其集健身性、娱乐性、竞技性、调节性等为一体，深受广大群众喜爱，在我国被誉为“国球”。

1900年，英国成立了乒乓球协会。同年12月，在伦敦举行了英国第一次大型乒乓球比赛，开创了乒乓球正式比赛的历史。1926年12月，国际乒乓球联合会在英国伦敦成立，并将随后举行的欧洲乒乓球锦标赛确定为第1届世界乒乓球锦标赛。当时的比赛设男子团体、男子单打、女子单打、男子双打和男女混合双打5个项目。自2003年第47届世界乒乓球锦标赛开始，单项赛在单数年举行，团体赛在双数年举行。国际重大的乒乓球比赛还有世界杯乒乓球赛和奥运会乒乓球赛。国际乒乓球联合会从1980年起每年举办一届乒乓球世界杯赛（埃文斯杯），1996年又增设了世界杯女子单打项目。1983年10月1日，国际奥林匹克委员会在德国巴登举行的第84次会议上决定，自1988年在韩国汉城奥运会开始，乒乓球被列为奥运会正式比赛项目，比赛设男子单打、女子单打和男子双打、女子双打4个项目。在2008年北京奥运会上，乒乓球比赛项目有所改变，团体项目取代了双打项目。2000年10月1日起，乒乓球运动进入“大球”时代，球体直径从38毫米增至40毫米，球的重量由2.5克增加到2.7克。这种变化使得击球的速度和旋转相对减弱，回合增加，从而使比赛更激烈、更精彩。2002年9月1日，国际乒乓球联合会又对乒乓球竞赛规则进行了重大修改，实行了“11分制”和“无遮挡发球”，使乒乓球比赛增加了偶然性和悬念，世界乒乓球竞技水平更加均衡，比赛也更具观赏性。

第二节　乒乓球基本技术

一、握拍技术

（一）直握拍法

1. 快攻型直握拍法

拍柄贴在虎口上，拇指的第一指节压住球拍左肩、食指的第二指节压住球拍右肩，拇指第一指节和食指第一、二指节位于球拍前面成钳形，两指尖距离 1~2 厘米，其他三指自然弯曲叠置于拍后（图 9-2-1）。

图 9-2-1　快攻型直握拍法

2. 弧圈型直握拍法

食指扣住拍柄与拇指共同形成环状，其他三指在拍背面自然微伸叠置于拍后（图 9-2-2）。

图 9-2-2　弧圈型直握拍法

3. 削球型直握拍法

拇指弯曲紧贴拍柄左侧，稍用力下压，其余 4 指分开并自然伸直托住球拍的背面（图 9-2-3）。

图 9-2-3　削球型直握拍法

（二）横握拍法

1. 攻击型横握拍法

拇指自然斜伸，贴于拍面；食指自然斜伸，贴于球拍背后，用第一指节顶住球拍，顶点略偏上（图 9-2-4）。

图 9-2-4　攻击型横握拍法

2. 削攻型横握拍法

拇指在拍前自然弯曲贴于拍柄；食指在拍后，自然斜伸贴于拍面，其他各指自然握住拍柄（图 9-2-5）。

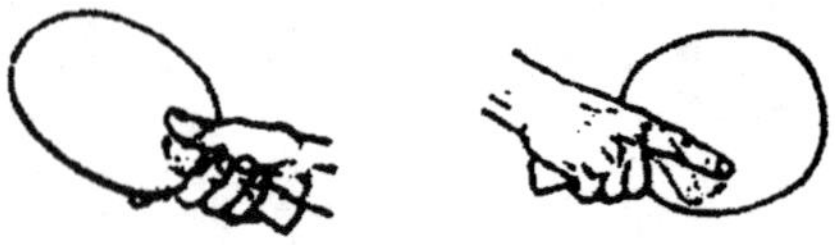

图 9-2-5　削攻型横握拍法

注：以上几种握拍方法，勿用力握死，一定要做到自然放松。

二、站位技术

（一）基本站位

进攻型打法选手站位一般距离球台 50 厘米左右。擅长近台进攻的选手，站位可再稍近些；擅长中近台进攻的选手，站位可稍靠后些；擅长正手侧身抢攻的选手，可站在球台偏左侧；擅长打相持球或反手实力较强的选手，可站于球台中间略偏反手的位置。削攻型打法选手站位一般距离球台 100~150 厘米，多在球台中间略偏反手的位置。

基本站位所指的是一个大概范围，并不是固定的一点，各种类型打法的基本站位不仅不一样，而且它们所指的范围大小也不相同。直拍近台快攻打法的基本站位所指范围较小，弧圈球打法站位范围稍大些，而削球打法则更大。

（二）基本姿势

两脚前后开立，比肩稍宽，前脚掌内侧着地，脚后跟略提起，两膝自然微屈，重心在两脚之间，含胸收腹，身体略前倾，肩关节放松，持拍手位于身前偏右处，球拍略高于台面。对每个选手的基本姿势还要依其身体条件及技术特点略有变化。

（三）基本步法

1. 单步

以一脚为轴，另一脚向前、后、左、右不同方向移动，重心随之跟上。其特点是：移步简单、灵活、重心平稳。它适用于来球速度快，离身体不远的小范围击球。如近网球、搓球、推挡球和近身削球等。

单步

2. 并步

先以来球异侧方向的脚向同侧方向的脚移一步，然后同侧方向的脚再向来球的方向迈一步，重心随之交换。其特点是身体不腾空，重心起伏小而稳定。一般为攻球、削球选手在左右移动时采用。

并步

3. 换步（跟步）

来球同侧方向的脚先向来球方向跨出一步，另一只脚跟着移动一步，重心随之交换。其特点是身体不腾空，重心起伏小而稳定。一般运用于来球稍远及侧身攻球。

4. 跨步

一脚蹬地，另一只脚向来球方向腾空跨出一大步，身体重心随即移到摆动脚上，另一只脚跟着移动。其特点是速度快，移动范围比单步、并步、换步大。进攻型选手多用于扑打正手球；削球选手多用于突然的攻击。

跨步

5. 跳步

以来球异侧方向的脚用力蹬地为主，使两脚同时或几乎同时离地向来球的方向跳动，蹬地用力大的脚先落地，另一只脚紧跟落地，可以原地或向左、右、前、后跳动。其特点是快速，灵活，移动幅度比单步、并步、换步大，有短暂的腾空时间，靠膝关节和踝关节的缓冲来减少重心的起伏。快攻打法用跳步侧身抢攻较多；弧圈球打法在中台左右移动或侧移动时常用；搓球、削球时用跳步调整位置较多。

6. 交叉步

先以靠近来球方向的脚作为支撑脚，远离来球方向的脚向来球方向移动，并超过另一只脚，然后另一只脚随即向来球方向再迈一步。其特点是移动幅度比上述步法的移动幅度都大，主要用于离身体较远的来球。快攻、弧圈球打法选手在侧身进攻后扑右空当或削两边大角度来球时常用此种步法。

交叉步

注：以上几种步法，要根据来球具体情况灵活运用，切记勿生搬硬套。

三、发球技术（以右手为例）

发球是乒乓球运动中非常重要的技术，是比赛的开始，它不受对方来球的制约和限制。在比赛中，发球可以直接得分，可以为发球抢攻创造条件，充分发挥自己的技术风格和特点，限制对方技术特长发挥，破坏对方战术，造成对方心理恐惧，使自己增强比赛的信心。

（一）发球的一般方法

1. 平击发球

正手发平击球

特点：速度一般，基本不转或略带上旋。

动作要点：正手发球时，左脚在前，身体稍向右转，左手掌心托球，置于身体右侧，右手持拍置于身体右侧，持球手将球向上抛起，同时右臂稍向后引拍，在球略低于网时，持拍手从身体右后方向前挥拍，拍面稍前倾，撞击球的中部靠上。击球后，前臂和手腕继续随势向前挥动，身体重心移至前脚。击出的球应先落在本方台面的中区。反手发球时，右脚在前，球向上抛起后，右手持拍从身体左后方向前挥动，拍面稍前倾，击球中部靠上，身体重心移至前脚。

2. 反手发急上旋长球

横拍反手发右侧上旋球

特点：球速快、弧线低、前冲力大，是快攻型打法选手常用的发球。

动作要点：右脚稍前，持拍手位于身前，球向上轻轻抛起，同时持拍手向后引拍，上臂自然地靠近身体右侧，当球从高点下降到低于球网时，持拍手以肘为中心，前臂向右前方横摆发力击球，触球时拍面稍前倾摩擦球的中上部，使球快速前进并具有一定的上旋，球离拍后，第一跳要落在球台端线附近。

3. 反手发轻短球

特点：动作小、出手快、力量轻，落点靠近球网，使对方不易发力还击，可牵制对方。

动作要点：手臂先向后上方引拍，当球下降至比网稍高时，前臂向前下方轻微用力送出，拍面后仰，触球中下部并向底部摩擦。球离拍后，第一跳要在本方台面近网区弹起越网落到对方近网区的地方。

横拍反手发右侧下旋球

4. 反手发急下旋长球

特点：球速较快，带有一定的下旋，对方接球时不易借力。

动作要点：拇指用力压拍左肩，拍面稍后仰，前臂向后上方引拍，当球下降到低于球网时，前臂迅速向前下方用力推切球，拍面触球中下部。手腕在球拍触球的一刹那，要略加一点弹击动作，以加快急下旋球的速度。球离拍后，第一跳要落在球台端线附近。

（二）发球技术的学练方法

（1）徒手做抛球、引拍与挥拍击球模仿练习。

（2）先发斜线球，后发直线球；先发不定点球，后发定点球。

（3）练习发各种旋转性能的球。

（4）用同一动作发单一速度、线路、落点、旋转的球。

（5）用近似动作发不同速度、线路、落点、旋转的球。

（6）采用多球训练法，结合个人技术特点，练1~2套质量高的特长发球技术。

四、接发球技术

接发球的方法要根据对方发球的方法与来球的性能而决定。技术环节包括站位与判断、移动步法与接球手法三大部分。

接发球的站位应根据自己的打法和对方的发球位置来确定，接发球的方法必须根据对方来球状况确定。当对方球拍与球接触的一瞬间，根据球拍移动的方向和触球的部位来判断球的旋转方向及旋转程度；根据对方用力的大小，判断来球的速度和落点。看清并判断来球后，采用点、拨、带、拉、攻、推、搓、削、摆短、撇等技术动作接球。

接急球：接急球时，可利用推挡或攻球回击。例如，回斜线球应尽可能使角度大些，注意使手腕外旋，用拍触球的侧面，将球推或攻到对方球台的一侧，使对方难以侧身抢攻或本方快速变直线。

接短球：接短球时，可“以短回短”把球回到对方近网处，使其不易发动进攻。球拍触球时，如接上旋球，拍面可前倾一些；接下旋球，拍面则稍后仰，减力将球接回。

五、推挡技术

推挡是直拍左推右攻打法的一项重要技术，也是初学者入门的一项基本技术。其特点是站位近、动作小、速度快、变化多。推挡是争取主动的助攻手段，也是积极防御的技术。推挡技术要求速度快、力量大、变化多、有韧性。技术种类可分为平挡、反手快推、加力推挡、推挤、下旋推挡、减力推挡和正手推挡等。

（一）推挡技术口诀

拇指前推食指压，边提边推拍倾斜。以肩为轴臂前伸，球触拍心效果佳。

（二）推挡的一般方法

1. 平挡

特点：借力还击，力量轻、速度慢、线路短。

动作要点：拍面接近垂直，略高于台面，手指、手腕控制拍面，上升前期触球中部靠上，借助来球反弹力，前臂和手腕向前上方挥动。

2. 快推

快推

特点：速度快、变化多、灵活，一般运用于相持、接弧圈球、拉球和中等力量的突击来球。

动作要点：上臂、前臂向后下方稍引拍（动作要小），手臂迅速迎前，击来球的上升期，击球一刹那手腕外旋用力，触球中上部，手臂向前并稍微向上辅助用力快推。

3. 加力推

特点：力量重、速度快，主要用于助攻，常迫使对方离台造成被动，为抢攻创造条件。还可适当用于对付速度较慢、旋转较弱的上旋球或力量较轻的攻球和推挡球。

加力推

动作要点：下臂提起，上臂后收，肘部贴近身体，在上升后期或高点期击球，适当运用伸髋转腰动作，加大手腕发力，并用中指顶住拍背向前用力，同时身体重心向前移动。

（三）推挡技术的学练方法

（1）正、反手对墙面做挡球练习。

（2）反手对反手斜线、中路、直线的对推（挡）。

（3）一点推两点或左半台不同落点的对推（挡）。

（4）反手推挡对方正手攻直线、侧身攻斜线、反手攻斜线等。

（5）采用推挤与加力推结合回击弧圈球练习。

六、攻球技术（以右手为例）

攻球技术在各类打法中占据重要的地位，它具有站位近、判断快、动作小、击球速度快、变化多、击球还原快和步法移动快等特点，是主要的得分手段。

攻球技术分为正手攻球（含侧身攻球）、反手攻球两大部分，包括快攻、快点、快拉、突击、扣杀、快带、杀高球、中远台攻球和攻打弧圈球等技术。

（一）攻球的一般方法

1. 正手快攻（正手快抽）

特点：站位近、动作小、速度快、进攻性强。

直拍正手近台快攻

动作要点：右脚稍用力蹬地，膝、髋稍向前挺，腰向左转，带动手臂向前挥动迎球。击球点在体前右侧，触球瞬间前臂快速用力收缩，以向前打为主，略有摩擦。在来球的上升期或高点期击球，触球的中上部，手腕、手指调节好拍面辅助发力，触球瞬间有一摩擦球的动作。

2. 正手快拉（提拉或拉抽）

特点：速度较快、动作较小，线路较活并与突击动作较接近。

横拍正手近台快攻

动作要点：以前臂发力为主，击来球的高点期或下降前期，手腕同时向前向上用力转动球拍摩擦球，以便制造弧线。应注意判断好来球下旋的强弱，若来球下旋强，球拍向上摩擦球的力量要大些，弧线要高些；反之向上摩擦球的力量要小些，弧线应低些，拍面角度和触球部位也要根据来球下旋的强弱来调节。

3. 正手扣杀

特点：力量重、球速快、威力大、攻击性强。常用于还击各种机会球。

动作要点：主要靠腰、髋的转动及腿的蹬力，带动手臂向前发力，手腕、手指除控制落点外，还应辅助手臂一起向前下爆发用力，在来球高点期或上升期击球。扣杀一般来球，拍面稍前倾，击球中上部；扣杀强烈下旋球，拍面与台面垂直，高点期击球中部，发力以撞击为主，略带摩擦；若来球高且近网，可直接将球向下稍前扣杀。

4. 正手中远台攻球

特点：力量较重、进攻性较强。常用于侧身后扑正手球和正手打回头球。

动作要点：站位在中远台，以上臂带动前臂向左前上方发力为主，手腕控制拍面角度，右脚蹬地，上体左转，重心前移，在来球高点期或下降前期击球的中上部或中部，手臂挥动要快，用力要集中，适当运用腰、腿的力量。

5. 正手攻打弧圈球

特点：速度快、力量大、威胁性强。

动作要点：高手引拍，拍面稍前倾，相对固定。发力以大臂和腰、髋的转动为主，触球瞬间前臂有一收缩动作，击球点一定要在身前，发力方向为向前、向下，击球时间在上升后期。

直拍正手攻球技术口诀：边蹬边转边挥拍，球拍斜挥到额头。以肘为轴收小臂，拍面前倾防架肘。

6. 反手攻球技术

特点：出手快、突然性强。

直拍反手攻球动作要点：右髋和腰右侧略向左后方压转重心，前臂稍向后摆，引拍稍高。髋略向右转，前臂向右前方用力，肘内收，左肩稍向后拉，击球中部稍偏左侧，手腕辅助发力，稍带摩擦球，食指掌握好拍面，拍后的中指决定发力方向。

横拍反手攻球动作要点：在腰、髋略向左转的同时，带动前臂略向后引拍，手腕稍后屈。在腰、髋略向右转的同时，前臂和手腕向右前方发力，触球的中部或中上部，前臂和手掌背部的运行方向决定击球的方向，拇指控制拍面和击球弧线。

（二）攻球技术的学练方法

（1）反复徒手挥拍练习，结合步法练习。

（2）一人推挡，一人攻球，先定点、定线路，然后有规律地变化落点，最后无规律地推不同落点。

（3）对攻练习。1/2 台斜线对攻、直线对攻，2/3 台移动中对攻。

（4）左推右攻对方两点，对方也交替左推右攻至本方两点，即两条斜线对两条直线。

（5）一人推挡，一人反手攻斜、直线，或侧身攻斜、直线等。

（6）两人对推或对搓，一人拉弧圈球，一人攻打弧圈球，可采用侧身、扑正手等。

七、弧圈球技术（以右手正拉为例）

特点：速度稍慢、稳定性好，具有强烈上旋、弧线曲度大。

动作要点：球拍低于来球，右脚掌内侧蹬地，以腰、髋扭转带动手臂由后向前挥动，快速收缩前臂，在高点期或下降前期，向前上方摩擦球的中部或中上部，拍面与台面垂直或稍前倾，触球瞬间甩动手腕。

八、搓球技术

搓球动作类似削球的动作（又称为“小削板”），是过渡性技术。特点是站位近、动作小、出手快。回球多在台内进行，用它对付下旋球是一种比较稳妥的方法，也是学削球的入门技术。搓球分为快搓、慢搓、摆短和搓侧旋等。

（一）快搓

特点：击球时间早，回球速度快，可以变节奏。主要用于对付近网下旋球，可以回搓近网球和底线长球。

动作要点：拍面稍后仰，手臂要迅速前伸迎球。在上升前期击球，来球下旋强，拍触球的底部，前臂和手腕向前用力，摩擦要大些；来球下旋弱，拍触球的中下部，前臂和手腕向下向前用力切摩要大些。根据来球旋转强弱调节拍面。

（二）慢搓

特点：击球时间晚、回球速度慢，利于加转，同快搓结合运用可改变击球节奏。

动作要点：击球时间为下降前期，触球中下部，拍面稍后仰，前臂配合手腕动作向前稍下切摩用力。正手搓球以拇指和中指用力为主，横拍以靠近虎口处的肌肉和拇指、食指的协调用力为主。根据来球旋转程度，调节拍面角度和用力方向。来球旋转强，触球靠近底部，向前摩擦用力大；来球旋转弱，触球中下部，向下向前切摩用力。搓加转球，用球拍的下部触球，前臂和手腕、手指向前下用力摩擦击球，以摩为主；搓不转球，用球拍的上部或中部触球，前臂和手腕、手指向前下撞推送用力，以撞为主。

（三）快摆（摆短）

特点：速度快、落点短、弧线低。主要对付近网下旋球，限制对方抢拉或抢攻。

动作要点：在上升前期击球，拍面后仰，触球的下中部或底部。击球时，动作幅度很小，前臂向前伸的动作和快搓相似，触球时，手臂和手腕用力很小，可借助来球的反弹力，有时还有一定的减力动作。

（四）搓球技术的学练方法

（1）徒手模仿练习。自己向台内抛球，待球弹起后将球搓过网。

（2）一人发带一定旋转的球，另一人将球搓回对方球台。

（3）一人用多球固定线路发下旋球正、反手位，另一人以正手或反手回搓球，先慢后快、先长后短。

（4）反手斜线对搓，正手斜线对搓，一人反手、另一人正手直线对搓。

（5）1/2 台不同落点的正手或反手对搓，结合正、反手攻球。

九、削球技术

削球是一项防御性技术，具有稳定性好、冒险性小的特点。削球能限制对方进攻，迫使对方被动甚至失误，为自己创造进攻条件。削球的种类可分为削轻拉球、削追身球、削突击球、削加转球和削前冲弧圈球等。

第三节　乒乓球基本战术

战术是一种综合运用技术、心理和身体素质的方法，其目的是争取比赛的胜利。战术以基本技术和技术实力为基础，技术掌握得越全面、越纯熟、越实用、越有质量，就越能更好地完成战术实施，并取得良好的效果。乒乓球基本战术有发球抢攻、对攻、搓攻、拉攻和接发球抢攻等。

一、发球抢攻战术

发球抢攻战术是各种类型打法的重要战术之一，是比赛的重要得分手段，特别是在关键时刻，果断运用发球抢攻显得格外重要。

（1）反手发急下旋球为主，配合发短球和急上旋球后抢攻或推挡。

（2）反手发右侧上、下旋球至对方中间偏右近网处，配合发大角度长球，伺机抢攻。

（3）正手发下旋转与不转短球至对方右角或中路为主，配合发长球至对方左侧，伺机抢攻，一般先发加转球。

二、对攻战术

对攻战术是两名进攻型选手相遇，形成对攻的局面时所采用的战术。常采用的战术如下：

（1）压对方反手，伺机正手攻或侧身攻。一般用于对付反手较弱或进攻能力不强的对手。压反手时，可用推挡、反手攻或弧圈球。

（2）压左调右（亦称压反手变正手）。适用范围：① 自己反手不如对方反手时，主动变线，避实就虚；② 对方侧身攻的意识极强，用变对方正手的方法，既可偷袭空当，又可牵制对方的侧身攻；③ 对付正手位进攻较弱的选手；④ 自己正手好，主动变对方正手后伺机正手攻；⑤ 自己反手攻击力很强，可在变对方正手位时直接得分或取得主动；⑥ 左手持拍的选手用此战术较多。因变线的角度大，右手持拍的选手往往被动。

（3）压左等右（紧压对方反手，等着对方变线，自己用正手抢攻）。多在对方采用压左调右的战术时使用。运用此战术时，压对方反手要凶些，否则对方变线较狠，自己往往易变为被动。

（4）调右压左先打对方正手，将其调到正手位并被迫离台后，再打其反手位。

（5）用加减力量压对方反手中路后，迅速抢攻用于对付站位中台的两面拉（攻）选手。一般先用加力推（攻）将对方压下去，再用减力挡将其诱上来，然后伺机加力扣杀。

三、搓攻战术

搓攻战术是削中反攻和攻守结合类打法的主要进攻战术，又是快攻类打法对付攻球和削球打法的辅助战术。它主要是利用旋转和落点变化控制对方，为本方进攻创造机会。

（1）搓不同落点。如搓两角、搓同线长短、搓异线长短、搓追身。

（2）搓转与不转结合落点变化。如快搓转与不转结合，快、慢搓结合，下旋和侧旋结合等。

（3）搓拉结合。如先搓后拉，先拉后搓，搓中变推等。

第四节　乒乓球竞赛规则简介

（一）场地

场地应不小于 14 米长、7 米宽、5 米高，应由 75 厘米高的深色挡板围起。光源距地面不得少于 5 米。从台面高度测得的照明度不得低于 1 000 勒克斯，四周应为暗色。

（二）球台

球台上层表面叫作“比赛台面”，是与水平面平行的长方形，长 2.74 米、宽 1.525 米，距离地面高度为 76 厘米。台面可用任何材料制作，但应具有均匀一致的弹性。

（三）球网

球网包括悬网绳、网柱及将它们固定在球台的夹钳部分。整个球网的顶端距台面为 15.25 厘米，网长为 183 厘米。

（四）球

球应为圆球体，重 2.79 克，直径大于 40 毫米，呈白色或橙色。应用塑料或赛璐珞制成，且无光泽。

（五）球拍

球拍大小、形状和重量不限。击球的拍面应用颗粒向内或向外的海绵胶覆盖，连同黏合剂，厚度不得超过 4 毫米，必须无光泽，且一面为鲜红色，另一面为黑色。

（六）发球、接发球和方位的选择

选择发球、接发球和这一方、那一方的权利应由抽签来决定。中签者可以选择先发球或先接发球，或选择先在某一方或者要对方先行选择。

（七）比赛次序

在单打中，首先由发球员合法发球，再由接发球员合法还击，然后两者交替合法还击。在双打中，首先由发球员合法发球，再由接发球员合法还击，然后由发球员的同伴合法还击，再由接发球员的同伴合法还击。此后，运动员按此次序轮流合法还击。

（八）一场比赛

一场比赛采用五局三胜制或七局四胜制。

（九）一局比赛

在一局比赛中，轮换发球，每人两次发球机会，先得 11 分的一方为胜方。10 平后，轮换发球，每人一次发球机会，先多得 2 分的一方为胜方。

（十）合法还击

对方发球或还击后，本方运动员必须击球，使球直接越过或绕过球网装置，或触及球网装置后，再触及对方台区。

（十一）裁判员技术用语

练习 2 分钟、停止练习、时间到、暂停、侧面、交换方位、准备、发球、擦网、重发球、发球犯规、两跳、连击、擦边球、阻挡、得分、台面移动等。

思　考　题

1. 试述一种乒乓球的发球技术。
2. 乒乓球的握拍方法有哪几种？

第十章

羽毛球运动

第一节　羽毛球运动概述

现代羽毛球运动起源于英国。1893 年成立“英国羽毛球协会”。1899 年，举办第一届全英羽毛球锦标赛。1934 年，成立“国际羽毛球联合会”。1939 年，国际羽联通过《羽毛球规则》。1948 年，第一届“汤姆斯杯”世界男子羽毛球团体锦标赛举行。1956 年，国际羽联成功举办首届“尤伯杯”世界女子羽毛球团体锦标赛。目前，国际重大羽毛球比赛有：汤姆斯杯、尤伯杯、世界羽毛球锦标赛（即 5 个单项比赛，每两年举办一届）、世界杯羽毛球赛、奥运会羽毛球比赛。

20 世纪初，羽毛球运动传入我国京、津、沪等大城市，并很快在全国各地广为流传。1982 年，我国首次参加并夺得“汤姆斯杯”。1984 年，女队又夺得“尤伯杯”。此后，我国羽毛球健儿又获得了几十个世界冠军，涌现出了一大批羽坛名将。目前，我国的羽毛球运动处于世界领先水平，在奥运会等国际大赛中取得过许多优异成绩。

第二节　羽毛球基本技术

羽毛球基本技术主要由手法和步法两部分组成。手法包括握拍法、发球和击球，步法包括基本站位和移动。

一、握拍法

正确的握拍法是打好羽毛球的第一步，初学者从开始学习就要掌握正确的握拍法，虽然按照要求握拍会使很多初学者感到不适应，但坚持练习一段时间就会逐渐适应并掌握了。握拍法包括正手握拍法和反手握拍法。

（一）正手握拍法

正手握拍法有东方式握拍法和西方式握拍法两种（图 10-2-1）。这里介绍东方式握拍法（以右手握拍为例，下同）：先用左手握住球拍中杆，使拍面与地面垂直。张开右手使虎口对准拍柄窄面内侧斜棱，拇指和食指贴在拍柄的宽面上，其余三指并拢，自然握住拍柄，食指和中指稍分开，柄端靠近手掌的小鱼际，掌心与拍面之间应留有空隙，便于击球发力（图 10-2-2）。

（二）反手握拍法

在正手握拍法的基础上，将拍柄稍外旋，食指向中指靠拢，拇指内侧顶在拍柄的宽面，下三指放松并拢握住拍柄，柄端靠近小指根，拍面稍后仰，掌心要留有空隙，以便于发力（图 10-2-3）。

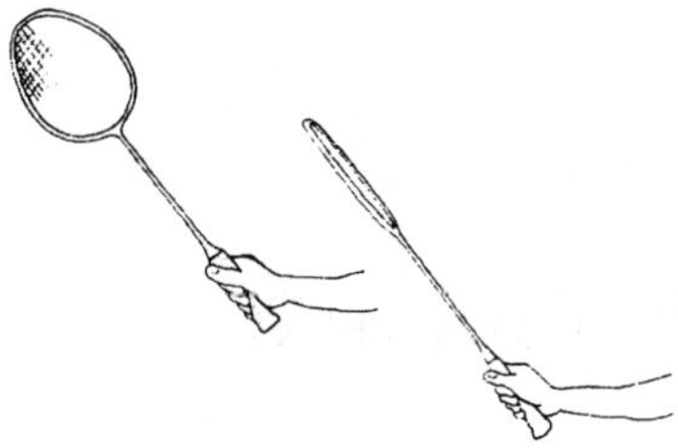

图 10-2-1　正手握拍法

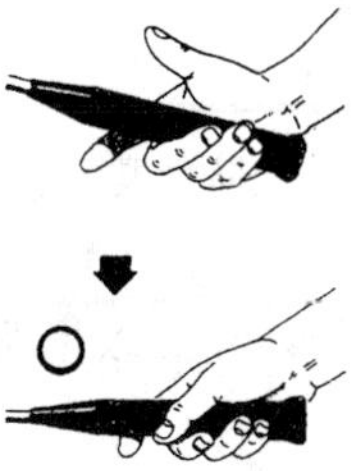

图 10-2-2　东方式握拍法

图 10-2-3　反手握拍法

二、发球

发球从握拍方法和发球姿势上，分为正手发球和反手发球；从球的飞行角度和距离上，分为发高远球、平高球、平快球和网前球。以下介绍正手发高远球、网前球和反手发网前球。

（一）正手发高远球

1. 动作要领

正手发高远球时，应站在距发球线一米左右，靠近中线处。左脚在前，脚尖指向球网；右脚在后，脚尖指向右前方。两脚间距与肩同宽，身体重心放在右脚上。左手拇指、食指、中指捏在球的中部，自然举于胸前；右手正手握拍自然屈肘于身体的右后侧，身体略向右转，右臂随肘上提，手腕充分伸展，将球拍引至适当高度。发球时左手松开球，使球自然下落，向左转体转肩，重心前移，右臂由后上方经体侧下方向前上方挥拍，并以手腕的爆发用力在身体右前下方将球击出，随后使球拍顺势向左上方缓冲（图 10-2-4）。

图 10-2-4　正手发高远球

正手发高远球

2. 要点提示

击球点在右前下方，击球瞬间前臂带动手腕由伸展至微屈，闪动发力。击球后放松还原到接球的准备状态。

3. 练习方法

① 挥拍练习。模仿发球动作做挥拍练习，或持球手臂靠墙（不碰墙）做挥拍练习；② 对

发练习。两人一组，隔网做对发高远球练习；③ 准确性练习。在对方场区画出圆圈，将球发至圆圈内，可逐步缩小范围，变换位置。

（二）正手发网前球

1. 动作要领

与正手发高远球动作大致相同。不同之处在于前臂挥动和手腕后伸，比发高远球幅度小，用力轻。在向斜前上方挥拍时，前臂带动手腕，拍面从右向左斜切击球托后部，使球尽量贴网而过，落在对方前发球线附近的发球区内。

2. 要点提示

击球时，要控制好拍面角度和力量，避免球过网偏高而遭到对方扑击。

3. 练习方法

基本同正手发高远球，可结合扑球练习，以增强实战效果，提高练习积极性。

4. 易犯错误及纠正

主要是用力和角度不当，造成过网过高或落网。可反复体会击球时的“切送”动作，控制好用力和角度。

（三）反手发网前球

1. 动作要领

站位接近发球线，右脚在前，重心在右脚，左脚跟提起，反手握拍于腹前，肘关节弯曲，左手拇指与食指捏住球的羽毛，斜放在球拍前面。击球时，前臂向前上方推送，利用手腕的屈伸和拇指力量向前推顶球拍，切击球托，使球贴网而过，落在对方前发球线附近的发球区内（图 10-2-5）。

反手发网前球

图 10-2-5　反手发网前球

2. 要点提示

重心靠前，前臂带动手指、手腕控制力度和角度。

3. 练习方法

同正手发网前球。

三、击球

一般来说，击球可分为击高远球、杀球、吊球和抽球等（各种击球的回球路线见图 10-2-6）。击球的准备姿势是左脚在前，右脚在后，身体侧对球网，身体重心在左脚上，右脚脚跟离地，双膝微屈，收腹含胸，屈肘握拍于胸前（图 10-2-7）。

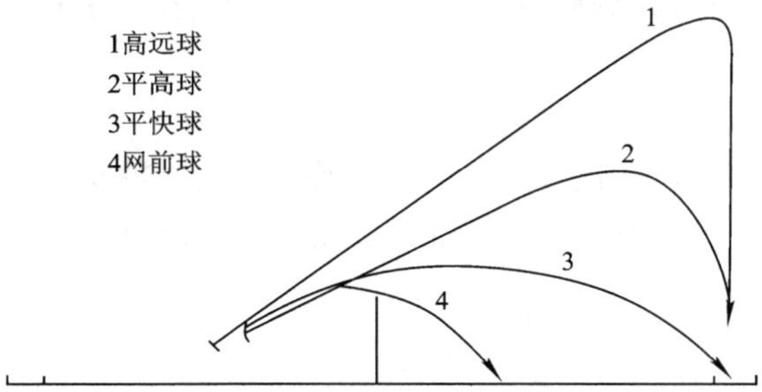

图 10-2-6 击球回球路线

图 10-2-7 击球准备姿势

（一）击高远球

1. 动作要领

击正手高远球时（以右手握拍为例），左脚在前，右脚在后，两脚与肩同宽自然开立，身体侧对球网，重心在右脚上。左手自然上举，右手正手握拍屈肘举拍于头右侧，注视来球。击球时，上臂后引，肘关节上举至高于肩部的位置，引拍至头后，手腕后伸外展，随后右脚蹬地、转体，腰腹协调用力，以肩为轴，上臂带动前臂快速向前上方甩动手腕，在手臂自然伸直的最高点击球。然后，手臂随惯性减速摆动，自然收拍至胸前，右脚随身体重心前移向前跨步（图 10-2-8）。

图 10-2-8 击高远球

击高远球

2. 练习方法

练习击高远球可以首先进行徒手挥拍练习。练习者按照动作要领反复做挥拍动作（可面对镜子），体会整体用力感觉。然后练习击打用绳子悬挂在适当位置的球。练习时，以正确动作反复做挥拍击球练习，培养“球感”，练习一段时间后逐步过渡到对打练习，两人各站在底线附近，先原地击球，逐步过渡到移动击球。练习时，先练习打直线，然后练习打斜线高远球。

3. 要点提示

击球点在右肩前上方最高点，击球时手臂伸直，前臂外旋带动手腕快速闪动，爆发用力击球。

（二）杀球

1. 动作要领

杀球时的准备、引拍和击球后的动作与正手击高远球技术基本相同。只是杀球的击球点在右肩前上方稍前，并要尽量提高击球点。引拍时，身体后仰呈“反弓”形，运用转体收腹的力量，加上手臂内旋和快速屈腕动作，将球击打到对方场区。杀球时，要选择好击球点，全身协调用力。

2. 练习方法

练习杀球也应该先按照动作要领做挥拍练习，逐步过渡到对抗练习。动作熟练后，采用陪练者连续发球至后场，练习者连续做杀球的多球练习，以提高练习的密度和强度（图 10-2-9）。

杀球

图 10-2-9　杀球

（三）吊球

吊球

1. 动作要领

吊球击球前的准备、引拍及击球后的动作与正手击高远球基本相同。击球点较正手击高远球的位置稍前。击球时，主要靠手指、手腕的力量控制球的落点。吊左侧斜线球时，拍面切击球托的右侧；吊直线球时，击球托的后侧偏中部，并向前下方切压击球。练习吊球应多体会“切击”球的动作。

2. 练习方法

初练吊球时，练习者站在后场，以直线或斜线吊球至对方网前，对方将球挑回练习者的后场，如此反复练习。原地吊球动作熟练后应多练习移动吊球。练习者从后场吊球后要及时回到场地中心位置，对方将球挑回后，再移动到底线进行吊球。

（四）抽球

将低于头部的球用抽击的方法还击称为抽球。比赛时应尽量采用高手击球，不得已时才采用抽球。抽球分为正手抽球和反手抽球。

1. 正手抽球

当对方来球为右后场低球时，快步向右后场移动到适当位置，侧身对网，重心落在右脚上，用正手握拍法，靠前臂带动手腕快速挥拍，将球击出（图 10-2-10）。

图 10-2-10　正手抽球

2. 反手抽球

当对方球为左后场低球时，转身快步向左后场移动到适当位置，背对球网，重心落在右脚上。击球时以躯干为纵轴，上臂带动前臂向后做半圆弧挥拍，在手臂几乎伸直时，手腕向后闪动挥拍击球（图 10-2-11）。

图 10-2-11　反手抽球

3. 练习方法

① 原地挥拍练习；② 原地抽球练习；③ 固定方向移动连续抽球。

四、步法

羽毛球的步法有基本步法和场上移动步法。基本步法包括跨步、蹬步、并步、垫步和跳步等。场上移动步法是从场地中心位置开始，按移动方向分为上网、后退和两侧移动步法，由起动、移动、到位击球（制动）和回动几个环节组成。下面介绍场上移动步法：

（一）上网步法

上网步法包括蹬跨上网步法、两步蹬跨上网步法、前交叉蹬跨上网步法和后交叉蹬跨上网步法等。

（二）后退步法

后退步法有右后场区后退步法：包括侧身后退一步、侧身并步后退、交叉步后退。左后场区后退包括交叉步后退头顶击球步法、蹬转一步反手击球步法、垫步蹬转反手击球步法和蹬转交叉步反手击球步法等。

（三）两侧移动

两侧移动步法包括向右侧跨步、向右侧并步加蹬跨步、向左侧蹬跨步和向左垫步加蹬转跨步等。

（四）练习方法

① 先分解练习，再做完整动作练习；② 听口令、看手势做各种步法练习；③ 结合多球练习，练习击反手和正手球步法。

（五）易犯错误及纠正

步法混乱不协调，可多做徒手练习；前冲过大，失去平衡，关节有损伤，对此要注意前脚落地时的过度缓冲，并使脚尖与上步、伸臂方向一致或稍向外侧。

第三节　羽毛球基本战术

一、单打战术

（一）发球抢攻战术

要善于根据不同的对手采用不同的发球方法，发出不同性能的球，以取得主动权。目的就是利用发球的威力使对方处于被动状态，出现机会球，然后本方组织进攻的一种战术。

（二）进攻后场战术

这种战术主要是根据对方后场还击力量差、后退步伐较慢、后场反击力差或急于上网的情况下，连连压住对方的后场，使之被动后伺机突击。

（三）打四方球战术

这是以快速、准确的落点来攻击对方 4 个角落的战术。发现对方反应较慢，步法迟缓的缺点后，运用这个战术使其向 4 角奔波而来不及回到中心位置，待出现机会球时，抓住战机大力扣杀。

（四）打对角战术

这种战术的目的很明确，不论是进攻还是防守，都以打对角线为主。判断清对方身体灵活性差、转体慢的弱点后，用这种战术反复让对方的弱点暴露出来，使对方疲于奔跑左右两侧时，由于重心不稳而造成被动，从而有利于自己抓住战机攻击。

二、双打战术

双打是两人协同作战，在思想上要团结一致；在技术上要能攻善守；关键性的技术如发球、接发球、平抽快打、连续扣杀等方面要技术高超；在身体素质上要求速度快、力量大，灵敏、协调性、耐力强；在战术的配合上要行动一致，配合默契。

（一）发球、接发球战术

发球是争夺主动权的关键。双打的后发球线比单打短，不宜发高球，以防止对方的大力扣杀，一般以发网前球为主。发球要根据对方的情况选择好自己的位置，充分发挥球路、力量的变化，力求争得主动权。在接发球时，首先要把来球性能判断准确，起动要快，动作要敏捷、迅速，有较好的击球手法，往往可以用扑球使对方陷入被动，或是以搓、推球获得主动和攻击的机会。

（二）攻人战术

攻人战术也称作二打一战术。在双打中，对方两个人的技术水平往往是不一致的，可以集中力量攻击对方的弱者或弱区，具体方法是先通过下压球路取得进攻机会，当对方不得不采用分边防守时，就集中力量攻其弱者，若对方有意保护弱者，那就两个人轮番攻击对方的强者，消耗其体力，削弱其进攻威力，伺机突击空当。

（三）攻中路战术

这是攻击对方配合能力的战术，方法是当对方分边站位时，把球击到两人之间的空隙区；

若对方前后站位时，可将球击到两人之间的边线位置，目的是造成两人都要争着回击或都不回击，即使回击也犹豫不决，导致漏接或失误。

（四）攻后场战术

这是一种先牵制、后攻杀的战术。方法是用平高球、平推球、接杀挑底线等把对方一个人紧紧地压在底线或后场两角。当对方被动还击时，即可以大力扣杀。例如，对方同伴后退支援时，可立即攻击其网前空当，或向正在后退者攻打追身球。这种战术常用来对付反手扣杀能力差的选手。

（五）后攻前封战术

这是连续攻击的一种战术。当争得主动进攻的机会时，站位在后边的队员要强攻杀直线，而站位在前边的队员要立即移动到对方回直线球的位置，准备立即封网扑杀。

（六）防守反击战术

这是在防守之中积极寻找或制造反攻机会的战术，是摆脱被动争取主动的打法。不管对方进攻哪一点，都要把球挑到进攻者的另一侧。例如，对方后场攻直线，就挑对角线；如攻对角线球，就挑直线。目的是摆脱干扰，破坏对方的进攻，使对方在应变过程中出现失误，抓住时机大力反攻。

第四节　羽毛球竞赛规则简介

（一）发球

发球员和接发球员都必须站在斜对角发球区内发球和接发球，脚不能触及发球区的界线；两脚必须都有一部分与地面接触，不得移动，直至将球发出。发球员的球拍必须先击中球托，与此同时整个球要低于发球员的腰部；击球瞬间，球拍杆应指向下方，从而使整个拍头明显低于发球员的整个握拍手部；发球开始后，发球员的球拍必须连续向前挥动，直至将球发出；发出的球必须向上飞行过网，如果不受拦截，应落入接发球员的发球区内。

（二）单打

发球员的分数为零或双数时，双方运动员均应在各自的右发球区发球或接发球；发球员的分数为单数时，双方运动员均应在各自的左发球区发球或接发球；球发出后，由发球员和接发球员交替对击直至“违例”或“死球”；接发球员违例或因球触及接发球员场区内的地面而成死球时，发球员得一分。随后，发球员再从另一发球区发球；发球员违例或因球触及发球员场区内的地面而成死球时，发球员失去发球权。

（三）双打

一局比赛开始拥有发球权的一方，都应从右发球区发球；只有接发球员才能接发球；如果他的同伴去接球或被球触及，发球方得一分；自发球被回击后，由发球方的任何一人击球，然后由接发球方的任何一人击球，如此往返直至死球；自发球被回击后，运动员可以从网的各自一方任何位置击球；每局开始首先接发球的运动员，在该局本方得分为零或双数时，都必须在右发球区接发球或发球；得分为单数时，则应在左发球区接发球或发球；发球必须从两个发球区交替发出。

（四）死球

下列情况为死球：球撞网并挂在网上，或停在网顶；球撞网或网柱后，开始在击球者这一方落向地面；球触及地面。

（五）其他规则

羽毛球落在边界线上为在界内；发球过程中球触网，如果落在发球区内，此球有效；除发球外，球过网后挂在网上或停在网顶，应重发球；发球员在接发球员未做好准备时发球，应重发球。

思考题

1. 羽毛球都有哪些单打战术？
2. 简述双打的规则。

第十一章

网球运动

第一节　网球运动概述

网球与高尔夫球、保龄球、桌球并称为世界“四大绅士运动”。它的起源及演变可以用4句话来概括：孕育在法国，诞生在英国，开始普及和形成高潮在美国，现盛行于全世界。

网球运动的起源可以追溯到12—13世纪的法国，当时在传教士中流行着一种用手掌击球的游戏，方法是在空地上两人隔一条绳子，用手掌将布包着头发制成的“球”打来打去。14世纪中叶，网球运动从法国传入英国，16—17世纪是英法宫廷从事网球活动的兴盛时期，平民无缘涉足，网球运动被称为“贵族运动”。

19世纪后期网球运动传入中国。20世纪80年代以来，我国网球运动水平提高较快。2004年雅典奥运会上，李婷、孙甜甜夺得网球女双冠军，实现了中国在网球赛事上历史性的突破。2011年，李娜获得法国网球公开赛女单冠军，成为中国乃至亚洲第一个夺得网球四大满贯的单打选手。

第二节　网球基本技术

一、握拍法

握拍法是网球中最基本的技术，它直接影响拍面接触球的角度，即拍弦接触球时所发生的变化。最基本的握拍法有三种：东方式、大陆式和西方式。为了能清楚地说明各种握法与拍柄的关系，现将拍柄上各部位名称介绍一下。网球拍柄是多边形的，有8个边，球拍在垂直于地面时，拍柄的8个边可分别命名为：上平面、下平面、左平面、右平面、左上斜面、右上斜面、左下斜面和右下斜面。

（一）东方式握拍法

1. 正手握拍法

正手握拍法也称“握手式”握拍法，拍面与地面垂直，手握拍柄好像与人握手一样。具体地说，虎口形成的“V”字形对着拍柄右上斜面上缘，右手掌根紧贴右上斜面并与拍柄端齐平，拇指握住拍柄的左垂直面，五指紧握拍柄，食指稍离中指，用食指下关节压住右垂直面。

2. 反手握拍法

从正手握拍法把手向左转动 1/4 圈，虎口对着拍柄左上斜面，用手掌根压住左上斜面，拇指伸直贴在拍柄的左垂直面上，食指下关节压住右上斜面。

（二）大陆式握拍法

大陆式握拍法对正、反手击球都无须变换握拍。它源于欧洲大陆，对处理低球、削球、上网截击很有利，对处理齐腰的高球也方便，但对打高跳球不太方便。大陆式握拍法是将球拍侧立，从上而下握柄，犹如手握铁锤柄，即虎口对着上平面中心左方，手心、手掌根抵住拍柄的上平面，拇指围住左垂直面，食指下关节紧贴右上斜面。

（三）西方式握拍法

1. 正手握拍法

将球拍平放在地上，用手抓起后，虎口对着拍柄右上斜面下缘，手掌根贴着右下斜面，拇指压在拍柄上平面，食指关节握住右上斜面即可。

2. 反手握拍法

反手握拍法即西方式正手握拍后，把球拍上下颠倒过来，置于身体反手一侧，用同一拍面击球。

3. 双手反手握拍法

右手用东方式反手握拍法，握在拍柄端部；左手用东方式正手握拍法，握在右手的上方。

二、准备姿势

双脚开立略比肩宽，脚掌着地，脚跟微微抬起。身体重心置于两前脚掌之间，两膝微屈，并保持膝关节的良好弹性。上体微前倾，两眼注视对手或来球。球拍置于腹前，拍头微上翘，手腕低于拍头。用正手握法轻握球拍，不持拍手轻扶着球拍的颈部，它可以扶着并稳定球拍，减轻持拍手的腕部负担，另外还能起到将球拍引至身体一侧的辅助作用，有利于加快动作。

三、基本步法

（一）正手击球步法

在端线外做好准备姿势，正手击球时，一般跨出 1~2 步或几步就可到达适当的击球位置。当到达时，右脚跨出最后一步并向右转动，重心在右脚上，然后左脚跨交叉步，形成关闭式站位，最后重心前移至左脚并击球。

（二）反手击球步法

反手击球步法与正手击球步法相反，即左脚先向左迈步，当到达适当的击球位置时，左脚跨出最后一步并向左转动，然后右脚跨交叉步，最后重心前移并击球。

（三）前进步法

在来球落点位于中场发球线附近时，大多采用跑动迎上的击球步法。反手击球前进步法与此动作相同，唯方向相反。

（四）后退步法

当对方来球落点深时，正、反手击球一般采用先后退再迎上的步法，即先快速向后退，然后脚再跨出向前击球。反手击球后退步法与此动作相同，唯方向相反。

四、正、反手击球

（一）正手击球

从准备姿势开始（右手持拍为例，下同），以右脚为轴，向右转肩转髋，同时左脚前跨一步使两脚与肩同宽。身体左侧对球网，重心移到右脚上，转体的同时带动球拍直接后引，将拍面引到与身体平行。球拍高度齐膝，拍头略高于手腕，左臂微前伸保持身体平衡。挥拍击球时，身体重心移至左脚，并以左脚为轴，向左转髋转肩，带动右手臂向前迎击球的中部，击球点在左脚侧前方。球离弦后，球拍随惯性挥至左肩上方，并迅速还原到准备回击下一次来球的状态（图 11-2-1）。

正手击球

图 11-2-1　正手击球

（二）反手击球

从准备姿势开始，以左脚为轴，向左转肩转髋，同时右脚跨出一步，使两脚与肩同宽，身体右侧对球网，重心移至左脚上。转肩同时左手转动拍颈使右手成东方式反手握拍，并带动球拍后引与身体平行，击球肘贴近身体，左手轻持拍颈，拍头略低于来球。击球时，身体重心移至右脚，左手放开拍颈，以右脚为轴，向右转髋转肩，带动右手臂由下向前上挥拍击球中部偏下，击球点在右脚侧前方。击球后球拍随惯性继续挥至右肩上方，并迅速恢复成准备姿势，随时准备回击下一次来球（图 11-2-2）。

图 11-2-2　反手击球

（三）双手反手击球

当看准来球是飞向反手方向时，在移动到位的最后一步应保持右脚在前，身体右侧朝向来球方向。双手握球拍向左后挥摆，右臂伸展较大，左臂弯曲。在迎球过程中，挥臂与转体动作配合，使球拍由低向高挥动，击球点在右脚侧前方，拍面垂直，击球的中部。击球后双手随势挥至右肩上方，身体重心移至右脚。动作完成后，迅速恢复成准备姿势（图 11-2-3）。

双手反手击球

图 11-2-3　双手反手击球

（四）正、反手击球的练习方法

（1）原地进行徒手或持拍挥拍练习，体会向后拉拍、转肩、扭转腰部和交换重心等动作要领。

（2）在原地练习挥拍的基础上，结合步法做挥拍练习，体会步法与手法的协同配合。

（3）距墙 5~6 米远，做正、反拍击球练习，步子要不停地移动，进行调整。此练习方法对初学者来说效率高、效果好、能很好地体会动作和球感。

（4）送多球进行单个动作的击球练习。

（5）底线正、反拍对打斜、直线练习。

（6）底线正、反拍一点打两点练习。先固定线路，逐渐加大难度到不定点线路。

五、发球

常用的发球有三种：平击发球、切削发球和上旋发球，三者的动作结构基本是一致的。

（一）准备姿势

发球

以右手持拍为例，初学者多采用东方式反手握拍法。准备发球时，全身放松，侧身站立在端线外中场标记线旁边（单打），左肩对着左边网柱，面向右边网柱，两脚分开约同肩宽，左脚与端线约成 45°，右脚约与端线平行，重心在左脚上。左手持球轻托球拍在腰部，拍头指向前方。呼吸均匀，精神集中。

（二）抛球与后摆

抛球与后摆拉拍动作是同步开始的。持球手拇指、食指和中指轻轻托住球，掌心向上。当向下向后引拍时，持球手同时下降至右腿处，紧接着当球拍从身后向头上方做大弧度摆动，身体做转体、屈膝、展肩时，将球从伸展的左手中向上垂直抛，抛球的高度应能满足击球手臂的充分伸展，并使击球感到舒适。

（三）击球动作

当左手抛出球时，球拍继续向上摆起，这时握拍手的肘关节放松，可以使向前转动的身体和右肩自动地使手臂产生一个完美的绕圈。当球下降至击球点时，迅速向上挥拍击球，左脚上蹬，使手臂和身体充分伸展。当身体向前上方伸展击球时，肩、手臂已经回转，双肩与球网平行。挥拍击球时，持拍手腕带动小臂有一个旋内的“鞭打”动作，这就是发球发力的关键动作，也是其他诸如重心前移、蹬腿、转体、挥拍等力量聚集的总和。

（四）随挥动作

球发出后，身体向场内倾斜，保持连续的、完整的向前上方伸展的随挥动作。球拍挥至身体的左侧，重心移向前方，做到完全自然地跟进并保持身体平衡（图 11-2-4）。

图 11-2-4　平击发球

（五）三种不同的发球

1. 平击发球

平击发球在诸种发球中是球速最快的发球法，也叫炮弹式发球。该发球不但球速快，而且反弹低。如果身材高大就可以借助高点击球的空中优势直接进攻对方；如果身材较矮小或女选手就不宜使用平击发球。这种发球虽然力量大、球速快、威胁大，但命中率也比较低。发平击球时的击球点应在身体的右前上方，以拍面中心平直对准球，击球的后中上部。

2. 切削发球

这是一种以右侧旋转（略带下旋）为主的发球法，是由球的右上往左下切削击球。由切削发球的飞行轨迹及弹跳方向所定，该发球不但球速快、威胁大，而且发球命中率高。发球时，把球抛到右侧斜上方，球拍快速从右侧中上方至左下方挥动击球。击球部位在球的中部偏右侧，使球产生右侧旋转。

3. 上旋发球

这是以上旋为主、侧旋为辅的发球法。发上旋球时，把球抛到头后偏左的位置，击球时，身体尽量后仰成弓形，球拍快速从左向右上方挥动，从下向上擦击球的背面，并向右带出，使球产生右侧上旋。

（六）发球练习方法

（1）反复练习抛球。

（2）徒手做发球前的准备姿势，模仿抛球及发球的完整动作。

（3）对墙练习发球，距墙 7~8 米，先向地面发球，然后从地面弹到墙上再弹回，反复进行练习，体会抛球与击球的结合。

（4）在场地上用多球进行抛球与击球相结合的练习，边模仿、边练习、边体会。

（5）先练习发不定点球，后练习发定点球，逐步提高难度，即在发球区内不同的落点设立目标练习“打靶”，以提高命中率和准确性。

六、接发球

接发球时，首先要把球稳定地接过网，其次要突出“快”和“变”。

接发球

（一）动作要点

（1）正确的握拍法。应根据运动员习惯的握拍法来决定。

（2）准备姿势及站位。对方发球前，两脚分开，屈膝；当对方抛球准备击球时，可以升起重心，两脚快速交替跳动，并判断来球迎前回击。接发球站位一般应站在对方能发到内外角的中角线上，接第一发球时站位稍后些，接第二发球时站位略前。

（3）击球动作。根据对方发球好坏、速度快慢而定。动作一般介于底线正、反拍击球动作和截击球动作之间。接好发球的关键在于：快速灵敏的判断和充分的准备。

（二）接发球的种类

接发球分正拍接发球和反拍接发球。

七、截击球

当球还在空中飞行时（除高压球外），被凌空打掉，称为截击，也称拦网。截击球技术包括：中场截击和近网截击，低球截击和高球截击。下面介绍中场截击。

正手截击球

（一）正拍中场截击动作要点（以右手为例）

（1）面对球网，两脚分开与肩同宽，膝关节微屈，重心在两脚前脚掌上，在对方击球时脚跟提起，转髋转肩，左脚向侧前方做45°跨步，以转肩来带动球拍后摆，后摆动作不要超过肩，肘关节微屈，手腕成45°，拍面略开。

（2）截击时手腕紧张、固定，击球点在左脚尖的延长线上，以短促而有力的动作向前迎击来球，触球部位为球的中下部。

反手截击球

（3）由于中场截击球距离较长，所以击球后的跟进动作，随着球的行进路线要稍长些，但不能太长，否则会影响下一板击球的准备动作。然后向网前迈进，准备近网截击或高压来球。

（二）反拍中场截击动作要点

（1）准备动作与正拍相同。判断来球后，向左侧转肩转髋，同时左手托拍颈向后引拍，拍面略开至身体前面，后引动作不超过左肩。

（2）击球时，右脚向侧前方45°跨出，重心前移，同时向前向下截击来球，击球点位于右脚尖前面，手腕固定，肘关节微屈，利用前臂与手腕向前下方击球。

（3）击球后的跟进动作与正拍中场截击一样，稍长一些，随时准备截击下一拍球。不论正拍截击中场球还是反拍截击中场球，拍面均应随着对方来球高度随时进行变化调节。截击中场高球，拍面应垂直向前向下击球；截击中场低球拍面应打开些，击球的中下部向前搓顶过去。

八、高压球

高压球是对付对方挑高球的一项进攻技术。

高压球

高压球可分为：凌空高压球、落地高压球、前场高压球和后场高压球等。

九、挑高球

挑高球可以分为防守性挑高球和进攻性挑高球两种。防守性挑高球也称下旋高球，它飞行弧线高，与上旋高球相比更容易回到有利的位置。进攻性挑高球又称为提拉上旋高球，对付威力较大的网前截击型对手，强有力的上旋挑高球是其“致命的武器”之一。

十、基本技术练习方法

（一）自我练习

（1）初学者应以持拍挥拍练习为基础。

（2）对墙练习。掌握正、反手的抽击球、削球、高压球、反弹球和正、反手的换手握拍。

（3）抛球练习。提高发球质量。

（4）模拟发球。用一竿挑起固定球做发球击球练习。

（二）双人练习

两人一组的练习可以相互提高技术水平，是重要的练习环节。

（1）正、反手底线练习。斜线—斜线，直线—直线。

（2）发球—接发球练习，每10次一换区。

（3）截击球—破网球练习。

（4）综合练习——种类和方法有很多，如三人一组的二打一，固定线路和半固定线路的多球练习等。

第三节　网球基本战术

一、单打战术

要头脑冷静地控制球路，加力抽杀，争取积极主动的进攻。其主要类型有：上网型和底线型。

（1）发球战术。发球是直接得分的重要手段。强有力的发球能给对方造成很大的威胁，造成对方的还击无力，可以争得球场的主动权。一般在右场发球以切削或旋转发中线球为主，如不能发战术球，可改为发大力直线球。

（2）发球上网。利用发球争取主动上网截击对方的回球，直线或斜线击球。

（3）随球上网。随球上网是在利用击球的旋转、落点，使对方在还击不利的情况下，随球击出后跟进上网击对方的空位或击对方的重心破坏处。

（4）接发球战术。接发球必须积极主动，争取抢先利用多变的击球点和线，占据有利位置或在对方第二次发球时，直接击对方的空位。

二、双打战术

在双打中，合理地制订战术，加强同伴之间的密切配合是极为重要的。其主要战术有：发球局战术和接发球局战术。

（一）站位

（1）发球局站位。成一前一后站位，同伴距网前3米左右，距边线1.5米左右。

（2）接发球局站位。成一前一后站在发球区左右，距边线2米左右。

（二）发球局战术

可根据发球的质量进行发球双上网、发球抢网或网前战术。

（1）发球双上网。发球后跟进至网前。

（2）发球抢网。发球后上到另一侧区站位，前网同伴封抢击发球区的前网球。

（3）网前战术。除用截击球技术，还可根据来球的高低做不同的击法，如果球稍高可以高压扣击。

（三）接球局战术

不能被动地在底线挨打，而是要采取主动进攻，积极上网。其主要战术有：接发球双上网战术、接发球网前抢网战术和接发球双底线战术。

（1）接发球双上网战术。要求接发球员移动小，反击球点、线处理好，逼迫对方降低回击球的速度，才能进行上网。

（2）接发球网前抢网战术。接发球员回击对方后，对方发球员还击时，接发球队的同伴上网抢网击出破网球；接发球员补位到同伴的位置。

（3）接发球双底线战术。接球员还击后，对方发球员上网截击，接球员同伴回撤底线打击破网球。

破网球要打对方两位队员的结合部球、边线直线球和穿身球。底线型的打法变化很多。在对方双上网后，可以还击小斜线和后场的挑高球等。

第四节　网球竞赛规则简介

一、场地和器材

（一）网球场地

网球场地是一个平整的长方形地面，长 23.77 米，宽 8.23 米，球网（网的中央高度为 91.4 厘米，两端高度为 107 厘米）把全场隔成相等的两个半场，接近球网两边的 4 块相等的区域是发球区，双打场地的两边较单打场地宽 1.37 米。全场除端线可宽至 10 厘米，其他各线的宽度均不得超过 5 厘米，也不得少于 2.5 厘米。全场各区域的丈量，除中线外都从各线的外沿计算。网球场地分草地、红土地、硬地和塑胶场地等类型。

（二）网球球拍

网球拍一般由木质、铝合金、碳素等材质制成，各种材质的球拍都有其优缺点。目前，网球爱好者选择铝合金和碳素网球拍的居多。球拍分轻型（light）、中型（mdeium）、重型（heavy），分别表示球拍的重量类型。

二、发球

（一）发球前的规定

发球员在发球前应先站在端线后、中点和边线的假定延长线之间的区域里，用手将球向空中任何方向抛起，在球接触地面以前，用球拍击球。

（二）发球时的规定

发球员在整个发球动作中，不得通过行走或跑动改变原来的站位，两脚只允许站在规定位置，不得触及其他区域。

（三）发球员的位置

（1）每局开始，先从右区端线后发球，得或失一分后，再换到左区发球。

（2）发出的球应从网上越过，落到对角的对方发球区内，或其周围的线上。

（四）发球失误

下列情况为发球失误：未击中球；发出的球，在落地前触及固定物（球网、中心带和网边白布除外）；违反发球站位规定。发球员第一次发球失误后，应在原发球位置上进行第二次发球。

（五）发球无效

发球触网后，仍然落到对方发球区内，接球员未做好接球准备，应重发球。

（六）交换发球

第一局比赛终了，接球员成为发球员。以后每局终了，均依次互相交换，直至比赛结束。

三、比赛通则

（一）交换场地

双方应在每盘的第一、三、五等单数局结束后，以及每盘结束双方局数之和为单数时，交换场地。

（二）失分

发生下列任何一种情况，均判失分：

（1）在球第二次着地前，未能还击过网。

（2）还击的球触及对方场区界线以外的地面、固定物或其他物件。

（3）还击空中球失败。

（4）故意用球拍触球超过一次。

（5）队员的身体、球拍在发球期间触及球网。

（6）过网击球。

（7）抛拍击球。

（三）压线球

落在线上的球都算界内球。

四、双打

（一）双打发球次序

每盘第一局开始时，由发球方决定由何人首先发球，对方则同样在第二局开始时，定由何人首先发球。第三局由第一局发球方的另一球员发球。第四局由第二局发球方的另一球员发球。以下各局均按此顺序发球。

（二）双打接球次序

先接球的一方，应在第一局开始时，决定何人先接发球，并在这盘单数局，继续先接发球。双方同样应在第二局开始时，决定何人接发球，并在这盘双数局继续先接发球。他们的同伴应在每局中轮流接发球。

（三）双打还击

接发球后，双方应轮流由其中任何一名队员还击。如队动员在其同队队员击球后，再以球拍触球，则判对方得分。

五、计分方法

（一）一局

（1）每胜1球得1分，先胜4分者胜一局。

（2）双方各得3分时为“平分”，平分后，净胜2分为胜一局。

- 0分——呼报（love）
- 1分——呼报15（fifteen）
- 2分——呼报30（thirty）
- 3分——呼报40（forty）

如果比分为1比1，呼报15平（fifteen all）；如果比分为3比3，呼报40平（deuce）。

（二）一盘

（1）一方先胜6局为胜一盘。

（2）双方各胜5局时，一方净胜两局为胜一盘。

（三）决胜局计分制

在每盘的局数为6平时，有以下两种计分制：

（1）长盘制。一方净胜两局为胜一盘。

（2）短盘制（抢七）。决胜盘除外，除非赛前另有规定，一般按以下办法执行：

- 先得7分者为胜该局及该盘（若分数为6平时，一方须胜净2分）。
- 首先发球员发第1分球，对方发第2，3分球，然后轮流发2分球，直到比赛结束。
- 第1分球在右区发，第2分球在左区发，第3分球在右区发，依此进行。
- 每6分球和决胜局结束都要交换场地。

（四）短盘制的计分

（1）第一个球（0∶0），发球员A发1分球，1分球之后换发球。

（2）第二、三个球（呼报1∶0或0∶1），由B发球，B连发两球后换发球，先从左区发球。

（3）第四、五个球（呼报3∶0或1∶2，2∶1），由A发球，A连发两球后换发球后换发球，先从左区发球。

（4）第六、七个球（呼报3∶3或2∶4，4∶2或1∶5，5∶1或6∶0，0∶6），由B发1分球之后交换场地，若比赛未结束，B继续发第七个球。

思　考　题

1. 简述网球的握拍法及其动作要领。
2. 简述网球的计分方法。

第十二章

武术

第一节 武术概述

一、武术的起源

武术的起源可以追溯到远古先民的生产活动。远古时期，人们为了生存不得不与兽斗，在狩猎的过程中逐渐学会了徒手和使用木棒、石头等器具击打野兽的方法。通过本能和无意识的身体动作积累，人类逐渐形成了比较合理的攻击技能与防守技能。

随着狩猎工具的不断创新和生产力的发展，人类迈入了私有制的门槛。为了部落或民族利益，或为了满足贪欲，战争频繁引发。大量的生产工具转化为互相残杀的武器，在人与兽斗的过程中积累起来的技能也随之转变为人与人之间的搏杀格斗。这一时期，人类在踢、打、摔、拿、劈、砍、击、刺等技术上不断地加以强化，积累了丰富的经验，同时也具有了创造锋利工具的能动性和使用工具方法的主动性。这种在战争中运用格斗技术的自觉性，标志着武术的初步形成。

二、武术的发展概况

在我国夏、商、周时期，田猎和武舞是武技训练的主要手段。据《礼记·月令》载："天子乃教于田猎，以习五戎。"五戎即弓矢、殳、矛、戈、戟 5 种兵器。田猎是训练对各种武器的使用及驭马驾车，集身体素质、技术、战术为一体的综合训练。这一时期的武舞由原始时期的武舞发展而来，是将用于实战的格杀经验按一定程式来训练，是古代武术由感性认识向理性认识的升华、由支离破碎向系统化演进的象征。

春秋战国时期，是我国封建社会转型的剧烈变化时代。频繁的战争推动了练兵习武的空前盛行，武术开始向多样化发展，手搏、角力在民间拥有广泛的市场，可用拳打脚踢、连摔带拿和奇巧战术来制胜对方。另外，在与文化的交融中，武术逐渐与养生相结合，逐渐形成了注重整体、强调精气、平衡阴阳的保健思想，这对武术的发展产生了重要影响。

近代，武术作为一种尚武强国的重要教育手段被推向学校。一批武术家结合传统武术的内容与西方军事体操的特点，创编了《中华新武术》，为近代武术转型做了有益的尝试。

20 世纪 90 年代，随着我国体育体制改革的深化，武术呈现出新的发展趋势。在 1992 年全国武术工作会议上，提出了编写大、中、小学武术教材，倡导将民族体育和现代体育联系起来进行教学等，这些措施对于武术在学校的开展起到了较大的促进作用。为建立规范的全民武术锻炼体系，1997 年，国家体委（现国家体育总局）批准颁布实施了“中国武术段位制”，该段位制将武术定为三级九段，推动了武术的发展。

1990 年，在北京举行的第 11 届亚运会上，武术被列为正式比赛项目。1991 年，在北京举办了首届世界武术锦标赛。

2008 年，中国武术以奥运会非正式比赛项目的方式进入了第 29 届奥运会，这表明作为中华民族传统体育项目的武术正逐渐被世界所接纳，竞技武术在世界的传播和影响已不容忽视，武术终于初步实现了竞技武术国际化的目标。

三、武术的形式、内容和分类

武术的内容丰富多彩，按其运动形式可分为三大类：

（一）套路运动

套路运动是以攻守进退、动静疾徐、刚柔虚实等矛盾运动的变化规律编成的整套练习形式，主要内容包括徒手、器械、对练和集体表演。

1. 徒手套路运动

徒手套路运动种类很多，主要有长拳、太极拳、南拳、形意拳、八卦掌、通背拳和象形拳等。

2. 器械套路运动

器械的种类很多，分为长器械、短器械、双器械和软器械等。目前，在武术竞赛中，刀、枪、剑、棍是重点竞赛项目。

3. 对练套路运动

对练是在单练基础上，两人或两人以上，在预定条件下进行攻防的假设性实战练习。对练包括徒手对练、器械对练、徒手与器械对练等。

4. 集体表演套路运动

集体表演是集体进行的徒手、器械、徒手与器械的演练，可变换队形与图案，采用音乐伴奏，要求队形整齐，动作协调一致。

（二）搏斗运动

搏斗运动是两人在一定条件下按照一定的规则进行斗智较力的对抗练习形式。

1. 散打

散打是两人按照一定的规则使用踢、打、摔、拿等方法制胜对方的竞技项目。

2. 推手

推手是两人遵守一定的规则，使用掤、捋、挤、按、采、肘、靠等手法，双方粘连黏随，通过肌肉的感觉来判断对方的用劲，然后借劲发力将对方推出，以此决定胜负的竞技项目。

（三）功法运动

功法运动是以单个动作为主体的练习。通过练习借以达到改善和增强体质的目的。例如，武术动作的马步桩功、虚功桩功，还有配合呼吸、调节气息的功法等。

四、武术的特点和作用

武术在长期的历史演变中，逐渐形成了自己的运动规律，它以独特的技术风格和多方面的社会功能享誉于世。

（一）武术的特点

1. 寓技击于技术之中

武术作为体育运动，将技击寓于搏斗运动与套路运动之中。搏斗运动集中体现了武术攻防格斗的特点，在技术上与实用技击基本上是一致的，但是从体育的观念出发，它受到竞赛规则的制约，以不伤害对方为原则。套路运动多数动作在技术规格、运动幅度等方面与技击的原型动作有所变化，但在动作方法上仍然保留了技击的特性。

2. 内外合一、形神兼备的民族风格

既讲求形体规范，又讲求精神传意、内外合一的整体观，是中国武术的一大特色。所谓内，是指心、神、意等心智活动和气息的运行；所谓外，即手、眼、身法等形体活动。内与外、形与神是相互联系统一的整体。

3. 广泛的适应性

武术练习的形式、内容丰富多样，分别适合于不同年龄、性别、体质人群的需求，它对场地、器材的要求也较低。人们可以根据自己的条件和兴趣爱好选择练习。

（二）武术的作用

1. 改善和增强体质

武术运动具有强体健身的作用，它不仅是形体上的锻炼，而且可使人的身心得到更全面的锻炼。

2. 提高防身自卫的能力

武术具有技击的特点，通过习武，能增长劲力，抗摔打，具备防身自卫的能力。

3. 磨炼意志，培养道德情操

武术的学艺和练功，要吃苦耐劳，常年不懈。这能培养习武者坚忍不拔、勇敢无畏的意志品质。武术在长期的延绵中，一向重礼仪、讲武德。通过习武可以培养尊师重教、讲礼守信、见义勇为、不凌弱、逞强等良好的心理素质和高尚的道德情操。

4. 娱乐观赏，丰富文化生活

武术具有很高的观赏价值，不管是赛场上两人较智较勇的对抗性搏斗，还是呈现武术功力与技巧的套路演练，都会引人入胜，给人以美的享受，丰富人们的文化生活。

第二节　武术基本功练习

武术的基本功一般包括肩、臂、腰、腿练习，手形和手法练习，步形和步法练习，跳跃、平衡练习等。练习过程中可穿插一些徒手动作的连接组合练习。

一、肩、臂部练习

肩、臂部练习主要是增进肩关节韧带的柔韧性，加大肩关节的活动范围，发展臂部力量，为学习者学习和掌握各种拳、掌等手法提供必要的专项素质。主要练习方法有压肩、绕环、抡臂等。

（一）压肩

面对肋木（或一定高度的物体）站立，距离肋木一大步，两脚左右分开，与肩同宽或稍宽（图 12-2-1）。也可以两人面对面站立，互相扶按肩部，做振动压肩动作（图 12-2-2）。

图 12-2-1　肋木压肩

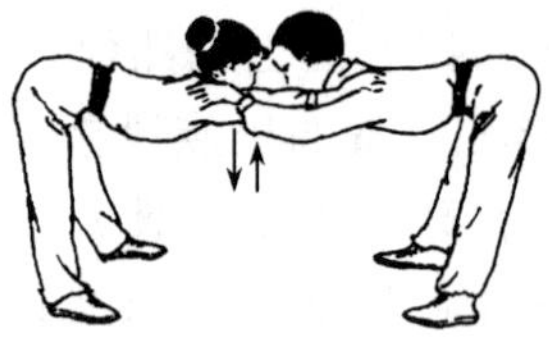

图 12-2-2　相互压肩

（二）单臂绕环

前弓步站立，左手按于左膝上，右臂绕环（图 12-2-3）。另一侧动作相同，唯方向相反。

图 12-2-3　单臂绕环

（三）双臂绕环

两脚开立，与肩同宽，两臂垂于体侧。

1. 前后绕环（图 12-2-4）

图 12-2-4　前后绕环

2. 左右绕环（图 12-2-5）

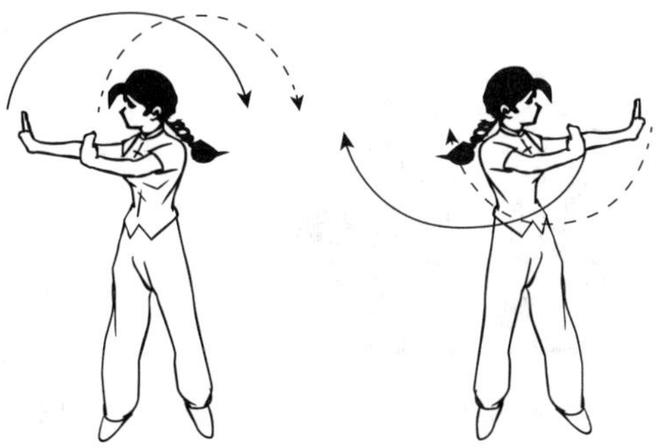

图 12-2-5　左右绕环

3. 交叉绕环（图 12-2-6）

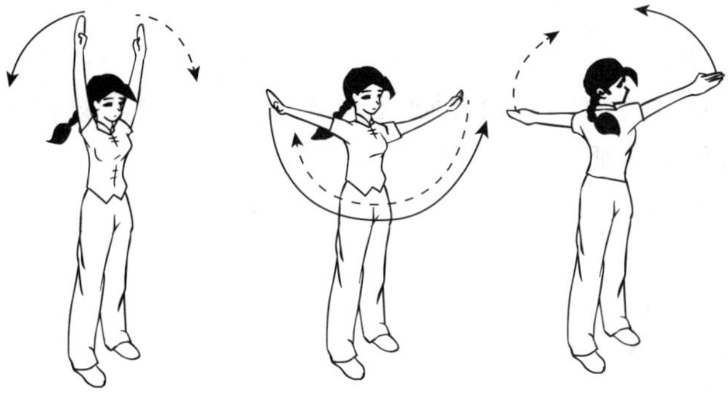

图 12-2-6　交叉绕环

（四）仆步抡拍（图 12-2-7）

两脚开立，略宽于肩，两臂垂直于体侧。右仆步抡臂动作，称右仆步抡拍；左仆步抡臂动作，称左仆步抡拍。

图 12-2-7　仆步抡拍

二、腰部练习

腰是贯通上下肢体的枢纽。俗话说：“练拳不练腰，终究艺不高。”在手、眼、身法和步法4个要素中，腰是较集中反映身法技巧的关键。练腰的主要方法有俯腰和下腰两种。

（一）前俯腰（图 12-2-8）

（二）下腰（图 12-2-9）

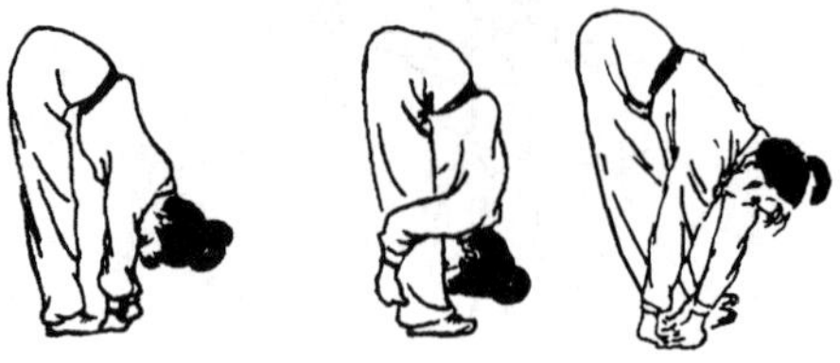

图 12-2-8　前俯腰

图 12-2-9　下腰

三、腿部练习

腿部练习主要发展腿部的柔韧性、灵活性和力量等素质。练习方法有压腿、扳腿、劈腿和踢腿等。

（一）压腿

压腿的主要作用是牵拉腿部的肌肉和韧带，加大髋关节的活动范围。压腿的方法有正压腿、侧压腿、后压腿和仆步压腿。

1. 正压腿（图 12-2-10）
2. 侧压腿（图 12-2-11）
3. 后压腿（图 12-2-12）
4. 仆步压腿（图 12-2-13）

图 12-2-10　正压腿

图 12-2-11　侧压腿

图 12-2-12　后压腿

图 12-2-13　仆步压腿

（二）扳腿

主要是增进腿部的柔韧性，加大髋关节的活动幅度，提高腿部上举力量。扳腿的方法有正扳腿、侧扳腿和后扳腿三种。

1. 正扳腿（图 12-2-14）

2. 侧扳腿（图 12-2-15）

3. 后扳腿（图 12-2-16）

图 12-2-14　正扳腿

图 12-2-15　侧扳腿

图 12-2-16　后扳腿

（三）劈腿

劈腿主要是加大髋关节的活动幅度，增进腿部的柔韧性。劈腿练习可结合压腿和扳腿进行。劈腿的方法有竖叉和横叉两种。

1. 竖叉（图 12-2-17）

2. 横叉（图 12-2-18）

图 12-2-17　竖叉

图 12-2-18　横叉

（四）踢腿

踢腿是腿部练习中的重要内容，也是基本功训练的主要方面之一，可以较集中地反映出腿部的柔韧性、灵敏和控制力量的训练水平。踢腿的方法有直摆性腿法和屈伸性腿法。

1. 直摆性腿法

（1）正踢腿（图 12-2-19）。

（2）斜踢腿（图 12-2-20）。

（3）侧踢腿（图 12-2-21）。

图 12-2-19　正踢腿

图 12-2-20　斜踢腿

图 12-2-21　侧踢腿

（4）外摆腿（图 12-2-22）。

（5）里合腿（图 12-2-23）。

图 12-2-22　外摆腿

图 12-2-23　里合腿

2. 屈伸性腿法

（1）弹腿（图 12-2-24）。

（2）蹬腿（图 12-2-25）。

（3）侧踹腿（图 12-2-26）。

图 12-2-24　弹腿

图 12-2-25　蹬腿

图 12-2-26　侧踹腿

四、手形和手法练习

手形和手法练习是运用拳、掌、勾三种手形，结合上肢冲、架、推、亮等运动方法，操练上肢手法的基本动作。

（一）手形

1. 拳（图 12-2-27）
2. 掌（图 12-2-28）
3. 勾（图 12-2-29）

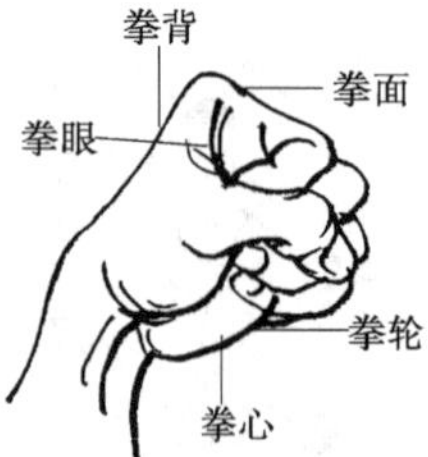

图 12-2-27　拳

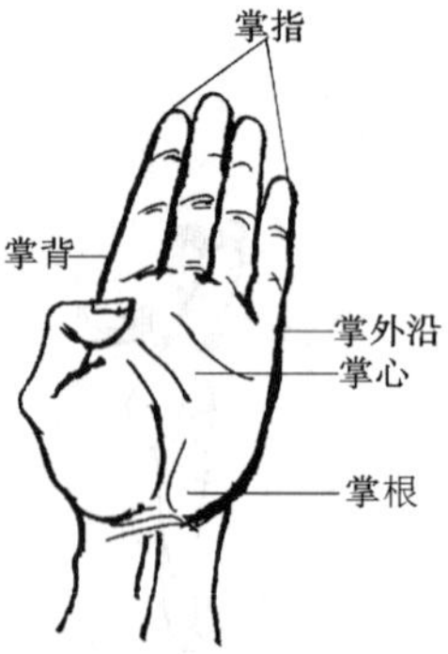

图 12-2-28　掌

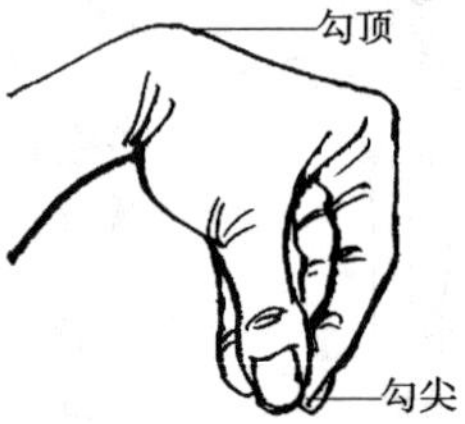

图 12-2-29　勾

（二）手法

1. 冲拳（图 12-2-30）

两脚左右开立，与肩同宽，两拳抱于腰间，肘尖向后，拳心向上，从腰间向前伸臂冲出，接近顶点时拳加速拧转，手臂伸直，使拳心内旋向下。

2. 推掌（图 12-2-31）

开立步抱拳预备。右掌指尖朝前快速前伸，当右臂接近伸直时加速内旋，以掌根外侧为力点向前立掌推击。

图 12-2-30　冲拳

图 12-2-31　推掌

3. 亮掌（图 12-2-32）

开立步抱拳预备。右拳变掌，拇指向上，向身体右侧直臂甩出，目随右掌，上动不停，右掌继续上甩，至头部右上方时，抖腕甩掌使臂成弧形，掌心向前，拇指向下，同时头向左甩，目视左侧方。

图 12-2-32　亮掌

五、步形和步法练习

步形和步法练习主要是增进腿部的灵敏和力量，以提高两腿移动转换的灵活性和稳固性。

（一）步形

1. 弓步（图 12-2-33）

弓右腿为右弓步，弓左腿为左弓步。

2. 马步（图 12-2-34）

脚尖朝前，屈膝半蹲，抱拳腰间。

3. 虚步（图 12-2-35）

左脚在前为左虚步，右脚在前为右虚步。

图 12-2-33　弓步

图 12-2-34　马步

图 12-2-35　虚步

4. 仆步（图 12-2-36）

仆左腿为左仆步，仆右腿为右仆步。

5. 歇步（图 12-2-37）

左脚在前为左歇步，右脚在前为右歇步。

6. 坐盘

左腿在前为左坐盘，右腿在前为右坐盘。

7. 丁步（图 12-2-38）

左脚尖点地为左丁步，右脚尖点地为右丁步。

图 12-2-36　仆步

图 12-2-37　歇步

图 12-2-38　丁步

（二）步法

1. 击步（图 12-2-39）

两腿分开，身体向左上腾空，拉起右腿离地，右腿并向左腿，两腿分开，落地。

2. 纵步（图 12-2-40）

前腿上提，后腿连续蹬地向前移动。

图 12-2-39　击步

图 12-2-40　纵步

六、跳跃练习

跳跃练习对于增强腿部力量、提高弹跳能力具有很好的作用，是基本功练习的组成部分之一。一般常见的和最基本的跳跃动作有腾空飞脚、旋风脚等。

（一）腾空飞脚（图 12-2-41）

摆动腿高提，起跳腿上摆伸直，脚面绷平，脚高过肩，击手和拍脚连续快速、准确响亮。

图 12-2-41　腾空飞脚

（二）旋风脚（图 12-2-42）

摆动腿直摆或屈膝，起跳脚伸直，向内腾空转体 270°，异侧手击拍脚掌，脚高过肩，击拍响亮，转体 360°落地。

图 12-2-42　旋风脚

七、平衡练习

平衡动作分为持久平衡和非持久平衡两种。持久平衡要求动作完成后，保持两秒以上的静止状态；非持久平衡没有时间的要求，只要求完成动作后出现静止状态。要做好平衡动作，不仅要求腰、髋要有较好的柔韧性，而且还要有较好的肌肉控制能力。平衡动作的种类很多，下面仅介绍最基本的提膝平衡和燕式平衡两种。

（一）提膝平衡（图 12-2-43）

支撑腿直立站稳，上体正直，另一腿在体前屈膝提近胸部，小腿斜垂里扣，脚面绷平内收。

（二）望月平衡（图 12-2-44）

支撑腿直立站稳，上体侧倾拧腰向支撑腿同侧上翻，挺胸塌腰。后举腿在身后向支撑腿的同侧上举，小腿屈收，脚面绷平。

图 12-2-43　提膝平衡

图 12-2-44　望月平衡

八、跌仆滚翻练习

跌仆滚翻练习，对于培养前庭器官的稳定性，以及提高协调性、灵敏、速度力量等素质，都起着良好的作用。

（一）抢背（图 12-2-45）

左脚在前，两腿屈蹲；左手在前，手指向内撑地，然后左脚蹬地，上体迅速前倾，左肩先接触地面，继而团身向前滚，过渡到背着地，右手撑地起立。

图 12-2-45　抢背

（二）双手拍地后倒（图 12-2-46）

提脚跟下蹲，双手变掌下落膝前，身体重心后移，使臀、腰、背、肩依次着地，最后双手拍击地面缓冲。

图 12-2-46　双手拍地后倒

第三节　少年拳（第二套）

少年拳（第二套）示范演练

少年拳（第二套）全套往返两段，共 12 个动作，适合于武术基础训练，其特点是套路短小，内容精悍，既简单易学又有少量难度动作。

（一）少年拳（第二套）第一段动作名称及动作说明

预备势

两脚并拢直立，两手握拳屈肘抱于腰侧，两肩后展，拳心向上，下颌微收，头向左转，目视左前方。

1. 抡臂砸拳

（1）左脚向左跨一步，以前脚掌着地，上体右转，左拳变掌向右前下方伸出，掌心向下。

（2）上动不停，向左后方转体 180°，同时左手向上、向左、向下绕环屈臂外旋，使掌心向上置于腹前；右手向右后、向上抡起下砸，以拳背砸击左掌心作响，同时右腿屈膝提起，在砸拳的同时下跺震脚成并步半蹲，上体稍前倾，目视前下方。

动作要点：转体、绕环、抡臂的动作要协调一致，砸拳与震脚要同时完成。

攻防含义：左手抡臂掳抓，右拳抡起下砸。

2. 望月平衡

右脚后撤一步起立，同时右拳变掌，两手左右分开上摆，左手在头左斜上方抖腕亮掌；右手至右侧平举部位抖腕成立掌，掌心向右；左腿屈膝，小腿向右上提贴于右膝窝，脚面向下。目随左掌转动，在抖腕亮掌的同时向右转头。目向右平视。

动作要点：抖腕、转头、提腿的动作要同时进行。

攻防含义：回顾身后。

3. 跃步冲拳

（1）上体左转前倾，左腿向前提起，左手向左下后摆至体后；右手以掌背向左下后挂至左膝外侧，掌心均向内，目视左下方。

（2）左脚向前落步，右腿屈膝向前上提，左脚随即蹬地向前跃出，两臂向前、向上绕环摆动，目视右掌。

（3）右脚落地全蹲，左脚随即落地向前伸直平铺地面成仆步；两臂同时继续由上向右、向下绕环，右掌变拳收抱于右腰侧；左掌屈臂成立掌停于右胸前，目视前方。

（4）左掌经左脚面向外横搂，同时重心前移，右腿蹬直成左弓步；左掌变拳收抱于腰侧，右拳向前冲出，拳心向下，目视右拳。

动作要点：跃步要远，落地要轻。跃步时要与两手的动作自然相随。

攻防含义：跃步接近对方后，右拳前击。

4. 弹踢冲拳

重心移至左腿，右腿屈膝提起，在膝部接近水平时，脚面绷平猛力向前弹踢；右掌收抱于腰侧，左拳向前冲出，拳心向下，目向前平视。

动作要点：弹踢时力点达于脚面，支撑腿可微屈。

攻防含义：接上势向前踢打。

5. 马步横打

右脚向前落步，脚尖内扣，左拳收抱于腰侧，右臂内旋向右后伸出，在向左转体 90°成马步的同时，向前平摆横打，目视右拳前方。

动作要点：横打与转体的动作要协调一致，并要借转体拧腰的力量发力。

攻防含义：接上势，右拳横贯对方头部。

6. 并步搂手

右脚向左脚并拢下蹲，右拳变掌直接向右小腿外侧下搂，至右小腿旁变勾手继续后摆停于体侧后方，勾尖向上，目视右方。

动作要点：并步与搂手要同时进行，上体正直微前倾。

攻防含义：抄搂对方踢击之脚。

（二）少年拳（第二套）第二段动作名称及动作说明

7. 弓步推掌

上体向左转体90°，左脚前上一步成左弓步；同时右勾手变拳收抱于腰侧，左拳变掌向前推出，掌心向前，目视前方。

动作要点：转体、上步与推掌的动作要协调一致。

攻防含义：转身前推对方胸部。

8. 搂手勾踢

（1）右拳变掌经后下直臂向上、向前绕环落于左腕上交叉，同时重心移至左腿。

（2）上动不停，两臂向下后摆分掌搂手，至体侧后反臂成勾手，勾尖向上，同时右脚尖上勾，脚跟擦地面，向左斜前方踢出。身体随之半面向左转，目视左前方。

动作要点：两腕交叉和分掌搂手的动作要连贯，勾踢时力点达于脚踝内侧。

攻防含义：下搂对方抓己左手的同时，勾踢其前脚。

9. 缠腕冲拳

（1）两勾手变掌前摆于腹前，左手抓握右手腕，右腿屈膝，小腿自然下垂。

（2）上动不停，右手翻掌缠腕，在向右转体的同时臂外旋用力屈肘后拉于右腰侧抱拳，右脚跺地震脚下蹲，左腿屈膝提起。

（3）左脚向左侧跨一大步，右脚蹬地随之滑动，两腿下蹲成马步，同时左手变拳经左腰侧向左冲出，拳眼向上，目视左掌前方。

动作要点：屈肘后拉与转体、跨步与冲拳要同时，抓握、缠腕、屈肘后拉、转体、震脚要连贯。

攻防含义：缠拿对方捉己之右腕，随即左拳冲其头部。

10. 转身劈掌

（1）右脚蹬地屈膝上提向右转体90°，随身体直立两拳变掌直接上举，在头前上方以右手背击左掌心作响，目视前方。

（2）上动不停，继续向右后转体180°，右脚向前落步成右弓步，同时左掌变拳收抱于腰侧，右掌下劈成侧立掌，小指侧向前，目视前方。

动作要点：转体以左脚掌为轴转270°，动作要连贯、平稳；右脚落步要下跺并与劈掌动作一致。

攻防含义：转身后右掌下劈对方面部。

11. 砸拳侧踹

（1）右脚蹬地屈膝上提，重心移至左腿并向左转体90°，成提膝直立姿势；同时左拳变掌置于腹前，掌心向上，右掌变拳上举至头前上方，在右脚下踩震脚成并步下蹲的同时，以拳背砸击左掌作响，目视右拳前下方。

（2）右腿直立，左腿屈膝上提，脚尖上勾，以脚跟向左下方踹出与膝关节同高，上体稍向右倾斜；同时左掌变拳收抱于腰侧，右拳上举横架于头前斜上方，拳心向上，目视左方。

动作要点：砸拳与震脚要同时完成，侧踹要快速有力，身体要保持稳定性。

攻防含义：踹击对方。

12. 撩拳收抱

（1）左脚向左落地并向左转体 90°成左弓步；右拳由上向后、向下，以拳面撩出停于左膝前上方；左拳变掌拍击右拳背作响，目视右拳。

（2）左脚蹬地起立向右转体 90°；两臂上举，两手变掌于头前上方交叉，掌心向前，目视前方。

（3）上动不停，左脚收回与右脚并拢，两掌变拳左右分开后，屈肘收抱于腰侧。头向左转，目视左前方。

动作要点：撩拳要有力，拍击要响亮，收抱动作要连贯。

攻防含义：下撩对方裆部。

还原势

直立。两拳变掌，直臂下垂，头向右转，目视前方。

第四节 二十四式简化太极拳

一、二十四式简化太极拳概述

二十四式简化太极拳是在 1956 年由国家体委运动司整理编定的套路。它取材于我国流传面和适应性最广泛的传统杨氏太极拳，按照简练明确、删繁就简、突出重点的原则整编而成。此拳分为 8 组，共 24 个动作。全套动作结构合理、易学易懂，是初学者入门学习的基础套路。练习者可连贯演练，也可选择单式或分组练习。整个套路的动作练习，每一举手、一投足都应遵循以下几点：① 虚领顶劲；② 沉肩、坠肘、塌腕；③ 松腰活胯；④ 上下相随；⑤ 立身中正；⑥ 节节贯穿；⑦ 以意导动；⑧ 连绵不断；⑨ 保持一身备五弓的绷劲；⑩ 意气少，内外合一。

二、二十四式简化太极拳动作名称

二十四式简化太极拳动作名称详见表 12-4-1。

表 12-4-1 二十四式简化太极拳动作名称

组别	动作名称		
第一组	1. 起势	2. 左右野马分鬃	3. 白鹤亮翅
第二组	4. 左右搂膝拗步	5. 手挥琵琶	6. 左右倒卷肱
第三组	7. 左揽雀尾	8. 右揽雀尾	
第四组	9. 单鞭	10. 云手	11. 单鞭

续表

组别	动作名称			
第五组	12. 高探马	13. 右蹬脚	14. 双峰贯耳	15. 转身左蹬脚
第六组	16. 左下势独立	17. 右下势独立		
第七组	18. 左右穿梭	19. 海底针	20. 闪通臂	
第八组	21. 转身搬拦捶	22. 如封似闭	23. 十字手	24. 收势

三、简化太极拳套路

（一）第一组

1. 起势（图 12-4-1）

动作要点：两肩下沉，两肘松垂，屈膝松腰，两脚提起成开立步，两臂自然伸直，肘关节向下微屈，两腿慢慢屈膝半蹲成马步。两臂下落和身体下蹲的动作要协调一致。

二十四式简化太极拳动作示范

图 12-4-1　起势

2. 左右野马分鬃（图 12-4-2）

动作要点：两臂始终要保持弧形，身体转动时要以腰为轴，弓步动作与分手的速度要均匀一致；做弓步时，膝不要超过脚尖，后面的脚要向后蹬转，前后脚尖夹角成 45°～60°，两脚之间的横向距离应保持在 10～30 厘米。

攻防含义：用一手化解对方攻击之手臂，另一手攻击对方。

图 12-4-2　左右野马分鬃

3. 白鹤亮翅（图 12-4-3）

动作要点：两臂上下保持半圆形，左膝微屈。身体重心后移，右手上提，微向左转腰，左手下按成左虚步。动作要协调一致，并注意以腰带臂。

攻防含义：可用右手防止对方的上面攻击，左手化解对方下部的攻击。

图 12-4-3　白鹤亮翅

（二）第二组

4. 左右搂膝拗步（图 12-4-4）

动作要点：上步时，脚跟先着地，重心要稳；向前推手时，身体不可前俯后仰，要松腰松胯；推掌时要沉肩垂肘，坐腕舒掌，同时须与松腰、弓腿上下协调一致。

攻防含义：一手化开对方的进攻，另一手攻击对方。

图 12-4-4　左右搂膝拗步

5. 手挥琵琶（图 12-4-5）

动作要点：定势时要沉肩垂肘，胸部放松；左手上起时不要直向上挑，要由左向上向前，微带弧形；右脚跟进时，脚掌先着地，再全脚踏实。身体重心后移和左手上起、右手回收要协调一致。

攻防含义：用右手防止对方的进攻，同时左手攻击对方。

图 12-4-5　手挥琵琶

6. 左右倒卷肱（图 12-4-6）

动作要点：两臂始终保持弧形，前推时要转腰松胯，两手的速度要一致，避免僵硬。退步时，脚掌先着地，再慢慢全脚踏实；同时，前脚随转体动作以脚掌为轴扭正。退左脚略向左后斜，退右脚略向右后斜。

攻防含义：化解对方的攻击。

图 12-4-6　左右倒卷肱

（三）第三组

7. 左揽雀尾（图 12-4-7）

动作要点：掤出时，两臂均保持弧形，分手、松腰、弓腿三者必须协调一致；下捋时，上体不可前倾，臀部不要突出，两臂下捋须随腰旋转，仍走弧线，左脚全脚掌着地；向前挤时，上体要正直，挤的动作要与松腰、弓腿相一致；向前按时，两手须走曲线，手腕部高与肩平，两肘微屈下沉。

攻防含义：用左手向对方掤出，并用两手顺势捋拉对方，待对方失去重心或回撤时，挤按攻击对方。

图 12-4-7　左揽雀尾

8. 右揽雀尾（图 12-4-8）

动作要点：同左揽雀尾，唯动作方向相反。

图 12-4-8　右揽雀尾

（四）第四组

9. 单鞭（图 12-4-9）

动作要点：上体保持正直，松腰；定势时，右肘稍下垂，左肘与左膝上下相对，两肩下沉。

攻防含义：用右手化解对方的进攻，左手攻对方胸、面部。

图 12-4-9 单鞭

10. 云手（图 12-4-10）

动作要点：身体转动要以腰脊为轴，带动两臂，身体重心要平稳，不可忽高忽低；两臂转动要自然圆活，速度要缓慢均匀；移动时，脚掌先着地再踏实，脚尖向前；目随云手而移动。

攻防含义：用两手拨开对方的攻击。

图 12-4-10 云手

11. 单鞭（图 12-4-11）

动作要点：与前“单鞭”相同。

图 12-4-11 单鞭

（五）第五组

12. 高探马（图 12-4-12）

图 12-4-12 高探马

动作要点：上体自然正直，双肩下沉，右肘微下垂；跟步移换重心时，身体不要有起伏。

攻防含义：左手撤防，用右手攻击对方。

13. 右蹬脚（图 12-4-13）

动作要点：支撑腿膝微屈，以保持身体重心稳定，上体不可前俯后仰；两手分开时，腕部与肩部齐平，右臂和右腿上下相对；蹬脚时，右脚尖回勾，力达脚跟；分手和蹬脚须协调一致。

攻防含义：用两手向外分开对方的进攻，同时用右脚蹬击对方胸、腹部。

图 12-4-13 右蹬脚

14. 双峰贯耳（图 12-4-14）

动作要点：定势时头颈正直，松腰松胯，两拳松握；沉肩垂肘，两臂保持弧形。

攻防含义：双拳下落化开对方攻击，随之双拳合击对方耳部。

图 12-4-14 双峰贯耳

15. 转身左蹬脚（图 12-4-15）

动作要点：左蹬脚与右蹬脚方向为 180°，左手与左脚蹬出的方向要一致。

攻防含义：同右蹬脚，唯左右相反。

图 12-4-15　转身左蹬脚

（六）第六组

16. 左下势独立（图 12-4-16）

动作要点：上体要正直，支撑腿膝微屈，提膝腿的脚尖自然下垂。

攻防含义：用右手牵带对方的进攻，并用右膝、右手进攻对方。

图 12-4-16　左下势独立

17. 右下势独立（图 12-4-17）

动作要点：与“左下势独立”相同，唯左右相反。

图 12-4-17　右下势独立

（七）第七组

18. 左右穿梭（图 12-4-18）

动作要点：两个定势分别面向右侧前方和左侧前方；手推出后，上体不可前俯；手上举时，不要耸肩；两手动作与弓步要协调一致。

攻防含义：一手向上架开对方的进攻，另一手推击对方。

图 12-4-18　左右穿梭

19. 海底针（图 12-4-19）

动作要点：在右手向前下插掌时，手腕稍向上提，上体稍前倾，收腹敛臀。

攻防含义：化解对方的进攻，顺势进攻对方。

20. 闪通臂（图 12-4-20）

动作要点：定势时，上体不可过于侧倾，两臂均保持微屈。

攻防含义：右手上架，左手攻对方胸部。

图 12-4-19　海底针

图 12-4-20　闪通臂

（八）第八组

21. 转身搬拦捶（图 12-4-21）

动作要点：“搬”应先按后搬，并与右腿伸落相配合；“拦”应以腰带臂，平行绕动向前平拦；“捶”应与弓步配合，上下肢协调一致。

攻防含义：在两手搬、拦开对方的进攻后，右拳攻对方胸部。

图 12-4-21　转身搬拦捶

22. 如封似闭（图 12-4-22）

动作要点：在身体后坐时，上体不要后仰，臀部不可凸出；在两手推出时，上体不得前倾。

攻防含义：用两手化解开对方的进攻后推击对方。

图 12-4-22　如封似闭

23. 十字手（图 12-4-23）

动作要点：在两手分开合抱时，上体不要前俯；站起后，身体自然正直，头微向上顶，下颌稍向后收；两臂环抱时须圆满舒适，沉肩垂肘。

攻防含义：可用两手推架对方的进攻。

图 12-4-23　十字手

24. 收势（图 12-4-24）

动作要点：在两手左右分开下落时，要注意全身放松，同时气也徐徐下沉（呼吸略延长）。呼吸平稳后，慢慢把左脚收到右脚旁。

图 12-4-24　收势

第五节　散打

一、散打概述

散打又称散手、相搏、手搏、白打、对拆和技击等。由于这种对抗多采用擂台形式——一种高于地面，见方的台子，所以在民间还被称为“打擂台”。散打在我国已有几千年的历史，一直为广大人民群众所喜爱。

现在的散打是两人按照一定的规则，运用武术中的踢、打、摔和防守等技法，进行徒手对抗的现代竞技体育项目，它是中国武术的重要组成部分。现在的散打已不仅仅是对中国武术中传统的徒手格斗术进行单纯的继承和表现，而是在继承的基础上有了进一步发展和提高。其中最为突出的，就是把传统中注重“招法”的观念发展成为把体能、智能与技能结合起来的理念，进而突出了它的综合应用能力。

二、散打基本技术和战术

（一）基本技术

1. 实战姿势

实战姿势是指为完成进攻和防守动作所采用的最有利的姿势。实战姿势因人而异，但身体重心要稳固，暴露给对方的面积要小，以便于发力，利于进攻和防守。

要点：两脚前后分开，前脚跟与后脚尖之间为一脚半距离，前脚尖略向内扣，后脚跟稍离地面；左臂肘关节夹角为 90°～110°，左拳置于体前略低于眼睛，拳面斜向前；右拳在颌下，屈臂贴靠于胸肋；以左肩左腹部侧向对方，胸部略含，腹部微收，上体稍前倾；头略低，下颌微收，合齿，闭合嘴唇，目视前方（图 12-5-1）。

图 12-5-1　实战姿势

2. 基本拳法

（1）冲拳。以左冲拳为例，实战姿势站立，左脚蹬地，左脚跟稍外转，重心移至左脚，上体略右转，同时，左臂顺肩伸肘，使拳面向前直线冲击，力达拳面，拳心朝下，目视左拳，然后左拳直线回收，成基本姿势（图 12-5-2）。右冲拳反之。

要点：要使蹬地、拧腰的力量顺达拳面，整个动作要协调完整，重心不可过多前倾。

（2）掼拳。以左掼拳为例，实战姿势站立，上体右转同时左臂内旋，抬肘与肩平，使拳由左向右横击，高与肩平，同时转腰发力，力达拳面或偏于拳眼侧，然后恢复成基本姿势（图 12-5-3）。右掼拳反之。

图 12-5-2　冲拳

图 12-5-3　掼拳

要点：左掼拳时，身体不可向右倾斜，击打后重心偏左脚，左脚的辗转力不可忽视，要含胸收腹，不可低头。左掼拳击打前，右臂不可后拉，重心落于左脚，上体不可过于前倾，边击拳、边抬肘。

（3）转身鞭拳。右脚经左脚后插步，身体向右后转 180°，同时两拳一起回收至胸前。上动不停，继续向右转体 180°，同时右拳由屈到伸，向外向右横向鞭打，拳眼朝上，发力于腰，力达拳背（图 12-5-4）。

要点：转体不停，站立要稳。

（4）勾拳。以左勾拳为例，实战姿势站立（以左勾拳为例），右脚蹬地，重心移向左脚，左脚跟略抬外转，脚掌碾地，上体左转略下沉后，左膝及上体瞬间挺伸并向右转体，同时，左臂外旋由下向上击拳，拳面朝上，拳心朝右内，力达拳面，右拳仍置下颌前，目视左拳，然后再恢复成基本姿势（图 12-5-5）。右勾拳技术相同，唯方向相反。

要点：左臂外旋与击打同时，上体适度前倾，屈臂的角度大小根据对方的远近及击打的部位而定，上体向左转下沉再蹬地，挺伸与右转瞬间要协调自然，动作连续紧凑。

图 12-5-4　转身鞭拳

图 12-5-5　勾拳

3. 基本腿法

（1）蹬腿。以左蹬腿为例，实战姿势站立，身体重心移至后腿，后腿略屈，左腿屈膝上抬，含胸收腹，大腿贴近胸部，脚尖勾起，脚底朝前下，随即左腿由屈而伸向前上方蹬出，力达全脚掌（图 12-5-6）。右蹬腿技术相同，唯方向相反。

要点：支撑腿可微屈保持平衡，上体不可过分后仰，屈膝上抬与伸蹬连贯。

图 12-5-6　蹬腿

（2）踹腿。以左踹腿为例，实战姿势站立，重心移至后腿，膝略屈，脚尖外展，左腿屈膝上抬，膝高于腰，脚尖勾起，脚底朝外侧，随即小腿外翻，脚底朝向攻击点，挺膝踹出，力达脚底，同时后腿挺直，上体向后腿侧倾，目视脚面，然后踹出，腿下落，还原成基本姿势（图 12-5-7）。右侧踹腿技术相同，唯方向相反。

要点：提膝时，上体略向支撑腿侧转，脚内侧与地面近于平行。踹出时，身体向支撑腿侧倾的斜度随攻击点的高度变化（越高倾斜度越大），支撑腿以脚前掌为轴碾地，使脚跟内收。

图 12-5-7　踹腿

（3）鞭腿。左鞭腿时，右腿微屈支撑，上体稍向右倾，左腿屈膝向左侧摆起，扣膝，绷脚面，随即向前挺膝鞭甩小腿，力达脚面至小腿前下端（图 12-5-8）。右鞭腿技术相同，唯方向相反。

要点：膝内扣，力点准确。

图 12-5-8　鞭腿

（4）摆腿。以右摆腿为例，重心移至左腿支撑，身体向右后转 360°，随转体上体稍侧倾，同时右脚离地，右腿经右后向前摆起，脚面绷平，力达脚掌，目视右脚（图 12-5-9）。左摆腿技术相同，唯方向相反。

要点：转体时以头领先，扫摆时用力。

图 12-5-9　摆腿

（5）劈腿。以右劈腿为例，身体重心移至左腿，右腿屈膝抬起送髋，右脚高举过头后快速下压，用脚掌或脚跟蹬砸对方的头部，右脚自然下落成反架，再还原成预备势。左劈腿技术相同，唯方向相反。

要点：踢腿要高，过头后快速下压，控制好身体重心。

（6）后蹬腿。以右腿后蹬腿为例，实战姿势站立，以左脚为轴，右腿蹬地转身收腹团身，以左腿支撑身体重心，右腿屈膝提起，双手置于胸前防守，以脚跟为力点用力向后沿直线蹬出，动作完成后恢复成实战姿势站立（图 12-5-10）。左腿后蹬腿技术相同，唯方向相反。

要点：后蹬腿的路线一定要直，力点一定要准确，转身提膝、后蹬与回收下落三个动作要协调统一，一气呵成。

图 12-5-10　后蹬腿

4. 基本跌法

（1）抢背前滚翻。由站立姿势开始，身体全蹲，双手撑地，头肩着地，向前滚动，过渡到背着地、腿着地的同时手拍地，起立。

（2）鱼跃抢背。屈膝蹲立，两脚蹬地，同时闭气，两臂向前摆伸，身体腾空。随后手向右下伸，低头，右肩顺势触地，团身向右前方滚翻，完成后站起。

（3）后滚翻。身体全蹲，双手向后撑地，低头含胸，团身快速后倒，含胸滚动，双手推撑站立。

（4）前倒（栽碑）。并腿站立，上体前倒，闭气，双手撑地，屈臂缓冲（图 12-5-11）。

（5）左右侧倒。两脚分开站立，左（右）腿屈膝下蹲，然后闭气，上体向左（右）侧倒，倒地瞬间支撑腿脚掌撑住地面，左（右）前臂在体侧拍地缓冲（图 12-5-12）。

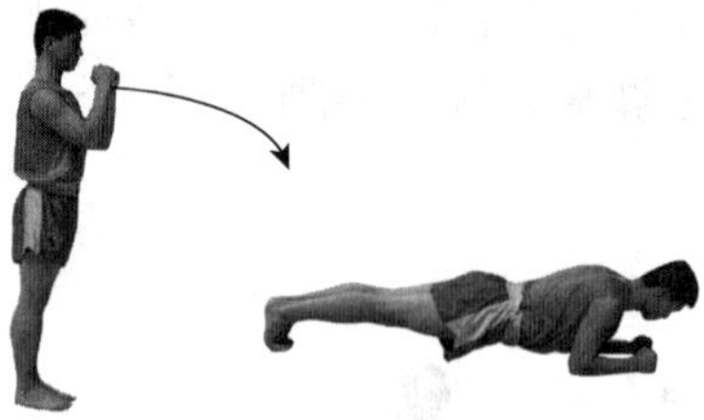

图 12-5-11　前倒（栽碑）

图 12-5-12　左右侧倒

（二）基本战术

1. 直攻战术

在没有虚晃及假动作的掩护下，使用技术动作直接进攻。

2. 强攻战术

强行突破对方的防守动作后发出的攻击。通过强攻这一战术手段，可以达到扬己之长，实现打击对方的目的。

3. 佯攻战术

用虚假动作造成对方的错觉，把对方引入歧途，实现真实进攻。在散打比赛中，佯攻是最为常见的战术形式之一。

4. 重创战术

重创战术指用重力打击对方，使其失去战斗力的战术。

5. 制长战术

使用相应的方法，制服对方的长处。

6. 制短战术

集中力量专门进攻对方的薄弱环节，制其所短。

三、散打锻炼策略与练习方法

（一）散打技术锻炼策略与练习方法

1. 散打技术锻炼策略

在进行散打技术训练时，要做到以下五个原则：第一，要严格规范正确的动作方法，形成正确的动作定型。第二，要结合实战，在攻守对抗中提高技术的运用能力和准确性。第三，技术的训练要尽量与本人的战术风格相结合。第四，注重培养和发展个人的技术专长。第五，以赛代练，通过比赛来检验技术的掌握程度。

（1）基础阶段。此时应加强基本功训练，掌握理论知识、动作原理，特别是掌握正确的基本动作，这是非常关键的，它决定着击打力量、速度及攻防转换等制胜对方的重要因素。

（2）巩固阶段。在巩固基本动作、不断提高专项素质、熟练掌握多种技术动作及组合的前提下，通过进攻、防守及反击的训练，逐渐培养攻防意识，为进一步提高竞技水平做好准备。另外，在此阶段还要注重对练习者战术意识的培养，战术意识的培养与练习对提高练习者自身的技术水平有很大的促进作用。

（3）提高阶段。通过前两个阶段的学习，练习者的个人技、战术水平有所提高，形成了个人的技术特色。因此，这一阶段的训练要体现针对性，以发展和培养个人技术特长为主，在全面提高掌握攻防技术的前提下形成个人技术特长，不断提高专项素质，增强打击力量，从而逐步走向成熟。

2. 散打技术练习方法

（1）空击练习。空击练习是不设置任何辅助条件而徒手进行的练习，是熟练掌握技术动作的重要训练手段之一。空击练习可以巩固个人技术动作的动力定型，不断加强条件反射意识，提高动作速度。空击的形式多样，可单人、双人、分组或集体练习。

（2）击点练习。击点练习是根据帮助者的信号及时做出动作反应的练习方法。一般来说，击点练习以单击为主，可击中目标，也可保持一定距离。常用的信号有手势和口令等。由于信号的突然性和不规律性，击点练习可有效地提高练习者的单个动作速度和反应速度，提高对各种信号的判断力，同时还可以有效地培养练习者对距离、时间的把握能力。

（3）打靶练习。打靶练习是由教师或同伴根据各种不同的战术意图，借助手靶、脚靶等辅助器材帮助练习者提高技术和战术的一种方法。

3. 散打练习场地及注意事项

散打练习场地以平坦松软的场地为佳，如塑胶场地、地毯场地、松软土质场地等。练习时，要穿着宽松有弹性的运动服装。散打运动激烈，应注意对运动时间和运动强度的把控。

（二）散打战术锻炼策略与练习方法

1. 散打战术锻炼策略

散打战术是运动员根据比赛的具体情况，为战胜对手而采取的计策和方法。它由谋略和相适应的行动方案两部分组成，以谋略为主。

散打训练的内容可以分为智能、技能、体能和心能（心职能力）4个部分，虽然每个部分都有不同的功能，但技能和体能是有形的，是基础；智能和心能是无形的，是灵魂和核心。初学散打者应首先学习基本手形、步形、拳法、腿法和跌法技术，再学习战术；先进行空击练习，再进行打靶、模拟实战练习。

2. 散打战术练习方法

（1）攻防练习。一般是两人一组，按照攻防的运动规律有针对性地进行练习。开始可规定只做单招的进攻与防守，然后逐渐过渡到连招的、随机性的进攻与防守，最后达到灵活运用、随意组合。

（2）递招练习。由教师或同伴根据不同的教学目的，以各种攻防方法为信号，要求练习者做出相应的（练习前就已规定的）攻防动作的一种方法。递招练习的最大特点是可使练习者在完全没有心理压力的情况下完成击打动作。因此，常在教学的初级阶段或周期性的阶段任务中用于提高练习者的反应速度、动作速度和熟练各种攻防方法。

（3）条件实战练习。这种练习方法经常在散打训练中被采用。如要求双方队员在一个回合中只能用左、右直拳进攻和用左摆拳反击；一方只能用低鞭踢和踹腿进攻，而另一方只能用后手直拳和截腿摔法反击，不允许主动进攻等。这种方法的优点是针对性强，能有效地训练和提高练习者某一方面的能力。

思　考　题

1. 试述武术的特点与作用。
2. 散打的技术有哪些？

第十三章

跆拳道

第一节　跆拳道概述

跆拳道（taekwondo）是一项以脚踢为主、拳打为辅、手脚并用、注重礼仪的人体徒手格斗类体育运动项目。“跆”指踢腿，“拳”代表拳法、擒拿，“道”是指方向、方法、尊师重道，三者合称为跆拳道。

一、跆拳道的起源

世界上的格斗类运动项目，其源头都可以追溯到原始社会的生产斗争和军事斗争，跆拳道运动也不例外。原始社会时期，居住在朝鲜半岛的大部分人过着以农业为主的农耕生活，同时也辅以狩猎。人们为了生存，需要与凶禽猛兽进行殊死的搏斗，为了保卫自己和侵占他人的领土与劳动成果，互相之间进行残酷的格斗厮杀。古代跆拳道的雏形正是在这种环境下孕育而生的。人们在生产斗争和军事斗争中使用的手段，随着历史的进程和社会环境的影响，逐渐演化为各种不同的、有意识的技击活动。这种技击活动在社会生活实践中不断得到补充和完善，逐渐成为有目的、有意识的格斗运动。

朝鲜半岛的自卫术曾用的名称有跆跟、唐手道和花郎道等。1910 年，日本侵略朝鲜，并建立殖民政府。殖民政府禁止一切朝鲜文化活动，自卫术也包含其中，这期间武道技术几乎绝迹。1945 年，朝鲜半岛解放，武道自卫术再度兴起，汉城（现韩国首都首尔）相继出现多家道馆，当时各个道馆的教学内容包括朝鲜本土的传统格斗技术、日本空手道和中国武术等。这些不同内容和风格的武术聚集在一起，逐渐形成了现代跆拳道体系的雏形。为了使自卫术得以正规发展，1955 年，崔洪熙提出将跆拳道作为朝鲜半岛自卫术的统一名称，由于当时各方意见不一，没有马上得到大家的认同与使用。1961—1965 年跆手道、唐手道、跆拳道名称交替出现。1965 年 8 月，跆拳道名称最终确定并沿用至今。

二、世界跆拳道的发展

1966 年，第一个跆拳道国际组织——国际跆拳道联盟（International Taekwon-Do Federation，ITF）成立。此组织由崔洪熙创立。

1973 年 5 月，世界跆拳道联合会（The World Taekwondo Federation，WTF）成立。同年开

始举行第一届世界跆拳道锦标赛。1975 年 10 月，世界跆拳道联合会被国际体育联合会接纳为正式会员。

1980 年，国际奥委会正式承认世界跆拳道联合会。

1986 年，第十届亚运会将跆拳道列为正式比赛项目。同年，举办了第一届跆拳道世界杯比赛。

1988 年和 1992 年，跆拳道连续两届被列为奥运会表演项目。

1994 年 9 月，在法国巴黎召开的国际奥委会第 103 届会议上，将跆拳道列为 2000 年奥运会正式比赛项目，设男子、女子各 4 个级别的比赛。

1996 年，开始举办世界青年跆拳道锦标赛。跆拳道被列入许多世界重大赛事的正式比赛项目，如世界大学生运动会、世界军人运动会、亚运会、全非洲运动会、泛美运动会、东亚运动会等。

2000 年，跆拳道成为奥运会正式比赛项目。

三、中国跆拳道的发展

1986 年，跆拳道的创始人崔洪熙率领朝鲜跆拳道代表团来我国访问表演，并赠送了由他本人编著的跆拳道丛书，这是我国政府以文化交流的形式第一次接触到跆拳道，这套丛书介绍了跆拳道的历史源流和技术概况。

1992 年 10 月 7 日，经国家体委批准，中国跆拳道协会筹备小组正式成立。

1994 年 5 月，在河北正定举办了首届全国跆拳道教练员和裁判员学习班；1994 年 9 月，首届全国跆拳道比赛在昆明举行，15 个单位约 150 名运动员参加了比赛。

1995 年 5 月，首届全国跆拳道锦标赛在北京体育大学举行，22 个单位约 250 名运动员参加了比赛，在这次比赛中，世界跆拳道联盟总裁李仲佑先生率韩国表演团做了精彩的表演。

1996 年 5 月 17—19 日，中国万基杯全国跆拳道锦标赛在浙江金华举行。之后，跆拳道比赛列入国家体委的竞赛计划，每年都举行全国锦标赛及全国冠军赛。1996 年 6 月，经国家体委批准，中国派出 9 名运动员参加了在澳大利亚墨尔本举行的第一届亚洲跆拳道锦标赛，男子 83 kg 级选手门凤伟获得铜牌。同年 7 月，中国跆拳道青年集训队在北京正式成立。次年 9 月，集训队组成 14 人的代表队赴越南河内参加了国际跆拳道邀请赛，我国选手获得 2 金 1 银 2 铜的好成绩。

1999 年，在加拿大蒙特利尔举行的世界跆拳道锦标赛上，跆拳道女运动员王朔为我国队赢得了第一枚世锦赛金牌，实现了跆拳道世界冠军零的突破。

2000 年悉尼奥运会上，跆拳道女运动员陈中为我国赢得了第一枚奥运会金牌，实现了跆拳道奥运冠军零的突破。

2004 年雅典奥运会上，陈中和罗微分别获得 67 公斤以上级和 67 公斤级冠军。

2008 年北京奥运会和 2012 年伦敦奥运会上，我国女运动员吴静钰获得 49 公斤级金牌。

2012 年，在阿鲁巴举行的世界杯跆拳道比赛中，中国女队首次取得团体赛金牌。我国跆拳道在不到 20 年的时间里，从无到有，从小到大，从起步到夺取奥运会金牌，为我国“奥运争光计划”做出了重要贡献。

第二节 跆拳道的段位制度

一、跆拳道段位制度简介

跆拳道段位制度是开展跆拳道的重要管理制度，是对从事和参与跆拳道运动者进行的技术评定和监督管理，包括晋级、晋段、考试、审批、管理、监督和惩罚等环节。

划分段位的基本依据是申请者的年龄，训练年限，技术水平和国际、国内比赛成绩，执行中国跆拳道协会（CTA，以下简称中国跆协）和韩国国技院（KUKKI WON，以下简称国技院）认可的有关考试标准。

段位制度包括晋级和晋段（国际段位）两部分内容。以黑带为区分点，黑带以下分十级，黑带以上有九段。级位由道带颜色体现，由低至高依次为十级（白带）、九级（白黄带）、八级（黄带）、七级（黄绿带）、六级（绿带）、五级（绿蓝带）、四级（蓝带）、三级（蓝红带）、二级（红带）、一级（红黑带）。段位称号由低至高依次为一段、二段、三段、四段、五段、六段、七段、八段、九段（图 13-2-1）。

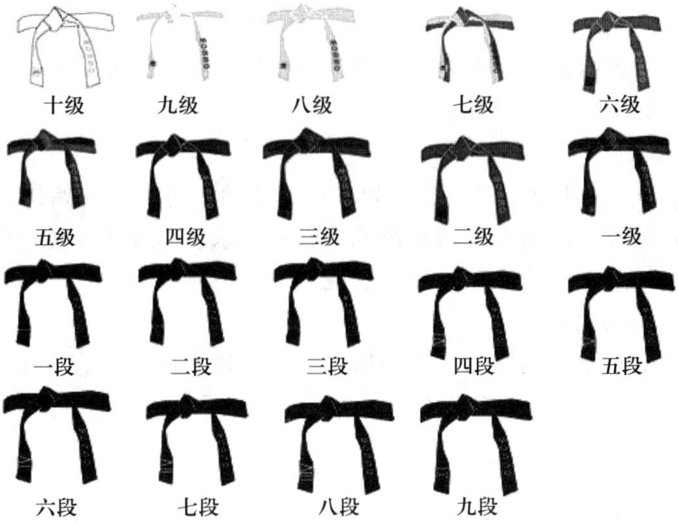

图 13-2-1 段位示意图

二、跆拳道段位考试

（一）考试内容

1. 技术水平考试

（1）基本技术。

（2）品势。

（3）实战。

（4）击破和特技（可自由选择内容）。

2. 理论考试（适用于四段以上者）

（1）笔试，理论考卷。

（2）论文，指定论文题目。

3. 面试（适用于六段以上者）

（二）评分方法

（1）满分为 100 分。

（2）每个考官对应试者评分，60 分及以上者为合格，59 分及以下者为不合格。

（3）评分的最小单位为 5 分，如 55 分、60 分、65 分等。

（4）应试者的成绩，应做好记录。评委三人当中，有两人评 60 分以上时为合格，两人评 60 分以下时为不合格。

（5）各项考试内容中有一项不合格时，按不合格处理。

（6）评分标准。100~90 分，优秀；89~80 分，良好；79~60 分，及格；60 分以下，不及格。

第三节　跆拳道基本知识与技术

一、礼仪

跆拳道礼仪是跆拳道运动中最重要的组成部分。跆拳道礼仪是指练习者在习练跆拳道过程中表现出的高尚的、有价值的言行和举动。

（一）跆拳道礼仪的内涵

跆拳道讲究“以礼始、以礼终”，礼仪教育贯穿在跆拳道教学的始终。礼仪体现出练习者律己敬人的文明修养程度，是跆拳道精神修炼的必然要求。参加跆拳道训练能够提高练习者的礼仪修养，树立积极的、健康的人生观和社会观。

（二）跆拳道礼仪的形式

跆拳道的礼仪形式主要是鞠躬礼。具体做法是：身体面向对方，并步直立，两臂置于身体两侧，上体前倾不小于 30°，头部前倾不小于 45°，稍停后，还原成直立姿势。

二、品势

（一）品势基本知识

品势就是将跆拳道基本攻防技术按照一定原理进行的有机排列与组合，每个品势都有固定形式的起势和收势、动作运行路线和文化含义。跆拳道包括有级品势 8 个、有段品势 9 个，共有 17 个。分别为太极一至八章、高丽、金刚、太白、平原、十进、地跆、天拳、汉水、一如。跆拳道品势还包括自编的品势以及新品势，多用于表演和比赛。

（二）太极一至八章

有级品势根据八卦的八个方位而编排，每一章品势的运动路线和八卦的卦型相同（图 13-3-1）。

图 13-3-1　八卦图

1. 太极一章

太极一章寓意八卦里的“乾”卦，示意开始和起步，是跆拳道品势当中的第一套品势。太极一章共 18 个动作，步型以前行步和弓步为主，手型是拳。动作由下格挡、中段格挡、上格挡、直拳、前踢等基础动作组成，适合跆拳道八级修炼者练习。太极一章的运动路线用“乾”的卦形来表示（图 13-3-2）。

图 13-3-2 太极一章

太极一章

2. 太极二章

太极二章寓意八卦里的“兑”卦，示意外柔内刚。太极二章共 18 个动作，在太极一章动作基础上增加了上段直拳和前踢，以进一步修炼身体的协调性，对身体重心的起伏也有较为严格的要求。它的运动路线用“兑”的卦形来表示（图 13-3-3）。

太极二章

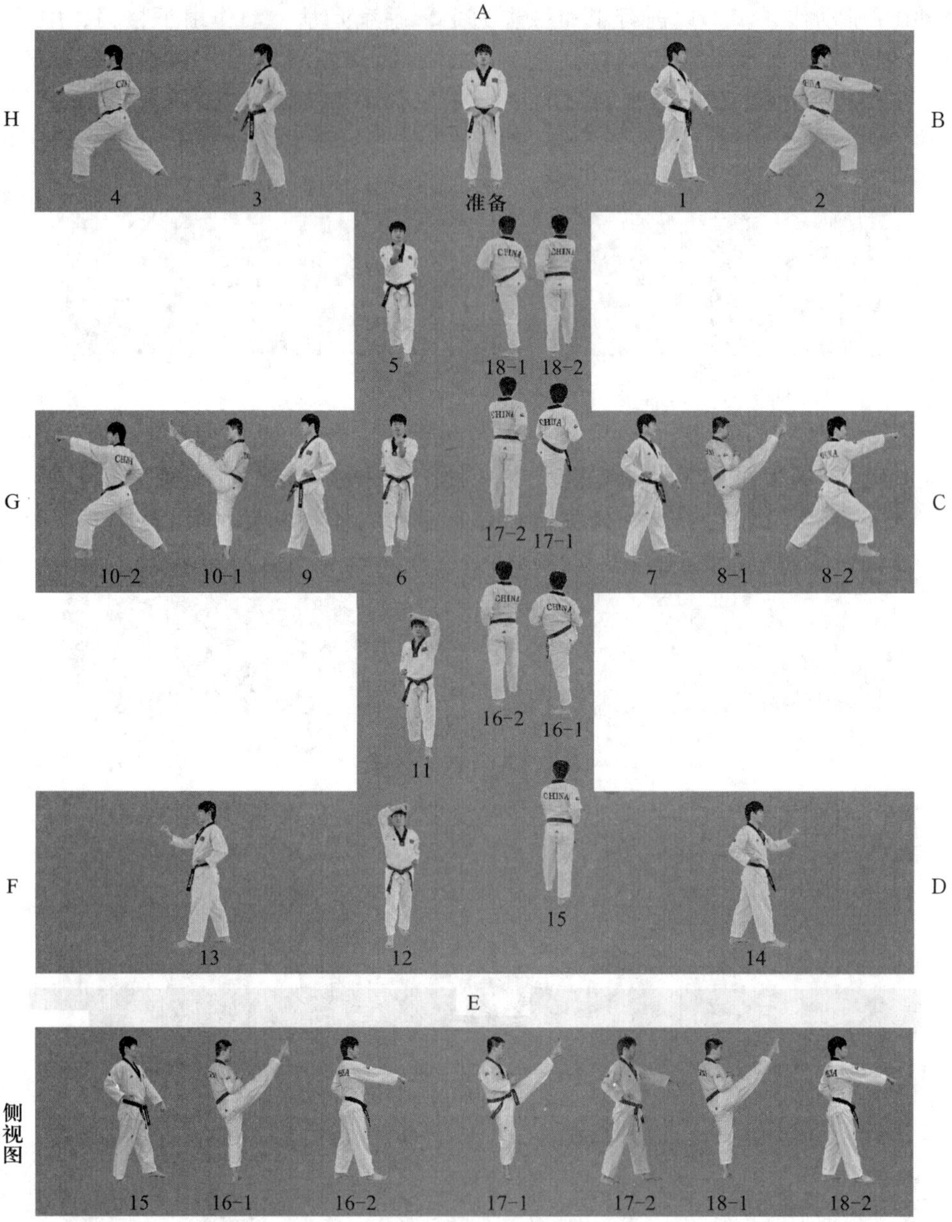

图 13-3-3　太极二章

3. 太极三章

太极三章寓意八卦里的“离”卦，“离”在八卦中意味着火，代表热与明亮，通过修炼本章，可培养人的正气和热情。太极三章共 20 个动作，动作设计充满活力，新动作有单手刀颈部攻击和单手刀中段外格挡。新步型是三七步，技术特点是连续两次直拳，然后迅速格挡对手的进攻。三七步是前脚尖与后脚跟相距三脚距离，单手刀中段外格挡时，格挡的手刀从髋关节经过肩部后格挡。在单手刀颈部攻击起始动作时，辅助手臂放松伸直，与胸口同高，拳心向下，攻击手臂的掌心向外，手尖与耳部同高。前踢后，两次直拳要连续完成。太极三章的运动路线用“离”的卦形来表示（图 13-3-4）。

图 13-3-4　太极三章

太极三章

4. 太极四章

太极四章寓意八卦里的“震”卦，“震”是指具有威风凛凛的强大力量和令人望而生畏的权威。太极四章共 20 个动作，主要包括掌刀中段外防、贯手、手刀攻击、侧踢、背拳等技术，步型有三七步和弓步。习练太极四章重心的移动不能起伏过大。太极四章的运动路线用“震”的卦形来表示（图 13-3-5）。

太极四章

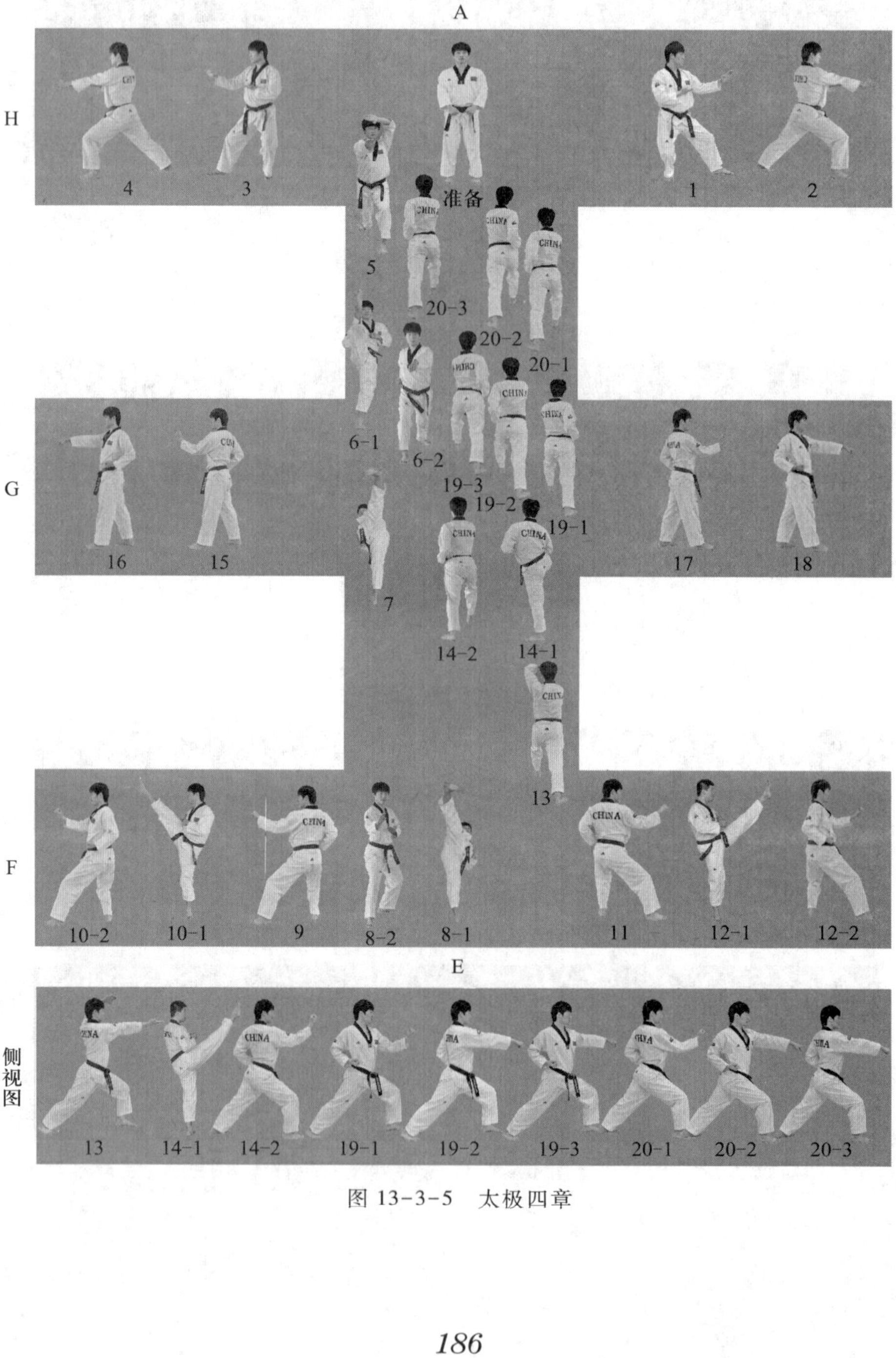

图 13-3-5　太极四章

5. 太极五章

太极五章寓意八卦里的“巽”卦，“巽”在八卦中代表风，练习时，开始部分节奏缓慢宁静，像自然的微风，然后动作逐渐加快，犹如强风，表现出刚劲有力、迅速威猛之势。太极五章共20个动作，新动作有侧向前行步、交叉步、横击肘和锤拳。下锤拳时，击打的拳要从辅助拳内侧向外击打。中段内格挡和背拳前击时，双拳的高度要准确。侧踢与侧击后，拳肘对击要同步进行。太极五章的运动路线用“巽”的卦形来表示（图13-3-6）。

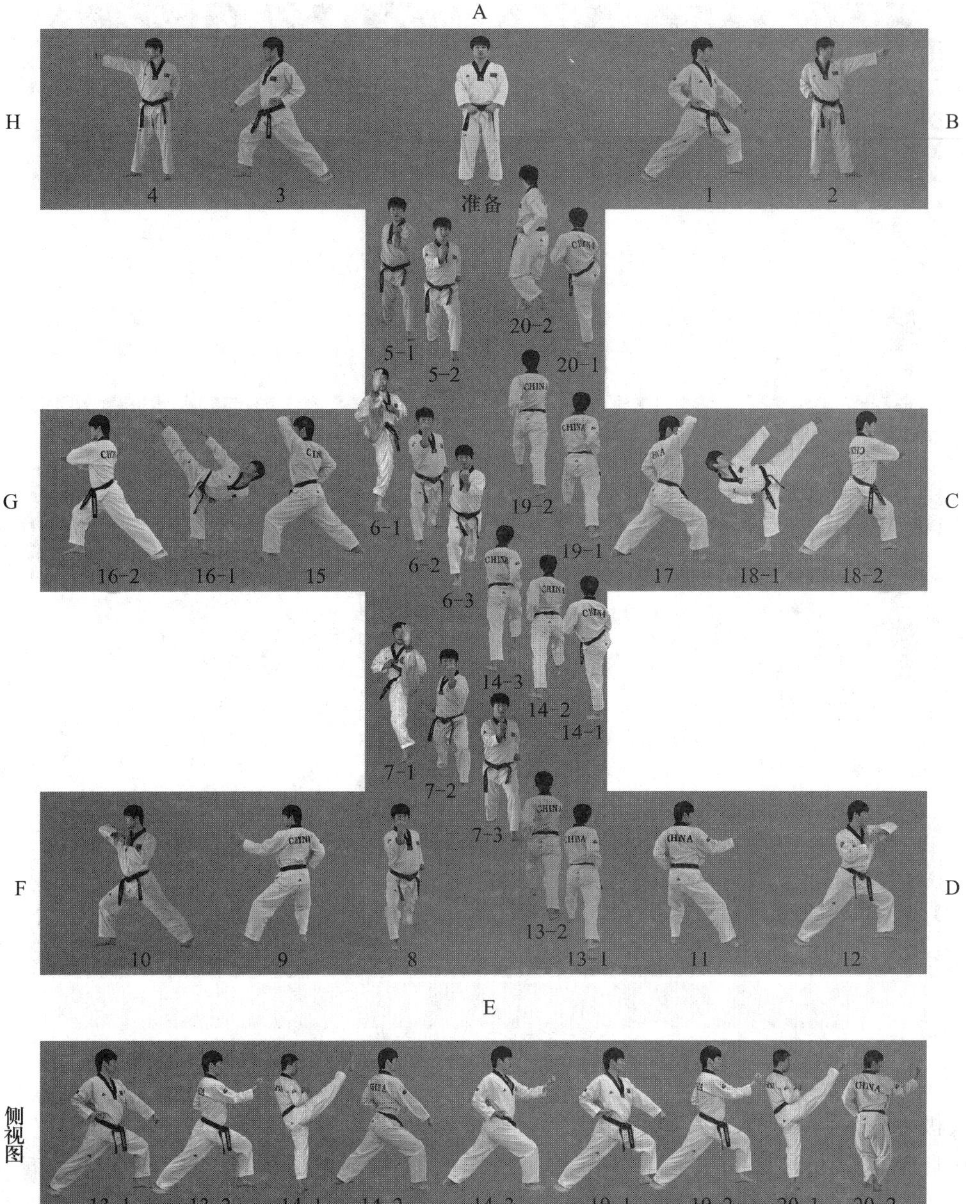

图13-3-6　太极五章

太极五章

6. 太极六章

太极六章寓意八卦里的“坎”卦，“坎”在八卦中代表水，指川流不息与柔，因此，练习太极六章时动作要柔缓、连贯。太极六章共 19 个动作，新动作有横踢三七步手臂中段外格挡、手掌中段内格挡、双手交叉分式下格挡等。右侧单手刀上位斜外格挡时，肩部向左 45°。太极六章运动路线用“坎”的卦形来表示（图 13-3-7）。

图 13-3-7　太极六章

太极六章

7. 太极七章

太极七章寓意八卦里的“艮”卦，“艮”在八卦中代表山，意味着沉稳与厚重，通过修炼可以达到不可动摇的修炼意识和力量。因此，在习练太极七章时，要用厚重的力量控制节奏和力量。太极七章共 25 个动作，新动作有膝部进攻、双手上下同时防守、双臂交叉下防、内摆腿和肘部横击等技法，要求虚步规范准确。太极七章的运动路线用“艮”的卦形来表示（图 13-3-8）。

图 13-3-8 太极七章

太极七章

8. 太极八章

太极八章寓意八卦里的“坤”卦，“坤”在八卦中代表大地，是万物生长的根。太极八章共 27 个动作，新动作包括双手中位外格挡、左手下格挡、右手上位格挡、勾拳、前交叉步、肘部前横击、背拳前击，腿法是跳起两次前踢（腾空二前踢）和原地前踢接跳起前踢等。太极八章的运动路线用“坤”的卦形来表示（图 13-3-9）。

图 13-3-9　太极八章

太极八章

三、跆拳道实战技术

（一）实战式

实战式是指运动员在竞技比赛中普遍使用的预备姿势，又可称为常规预备姿势。实战式是发出所有技法动作的源头或起点，其姿势状态符不符合所要链接动作合理性和有效性的要求，直接影响到将要发出动作的质量。对于所有技法的起点动作来讲，既要有利于发出进攻性的技法，又要有利于发出防守性的技法，还要有利于发出反击性的技法。因此，针对将要发出的所有技法动作，实战式的技术规范必须始终保持在一种高度机动、灵活的姿势。

动作过程：两脚前后开立，距离略宽于肩。前脚内扣约45°，后脚外展约60°，前脚掌着地，脚跟提起，膝关节微屈内扣。身体重心垂线保持在两脚连线的中部位置。上体直立，含胸收腹，面部正对对手，两眼注视对手头部，用余光观察其全身。肘部弯曲90°左右，双手握拳置于体前。

（二）跆拳道步法

跆拳道步法是实战中根据对手的位置及运动状态，通过两脚和身体配合，有目的地调整同对方的距离、方位的移动方法。虽然在跆拳道技法中，步法和实战式都不是能够直接击打对方的攻击性技法，但是步法灵活则可身手敏捷。注重步法的运用，注重步法结合攻击性和反击性技法的训练，是提高跆拳道运动水平的一个重要环节。

跆拳道步法包括前进步、后退步、前滑步、后滑步、前交叉步、后交叉步、前垫步、后垫步、单跳步、上步、撤步、左弧形步、右弧形步、换跳步、后转身步、并步等。

跆拳道步法有以下作用：

（1）抢占有利位置。

（2）连接技术。

（3）维持身体平衡。

（4）防守。机智灵活的移动能使对方的攻击落空，达到防守的目的。

（5）干扰对方。进攻和反击往往要与步法配合使用，因此，步法可以作为假动作来使用，使对方难辨真假，从而抓住更多的战机。

（三）跆拳道拳法

跆拳道拳法是跆拳道竞技比赛的攻击技法之一，包括前手直拳和后手直拳。跆拳道的拳法主要是在双方运动员距离较近而且是在动态的情况下，用于阻击、迎击、勾击对方的腹部。阻击是防守型的拳法，迎击和勾击是进攻型的拳法。跆拳道的拳法是近距离的攻击武器，而腿法是远距离的攻击武器。跆拳道的竞赛规则规定，拳法不能攻击对方的头部，只能攻击对方的腹部或电子护具的感应部位，但是攻击得分的容易程度并不亚于腿法。

跆拳道拳法有以下作用：

（1）近距离攻击对方躯干得分部位。

（2）控制距离，为腿法攻击创造条件。

（3）重击对方，给对方造成心理压力。

（四）跆拳道竞技腿法

跆拳道竞技腿法，是脱胎于原始的跆拳道品势技术与防卫格斗技术而形成的。在跆拳道众多的腿法技术中，符合《跆拳道竞赛规则》、在比赛中实用性强、得分率高的腿法被保留下来，还有许多腿法失去了在跆拳道赛场生存的意义，逐渐离赛场而去。在三十多年的现代跆拳道竞技比赛中，通过不断总结、不断改进、不断创新，跆拳道竞技腿法技术逐渐趋于完善，从单纯重视力度、速度或技巧的单一模式，发展成为现在的速度与力量相结合、灵巧与准确相结合的风格特点，在世界武技中独树一帜，被称为“踢的艺术”“腿技之王”。

腿法是跆拳道的主要攻击方法。腿法的攻击可远也可近。虽然跆拳道腿法的攻击力量大，但是也有自身的弱点。一方面，腿法的动作幅度大，路线长，相对于拳法来讲，动作的灵活性差；另一方面，单腿独立支撑平衡能力差，受到对方身体的阻扰容易倾倒。要想充分发挥腿法的作用，除了要加强腿法的全面性、技巧性和速度、力量训练外，还必须加强对下肢各个关节柔韧性的训练。

跆拳道竞技腿法包括前踢、横踢、侧踢、后踢、下劈、后旋踢、双飞踢、旋风踢、推踢、勾踢、多飞踢、腾空腿法、组合腿法等。本章主要介绍以下几种腿法：

1. 前踢

前踢是拳道的基础腿法之一，竞技比赛中使用很少，但是练习横踢的基础。

（1）动作方法。以实战式开始，后腿的小腿放松夹紧，直线向正前方提膝。前踢时，双拳抬起放在胸前，身体正直，支撑腿伸直，前踢腿法完成后迅速收腿，回到原位。

（2）动作要点。动作腿直线提膝，大小腿充分折叠，迅速打开。

2. 横踢

横踢是跆拳道比赛中得分率较高的腿法之一，应用十分广泛。横踢技术主要包括后横踢、前横踢、连续横踢等，双飞、360°横踢（旋风踢）的核心技术都是横踢。

（1）动作方法。以左实战式开始，右脚蹬地，身体重心前移，以左前脚掌为轴，向左转体，使身体侧对攻击目标，同时右腿大小腿折叠，膝上提，在身体转动过程中始终指向目标。右小腿放松夹紧，直线抽出小腿向正前方形成45°，脚面绷直踢出。发力同时右臂向右侧伸开配合两眼注视目标。发力后，借助弹性收回小腿，右腿回落恢复实战式。

（2）动作要点。① 横踢时全身放松自然，动作协调；② 右脚的蹬地、转体、提膝、小腿踢击，整个过程要连贯协调，快速顺畅；③ 膝部提起的高度要根据目标变化而调整，踢较高目标时膝部提起的高度要相应增加，踢击腹部时膝部提起的高度和腹部高度应相同；④ 膝部提起时大小腿要折叠；⑤ 支撑脚转动要与身体的转动协调一致，并且身体要沿纵轴转动足够的角度；⑥ 动作紧凑，隐蔽性强。

3. 侧踢

侧踢是跆拳道常用的腿法之一，不仅可以直接攻击对方，还可以有效地截击和迎击对方。

（1）动作方法。以右实战式开始，以原地后腿侧踢为例，身体重心前移，右腿屈膝上提，勾脚，同时以左前脚掌为轴，身体左转，大小腿折叠，身体侧对目标。紧接着右脚迅速踢向目标，脚尖指向侧方或斜下方，力达右脚底，右腿发力后迅速屈膝收回，恢复实战式。

（2）动作要点。① 身体要以支撑脚的前脚掌为轴转动，提膝时，大小腿折叠；② 侧踢时髋的转动、右腿的屈伸、身体的适当倾斜要协调配合，充分发挥全身各部位的速度和力量；③ 在完成动作过程中，整个身体要协调自然，提膝和出腿要迅速连贯，使发力顺畅自然、干净利落，快速地完成动作；④ 发力结束后，借助发力的弹性迅速收回成实战式，以减少自身防守漏洞，不给对方可乘之机。

4. 后踢

后踢是背向对手直线攻击的腿法，使用脚掌接触目标。

（1）动作方法。以右实战式开始为例，身体重心移至左脚，同时以左前脚掌为轴，身体随头部一起沿纵轴向右后转动。当身体背对目标时，上体制动，两眼沿右肩上方向后注视目标，右脚上提，大小腿尽量折叠，踝关节置于右臀下方。紧接着，右脚沿左腿内侧靠近臀下部，向后直线踢出，脚尖向下 45°。发力后，屈膝收回落地成实战式。

（2）动作要点。① 由于做后踢时身体转动角度大，转动瞬间目光要离开对方。后踢时，身体要以头部的转动为先导，这样不但缩短了目光离开对方的时间，而且可以反射性地增加身体转动的速度和力量；② 发力时，要在整个身体协调配合下，迅速踢直膝关节；③ 上体转到背向目标时，就要及时制动，使转动的能量向右腿后踢动作传递；④ 右脚贴着支撑腿内侧踢向目标；⑤ 踢出时，右脚尖向侧下方用整个脚掌或脚跟打击目标；⑥ 转体、提膝、踢出要同时完成，不要停顿分解；⑦ 大小腿必须经过折叠，然后直线踢出，否则会形成由下向上的后撩腿。

5. 下劈

下劈技术既可以用于进攻又可以用于迎击和反击，主要用来攻击对方头部。

（1）动作方法。以右实战式开始为例，身体重心前移，右腿由后经左腿内侧向前上屈膝提起，然后迅速伸直将脚摆至头部高度。右大腿带动小腿，以脚掌为力点，迅速向前劈击目标。完成发力后，右腿自然放松下落成右实战式。

（2）动作要点。① 左腿上摆时，要先屈膝然后将腿打开伸直，这样可减小动作幅度、加快动作速度；② 支撑脚前脚掌着地，随重心灵活移动；③ 下劈发力的范围在头的前上方到胸部高度这段距离；④ 向前劈击力量发出后，攻击腿迅速放松下落，恢复成实战式；⑤ 全身协调用力，上体在下劈发力时不可过分后仰；⑥ 距离对方较近时，可以通过身体的两侧将腿摆起，然后攻击对方头部。

6. 后旋踢

后旋踢属于一种转身弧线型攻击腿法，动作难度较大，是重创对方的主要手段之一。后旋踢既可主动攻击对方，又可反击对方的攻击。

（1）动作方法。以右实战式开始，身体重心前移，以前脚掌为轴，左脚内扣，以头部迅速向右后转带动上体向右后转，两眼注视目标。紧接着上体制动，右膝微屈，踢腿时膝关节向下 45°，由下向身体的侧后上方摆动。当右腿摆到接近目标时，右膝迅速伸直，腰部和右腿主动用力，由右向左水平横击，用右脚掌或右脚其他部位打击目标。发力完成后，右腿收回，左腿以前脚掌为轴转动，右腿落地，恢复成实战式。

（2）动作要点。① 后旋踢是转身弧线踢法，身体转动 360°左右。后旋踢时，头部要先于身体转动，以便反射性地加大身体转动的速度和力量。减少目光离开对方的时间；② 上体必须领先右腿转动，待躯干转动超过 90°后，右腿迅速向后摆动，这样会拉长即将用力的肌肉，有利于发力，在右腿踢击目标时就会既有速度又有力量，形成鞭打效果；③ 右腿向后摆的过程中，先膝部微屈，然后迅速将腿完全伸直踢击目标；④ 右脚接近目标时，要水平横向摆击；⑤ 踢较高的目标时，上体要用适当倾斜以维持身体平衡；⑥ 整个动作必须连贯协调，一气呵成。

7. 双飞踢

双飞踢属于难度较高的踢法，实质是腾空完成两个左右横踢，在跆拳道比赛中应用广泛，是重要的得分技术之一。

（1）动作方法。以左实战式开始为例，身体重心前移，右腿向前横踢。右腿发力之后屈膝下落之时，左腿蹬地跳起，在空中向前做左腿横踢。左腿发力后自然收回下落成左实战式。

（2）动作要点。① 两个动作要连贯协调，不能停顿，两腿在空中迅速前后交换；② 身体跳起不要过高，否则会影响动作速度；③ 两臂在身体两侧与两个横踢协调配合；④ 两眼始终注视目标；⑤ 第一腿发力后迅速收回，另一腿快速踢出；⑥ 转髋发力，用脚背击打目标；⑦ 根据对方具体情况，变化攻击部位（头部或躯干）和两腿的击打力度。

8. 旋风踢——360°横踢

（1）动作方法。以左实战式开始为例，身体重心前移，以前脚掌为轴，头向左后转动，身体左转同时将左腿向身后摆动。当身体转向攻击目标时，左腿下落，同时右腿蹬离地面提膝向目标横踢，左腿落地。右腿发力后自然收回，恢复成实战式。

（2）动作要点。① 旋风踢技术是由“转体”与“换踢”两个环节构成。两个动作环节要顺畅连贯，中间不能停顿和分解。沿身体纵轴转体，可以保证快速转体和维持平衡。当身体面向目标时，左右腿迅速在空中交换，左腿落地的同时右腿完成横踢；② 转动时，以前脚掌为轴，摆动腿向身后摆动，不要向侧摆；③ 转动时，身体重心起伏不能过大；④ 身体要围绕身体纵轴转动，不要前倾和后仰。

思 考 题

1. 简述跆拳道的起源与发展概况。
2. 本章所介绍品势的动作数量分别是多少？
3. 跆拳道基本腿法有哪些？各腿法的动作方法是什么？

第十四章

体操

第一节　体操概述

体操一词来源于古希腊语 gymnastike，意为裸体。相传，古希腊人多是赤裸着身体进行锻炼的。古希腊人将锻炼、运动竞技及游戏的一切身体活动，如走、跑、跳、投掷、攀登、摔跤、舞蹈、骑马和军事训练中的游戏等统称为体操。在一个相当长的时期内，“体操”和“体育”两词并存，相互混用。在我国，从 19 世纪中叶到 20 世纪初，也以“体操”一词来指近代体育，如当时学校的体育课被称为“体操科”，一直沿用到 1922 年。后来，“体育”一词逐步代替了“体操”，用来指身体运动形式，并被人们普遍认同和接受。此后，体操则在内容、方法上区别于其他身体运动形式，成为具有自身特点的、独立的体育运动项目。

体操是通过徒手、持轻器械或在器械上完成不同类型与难度的单个动作、组合动作或成套动作，充分表现人体控制能力，具有一定艺术要求的体育运动项目。体操的内容丰富，项目众多，锻炼的作用也各有侧重，主要内容有：队列队形练习、徒手体操、轻器械体操、器械体操、技巧运动、跳跃、蹦床、艺术体操、健美操和团体操。按体操内容所完成的主要任务可分为基本体操、竞技性体操和表演性体操。

一、竞技性体操介绍

竞技性体操是竞技体操、技巧运动、蹦床、艺术体操、竞技健美操 5 个独立比赛项目的总称。竞技性体操要在相应的竞赛制度的规范下进行，有特定的竞赛规程和专门的评分规则，以运动员参加比赛时所完成的动作质量作为相互之间选优、评优的依据。

（一）竞技体操

竞技体操又称为体操比赛。男子有自由体操、鞍马、吊环、跳马、双杠和单杠 6 个比赛项目；女子有跳马、高低杠、平衡木和自由体操 4 个比赛项目。世界大型体操比赛有奥运会体操比赛和世界体操锦标赛。奥运会体操比赛有以下三种形式：团体赛、个人全能决赛和个人单项决赛。三种比赛都进行自选动作的比赛。世界体操锦标赛又分为团体锦标赛和单项锦标赛，分别进行团体比赛及全能和单项比赛，均为自选动作。此外，还有世界职业体操锦标赛。

大众性的体操比赛，除按等级大纲的要求进行外，还可以根据实际条件和参加者的技术水平，确定比赛项目和内容。这一类比赛通常以规定动作为主。

（二）技巧运动

技巧运动的比赛内容是从垫上运动发展而来的。直至20世纪50年代，才成为独立的比赛项目。技巧运动比赛设有男子单人、女子单人、男子双人、女子双人、男女混合双人、女子三人和男子四人7个项目。在国内外大型赛事中，有团体赛、全能赛和单套赛三种形式，且只进行自选动作的比赛。

（三）艺术体操

艺术体操是女子特有的比赛项目。世界大型艺术体操的比赛主要是奥运会的艺术体操比赛和世界艺术体操锦标赛。国际体联艺术体操技术委员会所规定的正式比赛器械有绳、圈、球、棒、带5种。每届世界锦标赛使用的器械都有具体规定。艺术体操比赛分团体赛和个人赛。

（四）蹦床

蹦床比赛设有三个项目，蹦床（又称网上）、小蹦床和单跳。比赛包括规定动作和自选动作，以单人及同步两种比赛形式计算成绩，分别进行个人和团体比赛。

（五）竞技健美操

竞技健美操是在广泛开展的大众健美操基础上形成的。大型赛事有世界健美操锦标赛。竞赛项目有男子单人、女子单人、混合双人、三人（性别任选）和集体六人（性别任选）。分为团体和单项两种比赛，各项目进行自编动作的比赛，根据规定动作、特色、难度、编排、技术情况、现场表现、体型和成套动作时间等因素，来评定成套动作的价值和完成的情况。

二、体操基本术语

（1）基本方向。以人体直立时为基准，分前、后、左、右、上、下6个基本方向。

（2）列。左右并列成一排为列。一般从右到左按高矮顺序排列。

（3）路。前后排列成一行为路。一般从前到后按高矮顺序排列。

（4）横队。由“列”组成的队形称横队。一般横队的宽度大于纵深。

（5）纵队。由“路”组成的队形称纵队。一般纵队的纵深大于宽度。

（6）排头。位于纵队之首或横队右翼者为排头。

（7）口令。在队列队形练习中，指挥者所发出的操练指令叫口令。一般口令由预令和动令组成。预令是指明动作的性质（动作的做法和方向）。动令是指明动作的开始。

（8）立。人体站立的姿势。例如，直立、并立、开立、点地立、单脚立和起踵立等。

（9）蹲。屈膝站立的姿势。蹲分为全蹲和半蹲。

（10）坐。以臀部和（或）大腿部着地，上体与地面成垂直的姿势。例如，并腿坐和分腿坐等。

（11）举。四肢移动范围在180°内，并稍停止在某一方位上的动作。例如，前举、上举和后举等。

（12）屈。弯曲和缩小身体或身体某一关节角度的动作。例如，体前屈、体侧屈和臂胸前平屈等。

（13）伸。扩展和伸直身体或身体某一关节角度的动作。例如，伸臂和伸腿等。

（14）踢。腿用力做加速摆的动作。例如，前侧踢腿、后侧踢腿等。

（15）跳。脚蹬地使身体腾空的动作。例如，挺身跳和分腿跳等。

第二节　徒手体操

徒手体操是由身体各个部位、各种不同动作组成的单个动作或成套动作。其特点是内容丰富、有易有难、形式多样，可单人做、多人做或集体做，也可以原地做或行进间做，既可以做身体的局部练习，又可以在短时间内使身体得到全面锻炼，且不受年龄、性别、健康状况及场地、器材、气候条件的限制，易于普及和推广。

通过徒手体操练习，可以培养练习者良好的身体姿势，提高其内脏器官的功能、增强肌肉力量、发展动作的协调能力，促进人体全面发展。经常坚持做操，还能防止和矫正身体的不良姿势，增强体质，增进健康。

一、徒手体操的内容与分类

徒手体操的内容主要包括各种类型的基本动作，其动作类型有举、振、摆、绕、绕环、屈伸、踢、跳、弓步、转、立、撑、卧和坐等。根据徒手体操的练习形式，可分为单人动作、双人动作和集体动作。

二、第八套广播体操

原地踏步（2×8 拍）

第八套广播体操动作示范

预备姿势：直立。

左脚开始踏步，脚离地面约 15 厘米，身体保持正直，两臂前、后自然摆动。

第一节：伸展运动（4×8 拍）

预备姿势：直立。

1 两臂前举（掌心相对）。

2—3 左脚向前一步，重心随着前移，右脚尖点地；左脚向前迈步的同时稍低头，两臂（掌心向下）经侧向后下，向前绕至侧上举（掌心相对），抬头，眼看前上方。

4 两臂经前还原成直立。

5—8 同 1—4，但方向相反。

要求及注意事项：第 2—3 拍动作要连贯。

第二节：扩胸运动（4×8 拍）

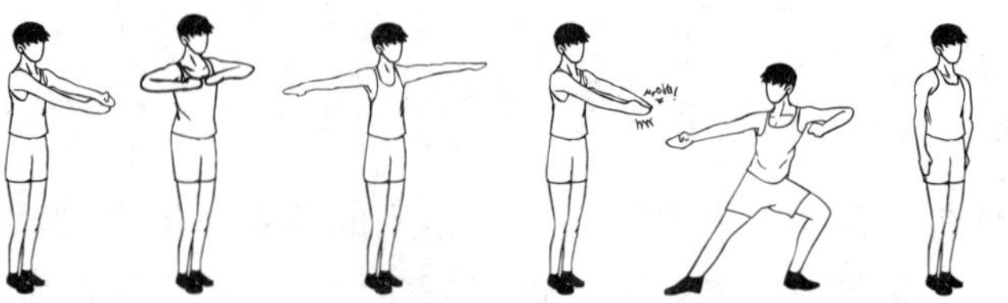

预备姿势：直立。

1 两手握拳（拳心向下），两臂经前至胸前平屈后振。

2 两臂经前伸直（拳心相对）至侧举后振。

3 两臂经前击掌，接着左脚左跨成左弓步，同时两手握拳成左臂胸前平屈（拳心向后）、右臂侧举（拳心向前）后振，头右转，眼看右方。

4 还原成直立。

5—8 同 1—4，但方向相反。

要求及注意事项：① 动作刚健有力并富有弹性；② 第 3 拍和第 7 拍侧弓步时，上体保持正直，屈膝腿的脚尖向侧前方，膝关节对准脚尖。

第三节：踢腿运动（4×8 拍）

预备姿势：直立。

1 左脚向前一步（重心移至左脚，右脚尖点地），同时两臂经前至上举（掌心向前）。

2 右腿前踢（约 90°），同时两臂经前、下向后摆（掌心向后）。

3 还原成第 1 拍姿势。

4 两臂经前还原成直立。

5—8 同 1—4，但方向相反。

要求及注意事项：踢腿时两腿伸直，上体保持正直。

第四节：体侧运动（4×8 拍）

预备姿势：直立。

1 左脚向左一步（同肩宽），同时左臂经体侧至侧上举（掌心向内），右手叉腰（虎口向上）。

2 左臂上举，同时上体向右侧屈一次，立即还原成第 1 拍姿势。

3 左臂上举，同时右臂伸直（五指并拢，掌心向内），上体再向右侧屈一次。

4 左臂经体侧还原成直立。

5—8 同 1—4，但方向相反。

要求及注意事项：① 侧屈时两腿伸直，上体不要前倾或后仰；② 侧屈动作应富有弹性。

第五节：体转运动（4×8 拍）

预备姿势：直立。

1 左脚向左一步（稍宽于肩），同时两臂侧举（掌心向下）。

2 上体左转 90°，同时左臂于体后屈肘、手背贴腰，右臂胸前平屈，手指触左肩（掌心向下）。

3 两臂伸直，经前成左臂胸前平屈、右臂侧举（掌心向下），同时上体右转 180°，眼看右手。

4 还原成直立。

5—8 同 1—4，但方向相反。

要求及注意事项：身体转动时两脚不动。

第六节：全身运动（4×8 拍）

预备姿势：直立。

1 左脚向前成弓步，同时两臂经前至侧上举（掌心相对），抬头，眼看前上方。

2 左脚收回，同时上体前屈，手指于脚前触地（掌心向后）。

3 全蹲，同时两手扶膝（两肘外分、手指相对），眼看前下方。

4 还原成直立。

5—8 同 1—4，但方向相反。

要求及注意事项：① 弓步时，后腿蹬直，全脚掌着地，脚跟稍内转；② 体前屈时，两腿伸直；③ 全蹲时，两膝并拢，脚跟不离地。

第七节：跳跃运动（4×8 拍）

预备姿势：直立。

1 跳起，左、右分腿落地，同时两臂胸前平屈，两手半握拳（拳心向下）。

2 跳起，还原成直立。

3 跳起，左、右分腿落地，同时两臂经体侧至头上击掌。

4 跳起，还原成直立。

5—8 同 1—4。第 8 拍的最后一拍，两臂成体前交叉，两手半握拳（拳心向后）。

要求及注意事项：① 击掌时，手臂要尽量伸直；② 跳跃动作要富有弹性。

第八节：整理运动（2×8 拍）

预备姿势：直立，两臂体前交叉，两手半握拳（拳心向后）。

1 左腿屈膝抬起，小腿自然下垂（脚离地面约 15 厘米），同时两臂摆至侧举（拳心向下）。

2 还原成预备姿势。

3 动作同 1，但换右腿做。

4 动作同 2，但两臂体前交叉时两手由拳变掌，稍低头。

5 两臂经体侧摆至侧上举（掌心相对），同时稍抬头，挺胸，吸气。

6 两臂经体侧落下至体前交叉（掌心向后），同时稍低头，呼气。

7 动作同 5。

8 两臂经体侧还原成预备姿势。

第二个 8 拍同第一个 8 拍，最后 1 拍还原成直立。

要求及注意事项：① 两臂体前交叉时手臂自然弯曲；② 第 5 拍和第 7 拍两手自然翻掌摆至侧上举；③ 动作过程中要注意调整呼吸。

第三节　健美操

一、健美操的概念和起源

健美操是一项在音乐伴奏下的身体活动，是以有氧练习为基础，以健、力、美为特征的现代体育运动项目。从 2005 年起，国际上将健美操统一命名为“aerobic gymnastics”，意思为“有氧运动”。健美操成为一项独立的体育运动项目，得益于美国著名的影星简·方达的大力传播，她从节食和药物等减肥法失败中吸取教训，利用健美操练习取得了健身和减肥的成功，并结合自己的切身体验编写了《简·方达健身术》，本书 1981 年出版后，立即引起轰动，被翻译成 19 种文字出版发行，为健美操在世界范围内推广作出了贡献。

二、健美操的特点

（一）高度的艺术性

健美操是融体操、舞蹈、音乐于一体，追求健与美的体育运动项目。因此，健美操属于健美体育范畴，具有高度的艺术性。

健美操的艺术性主要体现在其“健、力、美”的项目特征上。“健康、力量、美丽”是人类所追求的完美身体状态，而无论是健身性健美操，还是竞技性健美操，无不处处表现出“健、力、美”的特征，并展现出高度的艺术性。

健美操动作协调、流畅、有弹性，练习者不仅可以锻炼身体、增强体质，还可以从中得到美的享受，提高艺术修养。健美操运动员在比赛中所表现出的健美的体魄、高超的技术、流畅的编排和充沛的体力等，往往会给观众留下深刻的印象。

（二）强烈的节奏感

健美操动作具有强烈的节奏感，可通过音乐充分表现出来。音乐是健美操不可缺少的组成部分。健美操音乐的特点是节奏强劲有力、旋律优美，具有烘托气氛、激发人们热情的作用。健美操与音乐巧妙结合后，产生的强烈的节奏感使得健美操更具感染力。

（三）广泛的适应性

健美操练习形式多种多样，运动量可随时调整，对场地器材的要求也较低。因此，不同年龄、性别，不同身体素质和技术水平的人都适宜参与。各类人群都能从健美操练习中找到适合自己的运动方式，从中体验到乐趣。

三、健美操的基本步伐

健美操基本步伐是体现健美操练习者下肢动作基本姿态的主要手段。根据动作的特点及运动强度，健美操的基本步伐分为以下 12 大类：

（一）踏步类

踏步类动作运动强度较低，要求在运动过程中至少有一只脚与地面保持接触。常见的步伐有 4 种：

1. 踏步（图 14-3-1）

种类：脚尖不离地的踏步、脚离地的踏步、高抬腿的大幅度踏步。

形式：原地踏步、移动踏步、转体踏步。

方向：向前、向后、向左、向右的踏步。

技术要点：落地时，由脚尖过渡到脚跟着地；屈膝时，胯微收，两臂自然前后摆动。

图 14-3-1　踏步

2. 走步

种类：走步。

形式：走步。

方向：前走、后走、斜向走、弧形走。

技术要点：基本同踏步。

3. “V”字步（图 14-3-2）

种类：正“V”字步、倒“V”字步。

形式：平移、转体正“V”字步、小幅度跳正“V”字步和倒“V”字步。

方向：左、右腿的正“V”字步和倒“V”字步。

技术要点：一脚迈出，另一脚随之迈出，两脚成一条直线，脚间距离略比肩宽，两膝自然弯曲，然后依次收回。

图 14-3-2　“V”字步

4. 恰恰步（水兵步）（图 14-3-3）

形式：平移和转体的恰恰步。

方向：向前、向后、向侧的恰恰步。

技术要点：在两拍节奏中，快速踏步三次。

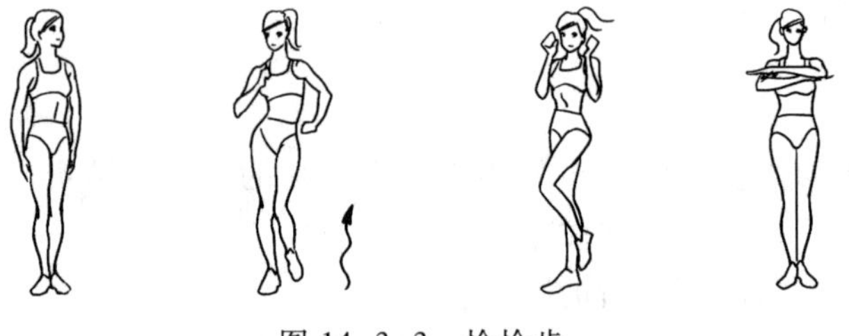

图 14-3-3　恰恰步

（二）并步类

1. 点地（图 14-3-4）

种类：脚尖点地、脚跟点地。

形式：原位点地、移动点地、转体点地。

方向：脚尖向前、向侧、向后、向斜方的点地，脚跟向前、向侧、向斜方的点地。

技术要点：点地时，动作要有弹性，腿自然伸直。

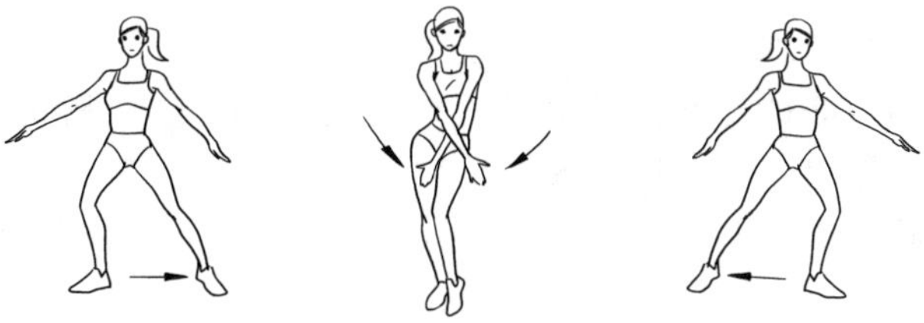

图 14-3-4　点地

2. 移重心（经半蹲左右移动）（图 14-3-5）

种类：双腿移重心、单腿移重心。

形式：原地移重心、移动中移重心、转体移重心、跳跃移重心。

方向：向前、向后、向左、向右移重心。

技术要点：身体重心从一端移向另一端时，必须经两腿之间。

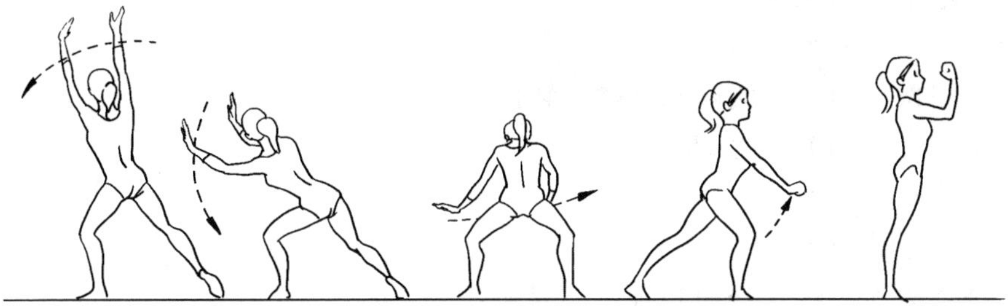

图 14-3-5　移重心

3. 并步（图 14-3-6）

种类：两腿同时屈的并步、一伸一屈的并步。

形式：原位的并步、移动的并步（“之”字步）、转体的并步。

方向：向前、向后、向左、向右的并步。

技术要点：一脚并于另一脚，重心要随之移动，两膝自然屈伸。

4. 交叉步（图 14-3-7）

形式：平移的交叉步、转向的交叉步、小幅度跳的交叉步。

方向：向前、向后、向侧的交叉步。

技术要点：一脚迈出，另一脚在前或在后交叉，重心随之移动。

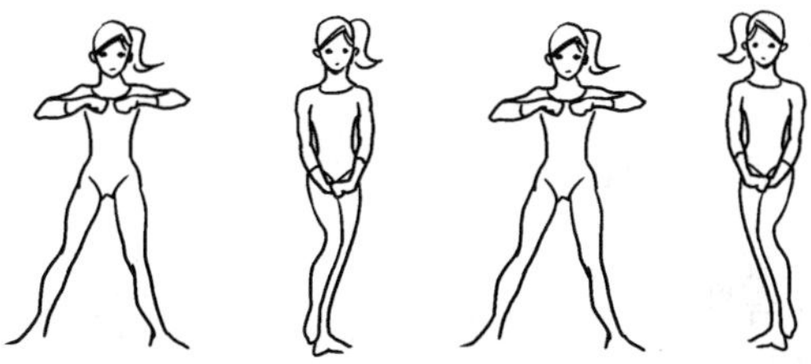

图 14-3-6　并步

图 14-3-7　交叉步

（三）弓步类（图 14-3-8）

种类：静力性弓步、动力性弓步。

形式：左右弓步、移重心的弓步、移动的弓步、转体的弓步、跳的弓步。

方向：上步弓步、后撤弓步、侧伸弓步。

技术要点：一腿屈膝，脚尖与膝垂直，另一腿伸直，重心落于两腿之间。

图 14-3-8　弓步类

（四）半蹲类（图 14-3-9）

种类：小分腿半蹲和大分腿半蹲。

形式：向侧一次半蹲、向侧两次半蹲、转体的半蹲。

方向：向侧（左和右）的半蹲。

技术要点：半蹲时立腰。

（五）吸腿类（图 14-3-10）

形式：原地的吸腿及跳、移动和转体的吸腿。

方向：向侧、向前的吸腿。

技术要点：大腿用力上提，小腿自然下垂。

图 14-3-9　半蹲类

图 14-3-10　吸腿类

（六）弹踢类（图 14-3-11）

形式：原地的弹踢腿及跳、移动和转体的弹踢腿。

方向：向前、向侧、向后的弹踢腿。

技术要点：大腿抬起至一定角度后，小腿自然弹直。

（七）开合跳（图 14-3-12）

种类：双起双落的开合跳、单起双落的开合跳。

形式：原地的开合跳、移动的开合跳、转体的开合跳。

方向：向前的开合跳。

技术要点：开合跳分腿时，两脚自然外开，膝关节沿脚尖方向弯曲。跳起与落地时，注意屈膝缓冲。

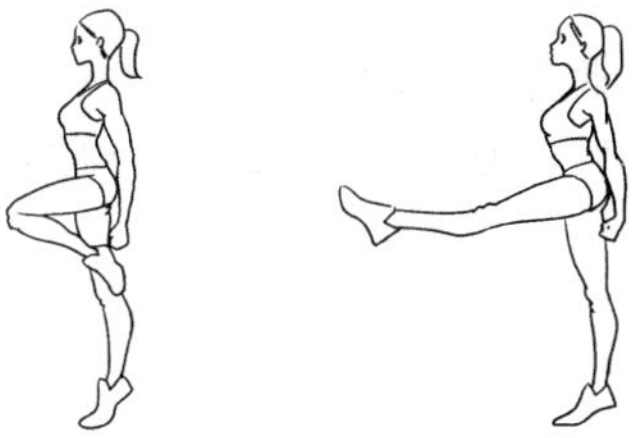

图 14-3-11　弹踢

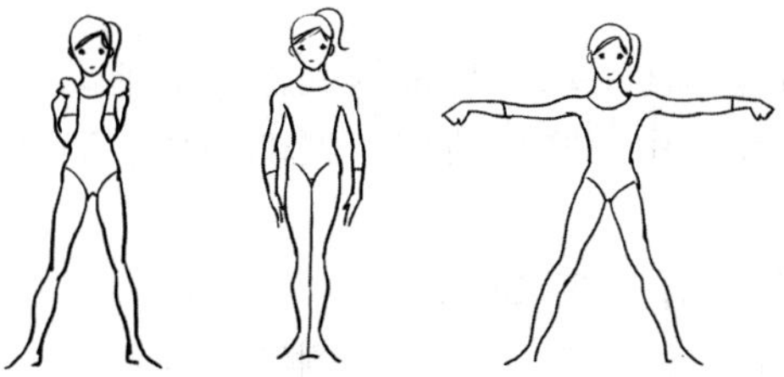

图 14-3-12　开合跳

（八）踢腿类（图 14-3-13）

种类：弹动踢腿和直踢腿。

形式：弹动踢腿及跳、移动的弹踢腿（踢腿）、转体的弹踢腿（踢腿）。

方向：向前、向侧、向斜前的弹踢腿（踢腿）。

技术要点：腿上踢时，须加速用力；立腰，上体尽量保持不动。

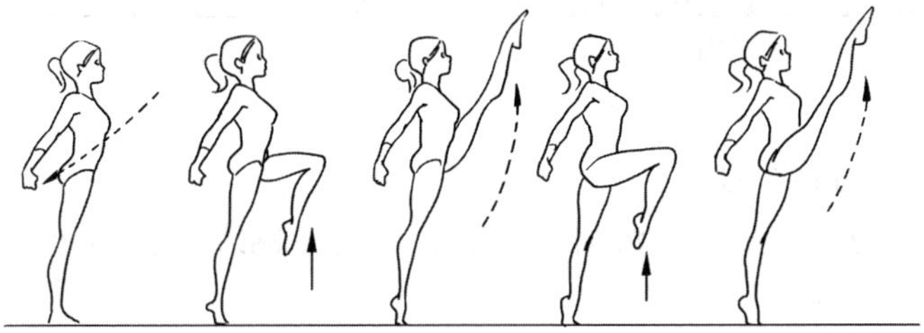

图 14-3-13　弹踢腿（踢腿）

（九）后踢腿跳

形式：原位的后踢腿跳、移动的后踢腿跳、转体的后踢腿跳。

方向：向后的后踢腿跳。

技术要点：髋和膝在一条直线上，或后踢时，小腿尽量叠于大腿。

（十）点跳

形式：原位的点跳、移动的点跳、转体的点跳。

方向：向侧、向前、向后的点跳。

技术要点：点地时，身体重心在一条腿上。

（十一）摆腿跳（图 14-3-14）

形式：原位的摆腿跳、移动的摆腿跳、转体的摆腿跳。

方向：向侧、向前、向后的摆腿跳。

技术要点：摆腿时，上体顺势前倾、后倒或侧倾。

（十二）并跳

形式：移动的并跳、转体的并跳。

方向：向前、向后的并跳。

技术要点：一腿迈出蹬地，另一腿并步，身体重心随之跟上。

图 14-3-14　摆腿跳

四、健美操的基本徒手动作

健美操的基本徒手动作是根据人体关节活动特点而确定的。常见的基本动作有头颈动作、肩部动作、上肢动作、胸部动作、腰部动作、髋部动作、躯干动作和地上基本姿态。以下对部分动作进行介绍：

（一）头颈动作（图 14-3-15）

形式：头颈可做屈、伸、转、侧绕及环绕。

方向：向前、向后、向左、向右的屈和平移，向左、向右的转、绕和绕环。

技术要点：做各种形式头颈动作时，节奏一定要慢，上体保持正直。

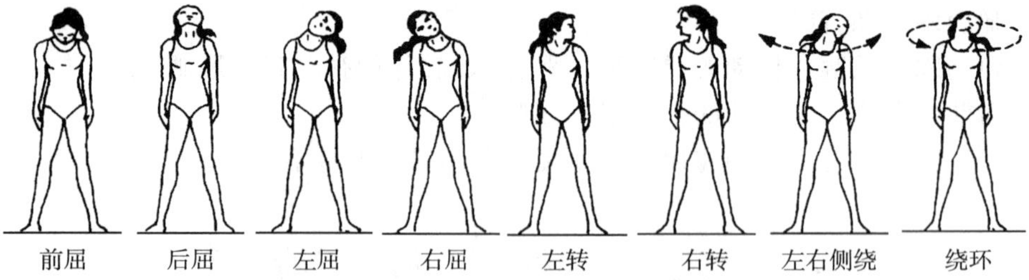

图 14-3-15　头颈动作

（二）肩部动作（图 14-3-16）

形式：单肩、双肩均可做提肩、沉肩、收肩、展肩、侧绕、绕环和振肩。

方向：向前、向后的侧绕和绕环。

技术要点：提肩、沉肩时，两肩在额状面尽量上下运动，收肩、展肩幅度要大且保持水平，振肩动作要有速度、力度和弹性。

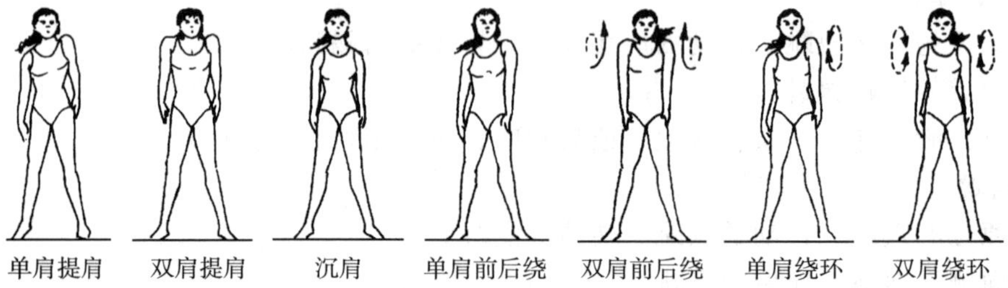

图 14-3-16　肩部动作

（三）上肢动作

1. 手形（图 14-3-17）

健美操的手形有多种，它是从爵士舞、芭蕾舞、西班牙舞、迪斯科、武术等中借鉴和发展而来的。手形的恰当运用，可以使手臂动作更加生动活泼。常见的手形有：

（1）五指并拢式。五指伸直并拢。

（2）五指分开式。五指用力伸直张开。

（3）西班牙舞手式。五指用力，小指、无名指、中指自掌指关节处依次屈，拇指稍内扣。

（4）芭蕾手式。后三指并拢，稍内收，拇指内扣。

（5）拳式。握拳，拇指在外。

(6) 屈指掌式。手掌用力上翘，五指用力弯曲。

(7) 一指式。握拳，食指伸直或拇指伸直。

(8) 响指。拇指与中指摩擦后打响，靠紧食指，无名指、小指屈指。

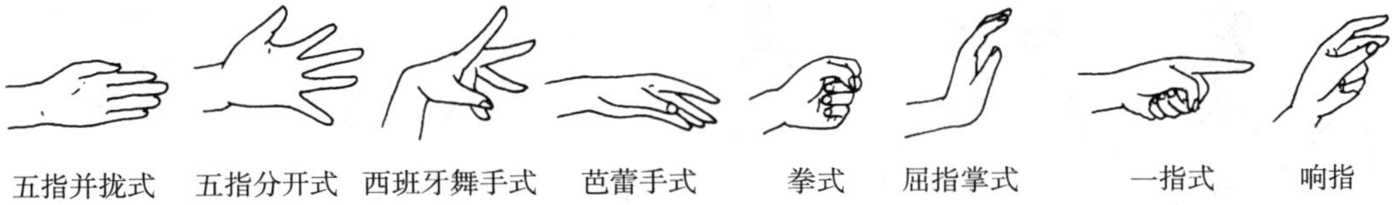

图 14-3-17　手形

2. 臂动作（图 14-3-18）

形式：举（直臂举和屈臂举，单臂举和双臂举）、屈伸（同时屈伸，依次屈伸）、摆动（同时摆动，依次摆动，交叉摆动）、绕及绕环（同时绕，单臂绕和双臂绕，小绕、中绕、大绕）、振动等。

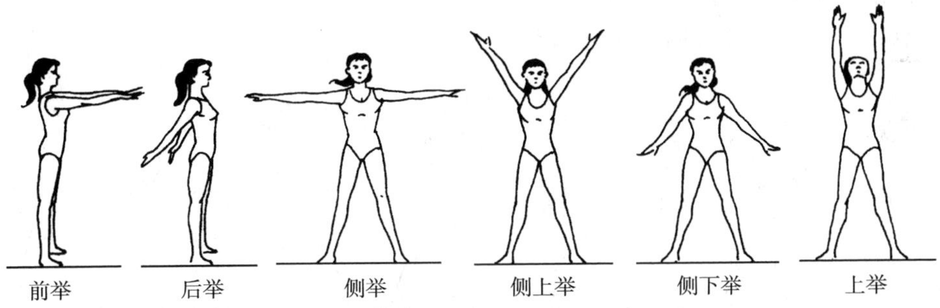

图 14-3-18　臂动作

方向：向前、向后、向左、向右、向上、向下等。

技术要点：做臂的举和屈伸时，肩要下沉；做臂的摆动、绕及绕环时，肩要拉开用力。

3. 胸部动作（图 14-3-19）

形式：含胸、挺胸、振胸。

技术要点：练习时，收腹、立腰。

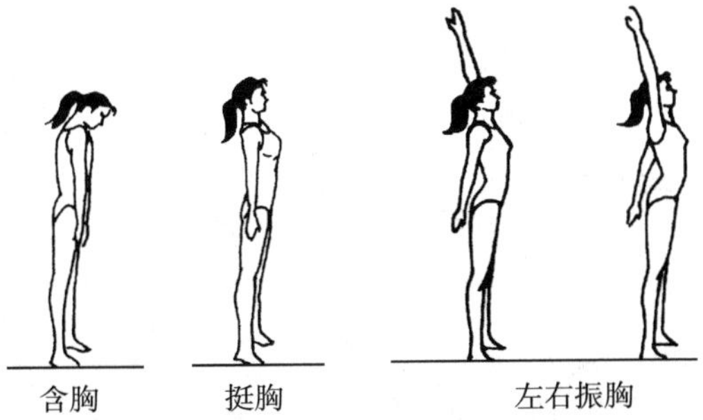

图 14-3-19　胸部动作

4. 腰部动作（图 14-3-20）

形式：腰的屈、转、绕和绕环。

方向：向前、向后、向左、向右。

技术要点：腰前屈、转时，上体立直；腰绕和绕环时，速度放慢。

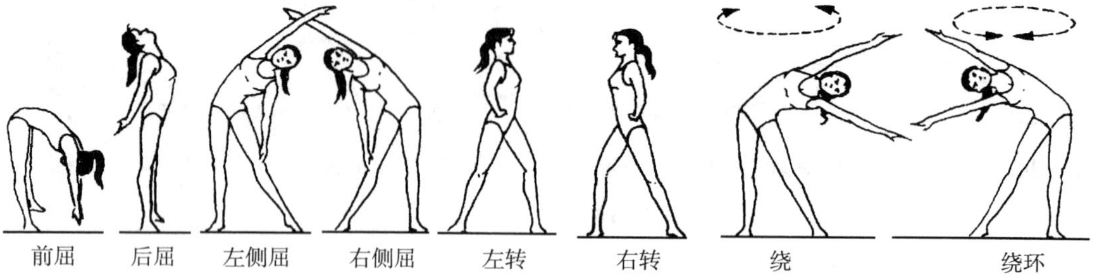

图 14-3-20　腰部动作

5. 髋部动作（图 14-3-21）

形式：顶、提、摆、绕和绕环。

方向：向前、向后、向左、向右。

技术要点：进行髋部练习时，上体放松。

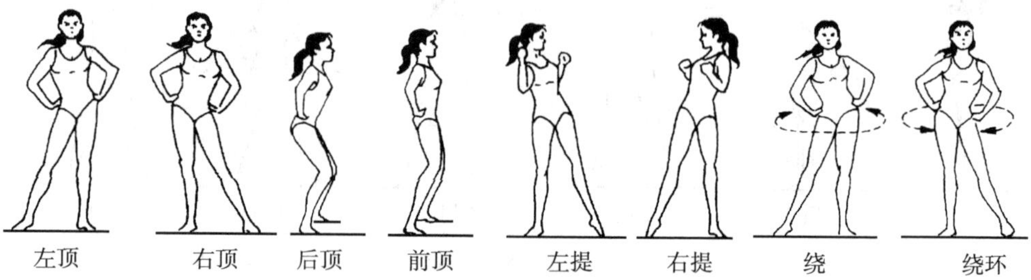

图 14-3-21　髋部动作

（四）躯干动作（图 14-3-22）

形式：躯干波浪动作

方向：向前、向后、向左、向右。

技术要点：做波浪时，动作协调连贯。

图 14-3-22　躯干波浪动作

（五）地上基本姿态

形式：坐（直角坐、分腿坐、跪坐、盘腿坐）、卧（仰卧、俯卧、侧卧）、撑（仰撑、俯撑、跪撑）等。

技术要点：做各种坐姿时，收腹、立腰、挺胸，腰背紧张。

五、特色健美操介绍（以踏板操为例）

（一）踏板和踏板操

踏板操的踏板是长 100 厘米、宽 25 厘米、高 8 厘米的长方体器械，踏板的高度可以根据运动水平、踏板技术、膝关节的弯曲度而调节。

踏板操，顾名思义就是踏板上的健美操，是把健美操的动作和步伐放在踏板上完成。它具备了健美操的所有特点，再加上踏板高度可以调节，健身者根据自身情况可以很容易地保持运动减肥的有效强度，并有效地提高自身的协调性。

（二）踏板操的基本技术

踏板操主要有三大基本技术：重心移动、缓冲及身体的控制。

1. 重心移动技术

顺畅完成板上、板下的过渡，身体重心及时、准确地移动是进行这项练习的前提和基础。为实现身体重心的移动，首先要靠双腿的交替用力，以及躯干及时向运动方向跟进，两者同步，才能使整个身体重心完整移动，达到练习的要求。

2. 缓冲技术

缓冲技术是踏板操的基础技术。合理的缓冲技术能够保证身体的安全。对于踏板操，缓冲能为完成下一个动作积蓄力量。缓冲可以通过两种途径来实现：① 增加缓冲的距离。如下踏板时，先前脚掌触地，再过渡到脚跟并配合膝、髋关节的弯曲，就可以使下板时对身体的冲击减缓许多；② 积极主动的退让。这在踏板操中经常被采用。踏板课上经常会出现单腿在板上支撑完成动作的情况，大腿前群肌肉及臀大肌经常在收缩对抗后，马上转入被动拉长的退让做功，这样可以保证动作的连贯及安全。

3. 身体的控制技术

在踏板操中，最重要的是腰腹控制，特别是当身体重心在踏板上时，腰腹的控制能起到平衡固定身体的作用，为下肢完成各种动作打好基础。控制身体的动作要靠相关肌肉收缩来实现，而肌肉长时间处于紧张收缩状态，必然使肌肉僵化，从而也使整体动作僵化。所以，调整各部位肌肉的用力强度及时机就显得很有必要。

（三）踏板操的基本动作

踏板操动作包括板上动作、板下动作和上下板连接动作。独立的上板、下板动作都是健美操基本动作及其变形。

1. 基本步

站在踏板前方的中心处，左脚上板，右脚跟上，左脚下板，右脚跟上，站在地面。左脚基本步是踏板中最简单、最基本的步法。

2. “V”字步

站在踏板前方的中心处，与基本步相似，但在板上时两脚分开。左脚上板，位于板中心偏左，右脚上板，位于板中心偏右，使两脚成“V”字形；两脚依次还原下板。注意，在地上时，双脚呈站立姿势，在板上时，双脚分开与肩同宽。

3. 上板点、下板点

双手叉腰，面向踏板，左脚踏上板，右脚踏上点板，右、左脚依次踏下板，左脚点地。

4. 旋转步

站在板的前方，面向一边，在板的一侧开始，在转身的同时，做基本步的变形。左脚上板，右脚紧跟上板，同时转向左边，左脚下板，稍向左转，右脚下板至地面，落在左脚旁边；右脚上板，同时转向右边，右脚下板，稍向右转，左脚下板至地面，落在右脚旁边。注意由脚踩在板上的方位带动身体旋转，避免脚踝扭伤。

5. Z 字步

站在板前的中心，形如英文字母 Z 的基本步的变形步。左脚上板，落在踏板的左边，右脚上板，落在左脚旁边（两脚同时在踏板左边），右脚跨至踏板右侧，左脚跟上落在右脚旁边（两脚同时在踏板的右边），左脚斜向下板至地面，右脚紧跟落在左脚旁边（这时两脚都在板前的左边地面上），右脚跨至板前右侧地面上，左脚紧跟上，落在右脚旁边（两脚都在板前右侧的地面上）。

（四）踏板操的注意事项

（1）上板时用前脚掌踩板，下板时脚尖先着地，随后是脚跟落地，这样可以增强缓冲；身体保持向前轻度倾斜，做倾斜动作时，腰部不要倾斜，踝部倾斜，以利于保持稳定。

（2）只可以跳跃上板，不可以跳跃下板。跳跃上板时，脚后跟要抬离地面，重心在脚前掌，除了跳跃上板以外，下板时与板的距离为 20 厘米左右。

（3）脚上踏板要平，并且要踏在板的中心，以防踏板不稳定，不要将脚跟抬离踏板，以避免跟腱扭伤。

（4）保持呼吸，不要屏气，膝部要保持弹性，不能僵硬挺直，以此来提供缓冲，避免在膝部负重时进行旋转运动。

（5）保持收腹的形态，使肌肉处于正常的活跃状态。

思 考 题

1. 谈一谈对竞技体操的认识。
2. 简述健美操基本步伐的分类及各类所包含的内容。

第十五章

游泳

第一节 游泳概述

自古以来，游泳就与人类的生存、生产休戚相关，现已发展成一项重要的体育运动，深受广大人民群众的喜爱。

游泳有着独特的健身功能，经常参加游泳锻炼能有效地改善心血管系统功能，使心肌收缩有力，血液中血红蛋白量增加，提高人体的摄氧能力；增强呼吸系统的功能，提高肺的容量；使神经系统功能得到改善；新陈代谢和体温调节能力得到加强。

现代竞技游泳起源于 19 世纪。1896 年，第一届奥运会上男子游泳即被列为竞赛项目之一。当时只有 100 米、200 米和 1 200 米自由泳三个比赛项目。1908 年，国际业余游泳联合会成立，制定了国际游泳比赛规则。历经百年，游泳已经成为奥运会的金牌大户。

第二节 熟悉水性

根据游泳的特点，初学者必须首先进行熟悉水性的练习。熟悉水性的目的是体会和了解水的特征，逐步适应水的环境，习惯于在水中活动，消除怕水心理，培养对游泳的兴趣，并掌握一些游泳中的最基本动作，如呼吸、漂浮、滑行和站立等，为以后学习各种游泳技术打下基础。

熟悉水性练习时，重点练习呼吸和漂浮这两个动作。熟悉水性练习可按下面的步骤和方法进行。

一、水中行走练习

水中行走是熟悉水性的第一步，可初步体会水的阻力、浮力和压力，消除怕水心理。水中行走应选择齐腰深的水域，做各种方向的行走或跑的练习，也可做跳跃动作。练习方法如下：

（1）手扶池边向前、向后行走。

（2）两人或集体手拉手向前、向后行走。

（3）向上、向前跳跃。

（4）在水中做集体接力和游戏等。

二、水中闭气与呼吸练习

用口深吸气后把头埋入水中，在水中用口和鼻均匀呼气。这一练习是初学者学会游泳呼吸最基本的方法。练习方法如下：

（1）扶池壁或在同伴的帮助下，用口深吸气后闭气，然后慢慢下蹲把头全部浸入水中，停留片刻后起立，在水面换气。

（2）同上练习，要求把头慢慢浸入水中，稍闭气片刻，即用嘴鼻同时呼气，一直呼到快完，然后起立在水面上用口吸气。

（3）两脚原地开立，按以上要求独立完成有节奏的连续吸、闭、呼的动作做 20 ~ 30 次。稍休息后，再重复此练习。

三、水中漂浮与站立练习

水中漂浮与站立练习的目的是体会水的浮力，掌握在水中控制身体平衡的能力，消除怕水心理，增强学会游泳的信心。练习方法如下：

（1）抱膝漂浮。原地站立，深吸气后，下蹲低头抱膝，双膝尽量靠近胸部，下颌靠近膝关节，前脚掌蹬离池底，成抱膝团身姿势，使自己自然漂浮水中。

（2）伸展漂浮。两脚并立，两臂放松向前伸出。深吸气后，身体前倒并低头，两脚轻轻蹬离池底，成俯卧姿势漂浮于水中，两臂、两腿自然伸直。站立时，收腹、收腿，两臂向下按压水并抬头，两脚伸直，脚触池底站立。

四、滑行练习

滑行练习是为各种泳姿打基础的动作，是熟悉水性练习的重点，目的是进一步体会水中的平衡和身体的滑行姿势。练习方法如下：

（1）蹬池壁滑行。背向池壁，一手拉水槽、一手前伸，同时，一脚站立、一脚贴池壁。深吸气后低头，上体在水中前倾成俯卧姿势，大小腿尽量收紧，臀部靠近池壁，两脚掌贴住池壁。拉水槽的一臂向前伸出与前伸臂并拢，头夹于两臂之间，这时两脚用力蹬出，成流线型向前滑行。

（2）提双腿蹬池壁滑行。背对池壁站立，两臂前伸，深吸气后上体前倒并屈膝提双腿，当头、肩浸入水中时，前脚掌用力蹬离池壁，随后两脚并拢，使身体成流线型向前滑行。

第三节　蛙泳

蛙泳是模仿青蛙动作的一种游泳姿势，也是最古老的一种游泳姿势。由于蛙泳动作省力，且呼吸换气较为容易，深受初学者的青睐。游蛙泳时，臂和腿的所有动作应始终同时和对称，并在同一水平面上进行。采用蛙泳泳姿便于观察和掌握方向且能负重，是一种具有实用价值的游泳技术。

一、蛙泳的基本技术

（一）蛙泳的身体姿势

蛙泳身体姿势

在游进中，身体自然伸直，成流线型。身体较水平地俯卧于水面，头略抬起，身体纵轴与水平面成5°～10°。身体保持一定的紧张度，目视前下方。

（二）蛙泳的腿部技术

蛙泳的腿部动作是蛙泳推进力的主要来源之一。动作可分为4个部分，即收腿、翻脚、蹬夹水和滑行，游蛙泳时应连贯地进行。

1. 收腿

蛙泳腿部动作

收腿时，屈膝屈髋，脚跟向臀部靠拢，两膝之间与肩同宽。收腿速度慢，力量小且自然，以减小阻力。收腿完成后，大腿与躯干之间成130°～140°，大腿与小腿之间成40°～45°。

2. 翻脚

收腿结束，两膝内扣的同时，两脚外翻、勾脚，使脚掌和小腿内侧形成向后最有利的对水面。翻脚技术的好坏，直接影响蹬水的效果。

3. 蹬夹水

蹬夹水是由腰腹与大腿协同发力，通过伸髋、伸膝，以大小腿内侧面和脚掌向后做快速而有力的弧形蹬夹水动作。蹬水结束，踝关节伸直并拢，两腿伸直时有向下压的动作，有利于提高滑行速度。

4. 滑行

蹬夹水结束后，由于蹬腿的惯性作用，两腿有一个短暂的滑行阶段。这时两腿应尽量伸直并拢，以减小迎面阻力，为下一个动作周期做好准备。

（三）蛙泳的手臂技术

蛙泳手臂动作

现代蛙泳技术更加强调划水的重要作用。蛙泳手臂动作由抓水、划水、收手和伸臂4个连贯动作组成。蛙泳的划水路线从水下看像一个“倒心型”。

1. 抓水

两肩和手臂前伸，掌心转向外开始抓水。抓水时，小臂、上臂内旋，两掌心外斜并稍屈腕，两手分开向斜下方抓水，使手掌和前臂有压力感。当抓水结束时，两臂分开成40°～45°。

2. 划水

划水是产生推进力的主要部分。当两臂分成40°～45°时，手腕继续弯曲，逐渐屈肘向两侧下后方积极划水。到划水即将结束时，肘关节最大屈角为90°左右。整个划水过程应保持高肘完成，为迅速收手前伸创造有利条件。

3. 收手

收手是划水的继续，能产生较大的升力和推进力。收手时，两掌心相对，肘部的位置低于手部，肘关节弯曲成较小的锐角。

4. 伸臂

伸臂是在收手的基础上完成的，伸臂时，掌心可以向下，也可以向内，在即将结束时，再转为向下。为避免出现潜入过深，应注意伸臂时肩要向前，同时向前压水，减小阻力。

（四）蛙泳的呼吸及完整配合技术

蛙泳呼吸是用嘴吸气，用嘴鼻呼气。吸气时，抬头使嘴露出水面做及时有力的快吸，再低头闭气，逐渐呼气。蛙泳的完整配合动作多采用划臂一次，蹬腿一次，呼吸一次的配合。

蛙泳的呼吸分早吸气和晚吸气两种类型。早吸气是指手臂刚开始划水时抬头吸气，收手和伸臂时低头呼气；晚吸气是指划水结束时吸气，吸气时间较短，伸臂时低头呼气，这样有利于加强划水的力量，游泳运动员多采用晚吸气技术。

蛙泳的手臂和腿部配合动作特别重要，它是动作协调、连贯和速度均匀的关键。正确的配合技术是，手臂划水时腿自然放松伸直，收腿时腿自然屈膝，开始伸臂时收腿，并快速蹬腿。现代蛙泳技术的特点是头部起伏较大，且位置较高，高肘划水，快速窄蹬腿，整个动作频率较快（图 15-3-1）。

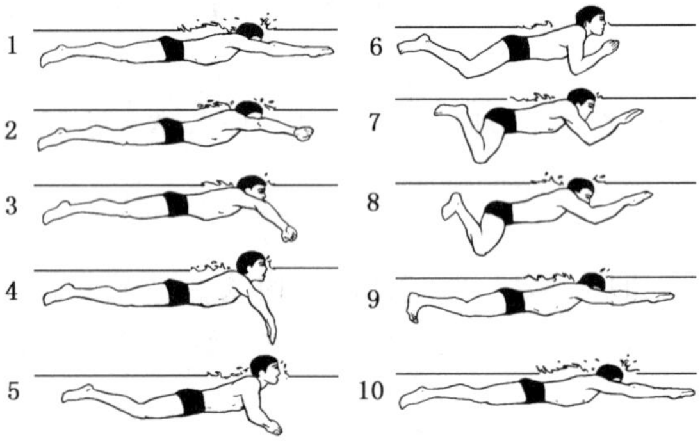

图 15-3-1　蛙泳完整配合技术

二、蛙泳的学练方法

（一）腿部技术

1. 陆上模仿练习

（1）坐在池边，上体稍后仰，两手撑于体后，做收、翻、蹬夹、停的动作。

（2）俯卧凳上做收、翻、蹬夹、停的动作。先做分解动作练习，然后过渡到完整动作练习。

2. 水中练习

（1）一手抓住水槽，一手撑在池壁上，身体呈俯卧浮于水中，做蹬腿练习，或在同伴帮助下做蹬腿练习。

（2）在水中靠池壁站立，蹬池边滑行后做蹬腿动作。要求边收边分，及时翻脚，用力蹬夹，动作连贯。

（3）两手扶住浮板的近端，两臂伸直，面部浸入水中做蹬腿动作。

（二）手臂划水与呼吸配合

1. 陆上模仿练习

（1）在陆上两脚左右开立，向前弯腰做伸、划、收、伸的臂部动作。

（2）在陆上两脚左右开立，向前弯腰，两臂向前伸直并拢，做手臂与呼吸的配合练习。

2. 水中练习

（1）两脚前后开立，向前弯腰，两臂及肩部浸没水中，边走边做手臂划水练习。

（2）由同伴抱住练习者双腿，做手臂与呼吸配合动作练习。

（3）夹浮板做手臂与呼吸配合动作练习。

（三）完整配合技术

蛙泳完整配合技术

1. 陆上模仿练习

（1）站立，两臂向上伸直并拢。一腿支撑，另一腿做模仿练习。配合动作是：划臂、收手、收腿、伸臂、蹬腿。

（2）动作同上，配合抬头呼吸动作。

2. 水中练习

（1）蹬池边滑行后闭气做臂、腿配合。划一次臂后蹬一次腿，臂和腿依次交替进行。

（2）闭气滑行做划臂，腿伸直，收手同时收腿，臂伸直时蹬腿。

（3）在练习（2）的基础上配合呼吸，做两次蹬腿、一次划臂、一次呼吸的练习。

（4）一次臂、一次腿和一次呼吸的完整配合。

（5）逐渐增加游泳距离，在长距离游泳中注意改进技术动作。

第四节　自由泳

自由泳是竞技游泳比赛项目之一。

一、自由泳的基本技术

（一）自由泳的身体姿势

自由泳身体姿势

自由泳时，身体俯卧在水面成流线型，背部和臀部的肌肉保持适当的紧张度，在游进中保持头部平稳，躯干围绕身体纵轴有节奏地自然转动 35°~45°。

（二）自由泳的腿部技术

自由泳腿部动作

自由泳腿部动作虽有一定的推进力，但主要起平衡作用，以及保持身体的稳定和协调双臂做有力地划水。要求两腿自然并拢，脚稍内旋，踝关节放松，以髋关节为轴，由大腿带动小腿和脚掌，两腿交替做鞭打动作，两脚尖上下最大幅度为 30~40 厘米，膝关节最大屈曲度约 160°。

（三）自由泳的臂部技术

自由泳臂部动作

自由泳的臂部动作是推动身体前进的主要动力。以一个周期分为入水、抱水、划水、出水和空中移臂 5 个阶段。

1. 入水

完成空中移臂后，手在控制下自然放松入水。手的入水点一般在身体纵轴和肩关节的前后延长线之间。入水时，手指自然伸直并拢，臂内旋使肘关节抬高处于最高点，手掌斜向外下方，使手指首先触水，然后是小臂，最后是大臂自然插入水中。

2. 抱水

臂入水后，在积极向下方插入的过程中，手掌从向斜外下方转向斜内后方并开始屈腕、屈肘，肘高于手，以便能迅速过渡到较好的划水位置。抱水结束，手掌已经接近入水，肘关节屈至 150°左右，整个手臂像抱着一个大圆球似的为划水做准备。

3. 划水

划水是自由泳推进的主要阶段，其动作过程可分为拉水和推水两个部分。紧接抱水阶段进入拉水，这时要保持抬肘，并使大臂内旋，同时继续屈肘，使手的动作迅速赶上身体的前进速度，使水中动作形成合理的动作方向路线，同时，也使主要肌肉群在良好的工作条件下进入推水动作，拉水至肩的垂直平面后，即进入推水部分。这时肘的屈曲度约为 100°，大臂保持内旋姿势，带动小臂，用力向后推水。同时，使肩部后移，以加长有效的划水路线。向后推水有一个从屈臂到伸臂的加速过程，手掌从内向上、从下向上的动作路线加速划至大腿旁。整个划水动作，手的轨迹始于肩前，再到腹下，最后到大腿旁，呈“S”形。

4. 出水

划水结束时，掌心转向大腿，出水时小指向上，手臂放松，微屈肘。由上臂带动肘部向外上方提拉带前臂和手出水面，掌心转向后上方。出水动作必须迅速而不停顿，同时应该柔和、放松。

5. 空中移臂与两臂配合

出水后不停顿地进入空中移臂，移臂时，肘高于手。两臂划水发生的交叉位置有前交叉、中交叉和后交叉三种类型。前交叉是指一臂入水时，另一臂前摆至肩前方与平面成 30°左右。前交叉有利于初学者掌握自由泳动作和呼吸。中交叉是指一臂入水时，另一臂处在向内划水阶段与水平面成 90°。后交叉是指一臂入水时，另一臂划至腹下，手与水平面成 150°左右。

（四）臂、腿部和呼吸的完整配合技术

自由泳完整配合技术

自由泳时，一般是在两臂各划水一次的过程中进行一次呼吸，以向右边吸气为例：右手入水后，嘴和鼻开始慢慢呼气。右臂划水至肩下，开始向右侧转头和增大呼气量。右臂推水即将结束，则用力呼气。右臂出水时，张嘴吸气，至空中移臂的前半部为止，并开始转头还原。然后，直至臂入水结束，有一个短暂的闭气过程，脸部转向前下。头部稳定时，右臂入水，再开始下一慢慢呼气的过程。自由泳的呼吸与臂、腿配合，初学者一般者采用 1∶2∶6 的方法，即呼吸 1 次、臂划 2 次、腿打 6 次，这种配合方法易保持平衡和掌握自由泳技术（图 15-4-1）。

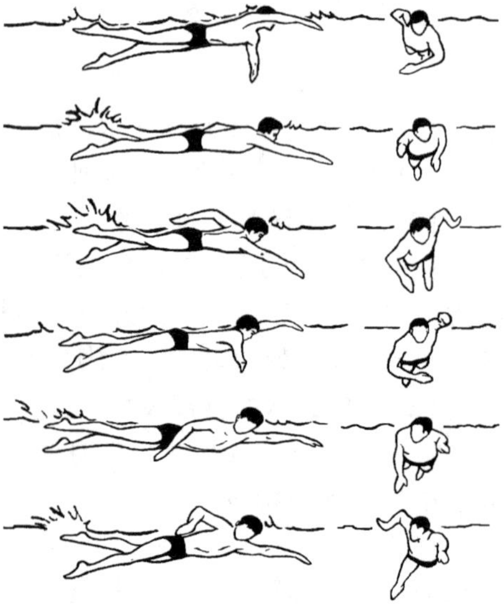

图 15-4-1　自由泳完整配合技术

二、自由泳的学练方法

（一）腿部动作

1. 陆地模仿练习

（1）坐姿打水。坐在池边或地上，两手撑于体后，两腿伸直，腿内旋使脚尖相对，脚跟分开成八字，两腿放松，以髋为轴，大腿带动小腿，上下交替打水。

（2）卧姿打水。俯卧在凳子上，做两腿上下交替打水动作，要求同上。

2. 水中练习

（1）俯卧打水。手握池槽，或由同伴托其腹部，成水平姿势，两腿伸直，做直腿或屈腿打水。

（2）仰卧打水。仰卧姿势，手握池槽，或由同伴帮助托其背部，做两腿交替打水，注意膝关节不要露出水面。

（3）滑行打水。练习时，要求闭气，两臂伸直并拢，头夹于两臂之间。

（4）扶板打水。练习时，两臂伸直，放松扶板，肩浸于水中，手不要用力压板，自然呼吸。

（二）臂部与呼吸配合练习

1. 陆上模仿练习

（1）两脚开立，上体前屈，做手臂划水的模仿练习。

（2）练习同上，结合呼吸配合。

2. 水中练习

（1）站立水中，上体前倾，肩浸入水，做手臂划水动作，边做边走，同时转头呼吸。

（2）蹬边滑行后闭气，做两臂配合动作。

（3）腿夹打水板，蹬边滑行后，做两臂划水动作，结合转头呼吸。

（三）臂、腿部和呼吸的配合练习。

（1）站立水中，上体前倾做划臂与呼吸配合的练习，借助用力划水向前移动，然后蹬离池底，两腿打水形成完整配合。

（2）蹬边滑行打水漂浮 5~10 米，做自由泳臂划水与呼吸配合练习。

第五节　游泳卫生与安全救护

游泳是一项很好的健身性体育运动，但锻炼时如果不注意安全，往往会发生伤害事故。要达到锻炼的目的，收到预期的效果，游泳者必须懂得基本的游泳卫生与安全常识，加强自我保护。

一、游泳场所的选择

初学游泳者应到游泳池的浅水区学习；如果水性较好到江、河、湖、海和水库等天然场所游泳，应选择水质比较好，没有污染的水域。选择水域时，要注意水的深度和流速，还要了解水底情况，不宜在杂草丛生，有淤泥、有急流漩涡或暗礁的水域游泳。

二、游泳卫生常识

初学游泳和每年游泳前应进行身体检查。患有心脏病、严重高血压、精神病、急性肾炎、传染性肝炎、中耳炎、严重皮肤病、口腔病、腹泻、发烧、癫痫及外伤未愈者等严禁下水游泳，以防止人身伤害事故和疾病传染。女同学在月经期不宜游泳。

游泳消耗体能较多，人在疲劳、饥饿时血糖低，此时下水游泳容易引起大脑缺氧，甚至发生窒息。饱餐后游泳时，胃与心肺负担过重，容易引起呕吐甚至昏迷，一般饭后一小时游泳为宜。另外，不宜在剧烈运动后立即下水游泳。游泳时，要注意天气变化，禁止在暴风雨时游泳。进行冬泳应从夏天开始锻炼，坚持到冬天。

三、游泳安全常识

由于水中的温度低于人体的体温，人体在入水后热量迅速散发，容易发生肌肉痉挛。因此，游泳前必须做好充分的准备活动，提高神经系统的兴奋性和机体的协调性，以保证身体更好、更快地适应游泳活动的需要。

下水游泳前首先要了解游泳水域的水深。初学者误入深水区易发生生命危险；练习游泳时不要盲目潜泳和跳水，以免发生伤害事故。

初学游泳者在水中练习时间不宜太长，一般每隔 30~40 分钟上岸休息一会儿，再下水。总时间一般以不超过 3 小时为宜。

四、突发事件的应对与救护方法

（一）溺水的救护

遇到有人溺水时，应尽快报警并大声呼救，争取多人集体救助。救助者应在保证自身安全的前提下尽快采取救助措施。

（1）救助者可利用竹竿、救生圈、救生板和绳索等进行救助。

（2）在没有救助器材或救助器材无法有效救助溺水者时，应采用下水救助法对溺水者进行抢救。下水救助时，应根据溺水者距岸边的距离、水情、溺水者神态，及时采取接近、拖运措施。

（3）岸上救治。将溺水者救上岸后，要尽快进行急救处理。轻度溺水者，先帮助其清除口中杂草和呕吐物等，使呼吸畅通，接着对溺水者进行排水。对已经昏迷、呼吸很弱或刚停止呼吸的溺水者，应立即对其进行人工呼吸。做人工呼吸时，首先要清除溺水者口中的污物，保持气道通畅；然后用拇指和食指捏住其鼻子，吸足气，口对口慢慢持续吹气，同时放开捏着的鼻子，此步骤每分钟做 16~18 次。进行胸外心脏按压时，两手叠放，十指相扣下压。下压要用力均匀，按压速度每分钟为 60~80 次。

为了争取时间，岸上急救应抓住主要环节进行处理，可以用几个方法同时进行抢救。

（二）肌肉痉挛、呛水的救护

练习游泳时，偶尔会发生肌肉痉挛和呛水，因此练习者应该了解和掌握一些肌肉痉挛和呛水的处理方法，进行自我保护，防止意外发生。

1. 手指痉挛

将手握成拳头，然后再用力张开，这样迅速交替做几次，直到缓解。

2. 手掌痉挛

用另一手掌将痉挛的手掌用力向下压，直到痉挛现象消除为止。

3. 上臂痉挛

握拳并尽量屈肘，然后用力伸直，反复进行。

4. 小腿或脚趾痉挛

先深吸一口气，仰浮在水中，用抽筋肢体对侧的手握住痉挛侧腿的脚趾，并用力向身体方向拉，同时用另一手掌压在痉挛侧腿膝关节上，帮助小腿伸直，使痉挛现象消除。

思　考　题

1. 简述蛙泳的动作要领。
2. 试述在哪些情况下不宜进行游泳。

第十六章

风筝

第一节　风筝概述

风筝是我国一项古老的民俗体育项目，遍及我国大江南北，源远流长，经过漫长的历史发展过程，直至今日，更是发展成为全世界人民所喜爱的一项休闲体育活动，尤其是与我国传统养生、习俗、节日和文化的融合，使风筝的内涵更加丰富，形成了具有浓郁民俗文化色彩的中国风筝文化。

风筝是在竹篾等骨架上糊上纸或绢，拉着系在上面的长线，趁着风势将其放上天空的一种休闲体育活动。世界上一致公认——中国是风筝的故乡。风筝又名纸鸢、纸鹞等，至今已有2 000多年历史。据说巧匠鲁班就曾“削竹为鹊，成而飞之”，这也被认为是风筝的前身。东汉期间，蔡伦改进造纸术，坊间开始以纸做风筝，称为“纸鸢”。五代时期的李邺，曾在宫中以线放纸鸢为游戏，又别出心裁地在鸢的头部安装竹哨，风入竹哨，发出像古筝一样的响声，因此得名“风筝”。到南北朝时，风筝开始成为传递信息的工具。从隋唐开始，由于造纸业的发达，民间开始用纸来裱糊风筝。到了宋代，出现了“神火乌鸦”，即利用风筝装上火药，投放到敌营上空，以达到军事上的目的。在民间，放风筝也已成为人们喜爱的户外活动。

公元13世纪，意大利人马可波罗从中国返回欧洲后，风筝传入西方。在一些国家的博物馆中至今还展示有中国风筝，如美国国家博物馆中的一块牌子醒目的写着：“世界上最早的飞行器是中国的风筝和火箭”。英国博物馆也把中国的风筝称之为“中国的第五大发明”，这对后来的滑翔机和飞机的发明起到了重要的作用。

风筝的造型不拘一格，图案素材丰富多样，均取自民间生活的方方面面。有人物、花鸟、鱼、虫、景观、脸谱以及民间年画类素材等。人物风筝有貂蝉、西施、昭君出塞、贵妃醉酒、嫦娥奔月、荷花仙子、桃园三结义和花木兰等；花鸟鱼虫类风筝有龙、蜈蚣、蝉、螳螂、蜜蜂、蝴蝶、鹰、燕子、金鱼和牡丹等；景观风筝有水上明月、春江花月夜、五岳独尊等；民间年画题材的风筝更是多见，有刘海戏金蟾、吉庆有余、麻姑献寿、麒麟送子、鲤鱼跃龙门、五谷丰登和钟馗捉鬼等。这些风筝题材大都表达着人们的某种心理意愿和信仰，以物载情，体现着人们对大自然的热爱，对神灵和图腾的崇拜，对生活的希冀和企盼。例如，“吉庆有余”，象征万事吉利，年年有余之意；“麒麟送子”透露出人们企盼子嗣后代，人丁兴旺之愿；“松鹤延年”“麻姑献寿”等表达了人们对长者健康长寿的祝愿。此外，诸如“刘海戏金蟾”“钟馗捉鬼”等都有一个完整的民间故事，对世人起着激励、告诫、警示的教化作用。从这些风筝的题材中我们可以领略到丰富的民俗文化气息，体现出对民间文化、习俗和传统的一种传承。

放飞风筝就是将制作好的风筝用丝线牵拉着放飞到天空中。古代放风筝的“放”还有另外一层含义，就是“放走”的意思，即“放晦气”。所谓“放晦气”就是人们将自己的不幸、灾难、疾病等不吉利的事情用笔写到风筝上，等风筝飞到天空后剪断丝线，让其随风飞走，随之带走自己的一切不幸之事。在我国古典名著《红楼梦》第七十回就描写了林黛玉、贾宝玉、探春和李纨等人在花园用风筝放晦气的情景。风筝的这种民俗文化影响颇远，下至黎民百姓，上至达官贵人，据说清慈禧太后也曾用风筝放过晦气。就连深受我国传统文化影响的朝鲜也有相似的记载，据《东国岁时记》载，儿童们于岁初，把“家口某生身厄消灭”“送厄迎福”等字样写在风筝尾部，然后把它放掉，希望就此送走厄运，迎来幸福。在古代，由于对客观世界认识的局限性，人们在遇到灾难或不幸之事时，借助风筝来消灾避祸，达到某种心理上的宽慰，揭示了人们对待灾难的无奈和对美好生活的向往。但是，风筝在其流传和发展的过程中，“放晦气”的民俗功能逐渐弱化和消退，而其所具有的观赏、娱乐、休闲和健身等功能越来越强，越来越得到人们的认可。

风筝在我国大江南北广为流传，不仅仅是因为其具有很高的观赏性、娱乐性及附带着某些民间风俗和文化；同时就其本身而言，放风筝就是一种很不错的户外休闲健身运动，迎合了我国传统养生之道。放风筝大都在郊野，人们沐浴着和煦的阳光，呼吸着清新的空气，牵引着风筝，仰望蓝天，凝神专注，拉线奔走，有张有弛，一切忧虑烦恼早已置之度外，使人处于恬淡虚静、物我两忘的状态，达到人与自然和谐统一的境界。风筝另外一个便于流行的重要原因就是老少皆宜，男女均可。

风筝在发展和流传过程中与我国某些传统民俗节日做了很好的融合，成为节日活动的重要内容。每到清明时节，我国北方地区的天空中就会飘着风筝，成为一种节日景观。我国民间自古就有清明节到郊外远足春游的习俗，谓之“踏青”，在此活动中放风筝是不可缺少的内容，对此许多地方志都有类似的记载。例如，“儿童放纸鸢，以清明日止”；“谒上新坟，竖秋千，放纸鸢”。在我国南方地区，大概是因春季多雨的缘故，放风筝更多的是选择在秋高气爽的重阳节，形成了重阳节郊游、登高、赏菊、放风筝相结合的民俗活动。清代文人李都在《扬州画舫录》中写道：“九九重阳节，城中士女，接踵联肩，翩翩游赏，放风筝终日不绝。”惠州民谣唱道：“九月九是重阳，放纸鸢，线爱长”。由此可见，风筝在我国已融入了清明节、重阳节两大民间传统节日中，成为节日民俗文化的一部分，是节日民俗活动的重要内容。到了节日人们自然会想到风筝，看到风筝又自然想到节日，两者互为依托，不可分割，风筝成为传统节日民俗文化传承的重要载体。

第二节 潍坊风筝

潍坊是我国著名的风筝产地，明代就已在民间出现扎制风筝的艺人。清代，随着放风筝习俗的流行，风筝艺术也达到鼎盛阶段。道光年间，郭麟吟清明的一首竹枝词描绘道：“一百四日小寒食，冶游争上白浪河，纸鸢儿子秋千女，乱比新来春燕多。”郑板桥有诗曰：“纸花如雪满天飞，娇女秋千打四围。五色罗裙风摆动，好将蝴蝶斗春归。”《潍县志》也有记载：“清明，小儿女作纸鸢，秋千之戏。纸鸢其制不一，于鹤、燕、蝶、蝉各类外，兼作种种人物，无不惟妙惟肖，奇巧百出。”清末，潍坊已形成了固定的风筝市场，全国许多地方的商贾都来潍坊购买风筝，一时间“花样翻新招主顾，双双蝴蝶鸢成行”，涌现出了一大批手艺高超的风筝艺人。潍坊风筝主要有三种基本造型：串式、硬翅式和筒形式。其中串式以龙头蜈蚣最突出。据说是受了龙骨水车的启发而制造的。现在已发展成许多品种，小的可放在掌上，大的有几百米长，造型、色彩也各不相同，从很简单的白纸糊身，红纸糊头，不画一笔，不染一色的蜈蚣风筝，到色彩缤纷，绘金描银的九头神龙风筝。从构思奇妙的二龙戏珠到三条巨龙在空中呈“Y”字形飞行的“哪吒闹海”，千变万化，奇巧百出（图 16-2-1）。

图 16-2-1　放风筝

1984 年 4 月 1 日，潍坊市人民政府根据美国友人大卫·切克列的建议，举办了第 1 届潍坊国际风筝会。从此，一年一度的潍坊国际风筝会在潍坊举行。潍坊国际风筝会是国际风筝盛会，每年 4 月 20 日至 25 日在风筝都潍坊举行。至 2023 年，潍坊已经连续举办了 40 届。1987 年 4 月，潍坊被第 5 届国际风筝会主席团确定为“世界风筝都”。国际风筝联合会还做出决定，将国际风筝联合会的总部设在潍坊。国际风筝会的举办，让世界了解了潍坊，也使潍坊更快地走向了世界。从第 18 届风筝会开始，引入了市场化运作模式，提出了“风筝牵线、文体搭台、经贸唱戏”的办会宗旨，风筝会与多个经贸活动相融合，使风筝会更具生命力，极大地促进了潍坊经济和旅游业的发展，风筝相关的制造销售也成了潍坊的一个极具生命力的特色产业。

第三节　风筝的扎制与放飞

一、风筝的扎制

风筝的制作过程分为扎、糊、绘三个工艺环节。2006 年 5 月 20 日，风筝制作技艺经国务院批准列入第一批国家级非物质文化遗产名录。扎，就是扎制风筝的骨架。传统风筝一般是由高粱秸或竹子作为骨架材料的，竹子为上等材料。随着现代新材料的发展，风筝扎制的材料也采用了一些强度更高，质量更小的合成材料，如合成塑料、碳素材料等，从而提升了风筝的品质，使之飞得更高，飞行状态更加稳定。糊，就是将纸糊到扎好的骨架上。上等的风筝用纸也很有讲究，一般是宣纸。一是因为后面有绘的工序，假若纸的质地不高，就会影响绘制的效果。二是宣纸质地薄、韧性好，可提升风筝的放飞效果。现代风筝大多采用一些更加耐用、抗撕裂的新材料，如绢、纤维和尼龙绸等，使风筝更加耐用且能承受更大的风力，为飞得更高提供可能。绘，就是在糊好的风筝上画上丰富多彩的图案，这是十分讲究的一道工序。风筝的绘画体现出了我国民间博大的绘画艺术文化，在其中融入了我国的国画艺术、民间绘画艺术和木板年画艺术。下面介绍两种简易风筝的制作方法。

（一）蝌蚪风筝

这种风筝制作起来非常简单，对材料的要求也不是很高，只要按图制作均能达到放飞的目的。该风筝所用竹条骨架只有横竖两根，风筝的制作尺寸一般宽450毫米左右。以宽450毫米为例，横竹条宽度和高度分别为3.5毫米和3毫米，若为减少自重，在边梢部位可以对称地削到宽度和高度均为2毫米。竖竹条的宽度和厚度均为3.5毫米，长为620毫米。将横竖竹条十字绑在一起。由于这种风筝在结构上属于半硬拍子类风筝，放飞时需要的风力一般在3级左右，所以，对于初学者来说，可以不必对竹条的宽度和厚度顾虑太多。若结构重一些，放飞时需要的风力稍大一些。蒙面材料可以采用皮纸、宣纸、无纺布、塑料薄膜、绢和尼龙绸等，若采用纸类的话，在边线处应用细线包边，以防止扯裂。将蒙面材料和竹条粘在一起，在尾部粘上宽40毫米，长1 500~3 000毫米的尾巴。尾巴用与蒙面材料相同或是不同的材料制成（图16-3-1）。提示：尾巴用薄布条即可，严禁使用金属膜及其他导电材料制作蒙面和尾巴。

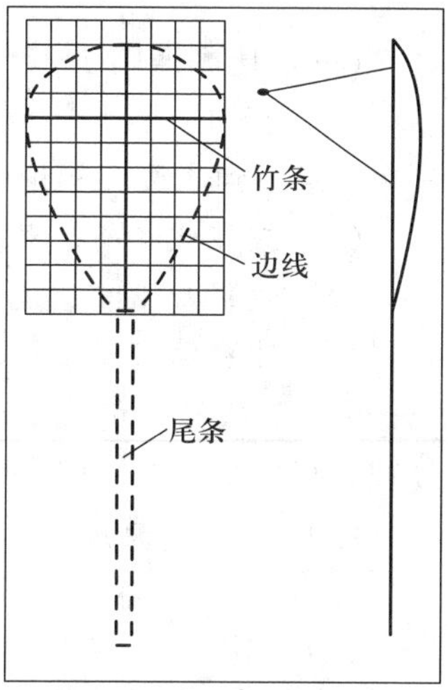

图16-3-1 蝌蚪风筝

为了便于放飞时进行调整，一开始可以将放飞线的长度留得长一些。如果拴的长短不合适，也只是影响放飞的角度而已。同时也可有利于学习和掌握提线的调整。放飞时，将横条背面用细线拉住，使风筝变成弧形面，弧形面在风的作用下容易泻风，使得风筝飞行稳定。

（二）八卦风筝

八卦风筝的骨架由两个正方形的架子组成，一般的正方形骨架大小在500~1 000毫米。要求两个正方形的大小要一致，根据风筝的大小，500毫米大小的可以只设一根竖向竹条。大于此规格的要设十字形骨架，竹条的大小要大一些，在厚度方面比宽度大一些。以500毫米的八卦风筝为例（图16-3-2），构成正方形的四根竹条宽度和厚度均为3毫米，长500毫米。用削好的竹条绑成两个正方形骨架，然后按图示将两个正方形绑在一起形成八角即可。风筝的蒙面材料自定。风筝的提线为三根，位置如图所示。同蝌蚪风筝一样，放飞时，在风筝的中心部位上也用细线将风筝拉成弧形，以利于风筝在飞行时泻风。八卦风筝的绘画，一般都是采用传统的八卦图案。八卦风筝的尾巴一般是在细线绳上绑上纸穗或布条。

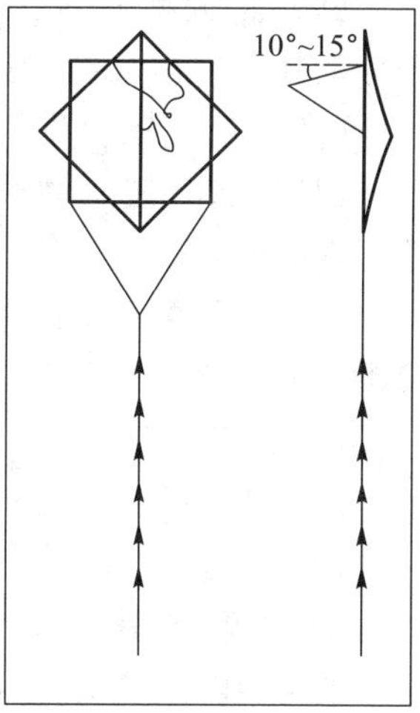

图16-3-2 八卦风筝

二、风筝的放飞

不同材质、不同设计风格、不同规格和不同类型的风筝，放飞条件也不尽相同。有的轻材质小型风筝，可以在微风环境中，由单人放飞；有的大型风筝则需要较大的风力，需多人协作才能完成放飞。从娱乐、休闲和健身角度来看，风筝的放飞，只要能使风筝顺利起飞而且能长时间留空就可以，没有其他的特别要求；但若从竞技层面来看，风筝的放飞是有严格要求的，并且有专门的比赛规则。作为竞技风筝，不仅仅要求有好的飞行效果，而且还要有一定的艺术创作水准和观赏价值。

三、潍坊国际风筝比赛规则（2017）

（一）比赛通则

（1）参加风筝比赛者，必须按秩序册规定时间准时到达指定地点报到和办理检录手续，三次检录不到者按弃权论处。

（2）放飞比赛前，对参加比赛的风筝进行现场工艺评分。

（3）竞赛开始前，运动员携带自己的风筝到放飞区起点报到，按编组依次进行放飞。

（4）比赛信号发出后，运动员在指定放飞比赛区域进行放飞，风筝起飞成功后牵引至留空评分区，由裁判员现场进行评判。风筝放飞线不得少于 30 米（红色标志），每组放飞时间 8 分钟，在留空评分区留空时间不得少于 6 分钟，每少 30 秒扣 1 分。

（5）有花样表演的风筝，进入留空评分区内即可进行表演，留空评分区外的表演不予评分。

（6）比赛中，故意缠绕妨碍他人放飞，或冲撞、阻挡他人放飞者，即取消比赛资格。

（7）对参赛运动员和风筝的类别、型号、新旧、知识产权等有异议时，大会有权进行审查，如不符合规定，可进行变更（变类扣 5 分、变形扣 2 分）或取消比赛资格。

（8）风筝放飞比赛的正常风力为 1~6 级。但因气候或风力影响使风筝无法进行正常比赛时，均由大会统筹安排，另行通知。

（9）特大型风筝、特长串风筝，因比赛场地限制不能进行比赛时，需由领队或教练员报告总裁判长，由裁判组另行安排场地，进行放飞比赛。

（10）放飞运动员的人数规定：超大型 4 人、大型 2 人、中型 1 人。

（11）各代表队的放飞运动员必须遵守比赛纪律。若因比赛发生纠纷或争议，由总裁判长进行裁决。

（12）比赛中，运动员对裁判人员和竞赛规则有异议时，可书面提报大会仲裁委员会裁决。

（二）评分细则

1. 最佳风筝创新赛评分细则

（1）工艺分（60 分）。

① 造型 15 分（风筝题材形式不限，式样要新颖）。

② 扎制 15 分（运用扎制新材料，传统与现代技术有机结合好）。

③ 装饰 10 分（运用新工艺、新技术，工艺性强，效果明显）。

④ 创新 20 分（合理运用声、光、电等高科技技术，科技性强）。

（2）放飞分（40 分）。

① 起飞 6 分（风筝离开地面 1 分钟以上）。

② 留空时间 15 分（风筝留空 10 分钟以上）。

③ 放飞角度 9 分（放飞线与地面夹角每 5 度得 0.5 分）。

④ 空中效果 10 分（根据风筝的空中表演情况评分）。

2. 传统风筝赛评分细则

（1）综合工艺分（30 分）。

① 造型 10 分（风筝的主题、特征造型构图合理）。

② 扎制 10 分（骨架结构合理、简练，扎口严紧）。

③ 装饰 5 分（绘画色彩对比分明、和谐，裱糊服帖、平整）。

④ 创新 5 分（造型、构图、结构、骨架有创新突破）。

（2）放飞分（60 分）。

① 起飞 10 分（进入留空评分区的风筝得此分）。

② 留空时间 12 分（在留空评分区内每 30 秒得 1 分）。

③ 放飞角度 18 分（放飞线与地面夹角每 1 度得 0.2 分）。

④ 花样表演 3 分（成功得 3 分，失败扣 2 分）。

⑤ 空中效果 17 分（根据风筝的空中效果评分）。

（3）综合印象比较分（10 分）。

第四节　风筝健身方法简介

中医学认为，春季是“阴消阳长”的阶段，健身时应注意保护体内的阳气。放风筝不仅能锻炼身体，还可避免体能过度耗损，同时有疏泄内热，促进人体新陈代谢和改善血液循环之功效。宋代李石在《续博物志》中写道：“春日放鸢，引线而上，令小儿张口而视，可泻内热。”现代医学研究也证明，“风筝疗法”在治疗精神抑郁、视力减退、颈椎病和慢性疲劳综合征方面，有很好的效果。

放风筝大多在广场、郊野，户外阳光明媚，空气清新，富含负离子，对高血压、冠心病等慢性病具有较好的防治作用。放风筝时，需要放线收线，前顾后仰，时跑时行，时缓时急，手、脑、眼三者协调并用，能使身体的各部位得到充分的舒展。

此外，遥望高空飞扬的风筝，能益眼力、防近视。许多脑力劳动者及学生，由于常看书、写字，睫状肌长期处于紧张收缩状态，既易疲劳，又易导致近视。而遥望远物时，睫状肌松弛，有利于调节视力，消除眼睛疲劳，预防近视。

下面介绍几种风筝放飞健身的方法：

1. 放飞轻质简易风筝健身法

这类风筝一般都相对轻质小型化，对放飞条件要求不高，在微风环境中就可以放飞，甚至单人就能完成放飞，运动量也可以自己控制，这是最常规的风筝放飞，健身效果很好。这类风筝放飞，技术要求最高的环节就是需根据放飞条件（风力）对牵引线和脚线进行调整，这关系到风筝迎风角度的大小和飞行的稳定性，一般原则是风大调小角度，风小则调大角度。

（1）放飞操作要求

① 放飞准备：一手持线轴，一手持风筝举高，使风筝处于迎风状态；② 放飞：松手放线（若风力大，只要做到松手放线即可；若风力较小，松手后需要逆风跑动，然后根据风筝上升情况徐徐放线）；③ 调整状态：风筝放飞到一定高度后，若留空状态不稳定则需要及时调整，

一般原则是下落时，收线或逆风跑动；急速上升时，放线或顺风跑动。

（2）安全注意事项

① 放飞环境一定要空旷，要远离高大树木、大型建筑物、高压电线等；② 要了解放飞区基本地面特征，严禁在有深坑、竖井等环境放飞风筝。

2. 放飞复线风筝健身法

这类风筝是在传统风筝基础上发展起来的，工艺也有别于传统风筝，没有扎制环节，没有裱糊环节，一般采用拆装式结构。这类风筝对材质要求较高，尤其是骨架，一般采用碳纤维材质，面料一般采用抗牵拉的尼龙绸，有两条牵引线。这类风筝在放飞时对风力要求不高，对放飞技术有较高要求，并且非常刺激，有较高的观赏性。放飞复线风筝不需要太多跑动，但是需要双手协调配合，双臂及腰背用力较大，具有较高的健身价值。

放飞操作要求

① 放飞准备：一人掌控牵引线，并将线放足；另一人双手或单手迎风擎起风筝，并向上送出；② 放飞：风筝起飞后，根据放飞表演需求，用左右手中掌控的牵引线来控制风筝飞行状态、轨迹和速率。俯冲、极速爬行、盘旋等高难动作都是通过手中牵引线相互之间的张弛配合完成的，其中技巧不一而足，需在实践中去慢慢体会，逐步掌握。相关放飞安全要求同上。

3. 风筝冲浪健身法

风筝冲浪是近年来刚刚兴起的一种惊险、刺激的时尚运动项目，它把风筝放飞和滑板冲浪有机地结合在一起，极具现代感，同时又有很好的健身效果。风筝、滑板和腰带是这项运动必备的三件套，用于冲浪的风筝在设计和材质上不同于传统风筝，而是有专项要求，一般是“四线风筝”或“五线风筝”，材质（骨架、面料和牵引线）既要有强度、抗撕裂、抗老化，又要具有防水、速干等特性。

这项运动专业化要求较高，不仅要拥有水上滑板的相关技能和风筝放飞的掌控技能；还要有良好的身体素质、过硬的心理素质和游泳技能。鉴于这项运动存有相当的危险性，在此只对该项目做简单介绍，但不建议大家去练习。

思 考 题

1. 简述风筝的起源。
2. 试述一种风筝的扎制方法。

第十七章

传统养生理论与方法

第一节　传统养生理论概述

传统养生功法是我国古代人们创造出来的一种关于人类生命自我养护、改善的方法。传统养生功法历史悠久，源远流长，它产生于中华民族的沃土之中，是华夏儿女源于对生命的理解和认识。在长期的演变和发展中，传统养生功法受到中国传统哲学、医学及儒、道、佛等各家思想的影响，并经过千百年的养生实践，逐渐积累成丰富的养生文化，是古代的养生学说与强身健体的锻炼方法相结合的民族文化遗产。传统养生功法通过人体自身的姿势调整、呼吸锻炼和意念控制，使身心融为一体，能增强人体各部分机能，诱导和启发人体内在潜力，起到防病、益智、延年的作用。

养生，又称摄生，旨在通过调养精神和形体来增强体质，治疗疾病，保持健康，达到延年益寿的目的。古人认为，人的健康状况，取决于人体正气的盛衰。传统养生功法锻炼是通过姿势的调整、呼吸的锻炼、心神的修养来疏通经络、活跃气血、协调脏腑、平衡阴阳，从而起到锻炼真气、培育元气、扶植正气的作用，达到抵御外邪、祛病强身的目的。整体观是中医理论的指导思想，同样适用于传统养生功法。“天地一体”“五脏一体”“天人相应”等理论认为，宇宙是一个整体，人体五脏也是一个整体。人生活在宇宙之中，与天地相应，人的生命活动、生理变化与大自然的整个运动联系在一起，自然界的运动变化常常影响人体，而人体受自然界的影响也可能会产生生理或病理上的反应。因此，人们必须善于掌握自然界的变化，顺从天地之和，才能较好地进行守神、调息和形体的锻炼，达到强身治病、延年益寿的目的。传统养生功法的作用不是强调发展身体某部分机能或治疗某种疾病，而是通过调身、调息和调心的综合锻炼，达到增强中枢神经系统功能、增强机体的抵抗能力和适应能力。练功要求的松弛机体、宁静思想、意守丹田和调整气息，都是整体锻炼的方法。通过这些锻炼，可以改善睡眠、增加食欲，使人精力充沛、正气旺盛。不少体弱多病者，就是在身体内部力量逐渐充实的基础上，摆脱了病理状态，增强了体质，提高了健康水平。毫无疑问，这与传统养生功法的整体作用是分不开的。传统养生功法是一种自我身心锻炼的运动，它依靠自身锻炼，使习练者掌握一定的方法和要领，逐渐获得效果，从而战胜疾病，增进健康。传统养生功法不仅锻炼价值高，而且内容丰富，形式多样，不同的功法有着不同的动作结构、技术要求、风格特点和运动量，不受年龄、性别、体质、时间、季节、场地和器械的限制，人们可以根据自己的需要和条件，选择合适的项目而进行锻炼。

第二节　传统养生功法基本技术

一、八段锦

八段锦完整演练示范

预备式：

并步站立，臂垂于体侧，目平视（图 17-2-1）。

图 17-2-1　预备式

第一式：两手托天理三焦

两臂外旋，两掌五指分开交叉于腹前，掌心向上；目平视，两腿挺膝伸直，同时，两掌上托于胸前，随之两臂内旋向上托起，掌心向上，目视两掌；两臂继续上托，肘关节伸直，同时，下颌内收，动作略停，目视前方；重心缓缓下降，两腿膝关节微屈，同时，两手分开，两臂向身体两侧下落，两掌捧于腹前，掌心向上，目视前方（图 17-2-2）。此式一上一下为一次，共做 6 次。

图 17-2-2　两手托天理三焦

易犯错误：两掌上托时，抬头不够，至上举时松懈断劲。

第二式：左右开弓似射雕

重心右移，左脚向左开步站立，两膝关节自然伸直，同时，两掌向上交叉于胸前，左掌在外，两掌心向内，目视前方；两腿屈膝半蹲成马步，同时，右掌屈指成“爪”，向右拉至肩前，左掌成八字掌，左臂内旋，向左推出，与肩同高，坐腕，掌心向左，犹如拉弓射箭之势，动作略停，目视左方（图 17-2-3）。右式与左式动作相同，唯方向相反。此式一左一右为一次，共做三次。

易犯错误：端肩，弓腰，八字脚。

图 17-2-3　左右开弓似射雕

第三式：调理脾胃须单举

两腿徐缓挺膝伸直，同时，左掌上托，臂外旋上穿经面前，随之臂内旋上举至头左上方，肘关节微屈，掌心向上，指尖向右；右掌微上托，随之臂内旋下按至右髋旁，掌心向下，指尖向前，动作略停。目视前方，松腰沉髋，重心缓缓下降，两膝关节微屈。同时，左臂屈肘外旋，左掌经面前下落于腹前，掌心向上；右臂外旋，右掌向上捧于腹前，掌心向上，两掌指尖相对，相距约 10 厘米，目视前方（图 17-2-4）。右式与左式动作相同，唯方向相反。此式一左一右为一次，共做三次。

易犯错误：掌指方向不正，肘关节没有弯曲度，上体不够舒展。

图 17-2-4　调理脾胃须单举

第四式：五劳七伤往后瞧

两腿挺膝伸直，同时，两臂伸直，掌心向后，指尖向下。目视前方，上动不停，两臂外旋，掌心向外，头向左后转，动作略停，目视左斜后方；松腰沉髋，重心缓缓下降，两膝关节微屈，同时，两臂内旋按于髋旁，掌心向下，指尖向前，目视前方（图 17-2-5）。右式与左式动作相同，唯方向相反。此式一左一右为一次，共做三次。

易犯错误：上体后仰，转头与旋臂不充分。

图 17-2-5　五劳七伤往后瞧

第五式：摇头摆尾去心火

重心左移，右脚向右开步站立，同时，两掌上托与胸同高时，两臂内旋，两掌继续上托至头上方，肘关节微屈，掌心向上，掌指相对，目视前方；两腿屈膝半蹲成马步，同时，两臂向两侧下落，两掌扶于膝关节上方，肘关节微屈，小指侧向前，目视前方；重心向上稍升起，随之重心右移，上体向右侧倾、俯身，目视左脚；重心左移，同时，上体由右向前、向左旋转，目视右脚；重心右移成马步，同时，头向后摇，上体立起，随之下颌微收，目视前方（图 17-2-6）。右式与左式动作相同，唯方向相反。此式一左一右为一次，共做三次。

易犯错误：摇转时颈部僵直，尾闾摇动不圆活，幅度小。

图 17-2-6　摇头摆尾去心火

第六式：两手攀足固肾腰

两腿挺膝伸直站立，同时，两掌变指尖向前，两臂向前、向上举起，肘关节伸直，掌心向前，目视前方；两臂外旋至掌心相对，屈肘，两掌下按于胸前，掌心向下，指尖相对，目视前方；两臂外旋，两掌心向上，随之两掌掌指顺腋下后插，目视前方；两掌心向内沿脊柱两侧向下摩运至臀部，随之上体前俯，两掌继续沿腿后向下摩运，经脚两侧置于脚面。抬头，动作略停，目视前下方；两掌沿地面前伸，上体起立，两臂随之抬起，两臂伸直上举，掌心向前，目视前方（图 17-2-7）。此式一上一下为一次，共做 6 次。

图 17-2-7　两手攀足固肾腰

易犯错误：两手向下摩运时低头，膝关节弯曲；向上起身时，起身在前，举臂在后。

第七式：攒拳怒目增气力

重心右移，左脚向左开步，两腿屈膝半蹲成马步，同时，两掌变拳抱于腰侧，拇指在内，拳眼向上，目视前方；左拳缓慢用力向前冲出，与肩同高，拳眼向上，目视前方，左臂内旋，左拳变掌，虎口向下，目视前方；左臂外旋，肘关节微屈，同时左掌向左缠绕，变掌心向上后握拳，拇指在内，目视前方；左臂屈肘，左拳回收至腰侧，拳眼向上，目视前方。右式与左式动作相同，唯方向相反（图 17-2-8）。此式一左一右为一次，共做三次。

图 17-2-8　攒拳怒目增气力

易犯错误：冲拳时上体前俯，端肩，掀肘；回收时旋腕不明显，抓握无力。

第八式：背后七颠百病消

两脚跟提起，头上顶，动作略停，目视前方；两脚跟下落，轻振地面，目视前方（图 17-2-9）。此式一起一落为一次，共做 7 次。

易犯错误：上提时端肩，身体重心不稳。

收势（图 17-2-10）

图 17-2-9　背后七颠百病消

图 17-2-10　收势

二、按摩拍打功法

按摩拍打功法是运用自身的力量对身体某一部位或全身进行按摩、点穴、拍击的导引养生保健功法。推拿在古代称为按摩、按跷。推拿是人类最古老的一种疗法，又是一门年轻的医疗学科。

自我推拿的手法有推、拿、按、摩、压、擦、揉、捏和点等，这些都是人们日常生活中经常使用的动作，然而手法的优劣直接关系到治疗和保健的效果。熟练的手法应该符合持久、有力、均匀、柔和的基本要求。“持久”，是指手法能持续运行一定时间，保持动作和力量的连贯性；“有力”，是指手法必须具备一定的力量，这种力量也要根据操作对象、施治部位、手法性质而定；“均匀”，是指手法动作的节奏性和用力的平稳性，动作不能时快时慢，用力不能时轻时重；“柔和”，是指手法动作的稳柔灵活及力量的缓和，使手法轻而不浮，重而不滞。以上4个方面是相辅相成、互相渗透的。

自我推拿，易学易行，不需要他人帮助，不受时间、地点限制，安全平稳，无任何副作用，男女老少皆宜。下面介绍的几类方法，是在传统方法的基础上进行整理汇编而成的。习练者可以根据自身的情况选择练习。在练习时，既可整套练习，也可选择几个动作重点练习，以求取得最佳的效果。经常练习能够起到疏通经脉、调和气血、滑润关节、强壮筋骨和增强内脏功能的作用。

（一）头部按摩

头部为人体十二经脉阳经汇集处，是“诸阳之会”。头部按摩可以醒神开窍、调和营卫、疏通经络，提高人体免疫力，促进疲劳消除，增强脏腑功能。

（1）两掌相叠，掌心向里，按压在头部前额处，先顺时针方向旋转9~18次，再逆时针方向旋转9~18次。

（2）两手向上后移至头顶（百会穴）和后脑（脑户穴），按同样方法和次数分别进行操作。

（3）两手分开，掌根分别按压在颞部（太阳穴），按上述方法和次数进行操作。

作用：提神醒脑，益智宁神，平衡阴阳，平肝潜阳。适用于头晕头痛、外感风寒、神经衰弱、脑力疲劳和中气下陷等症。

（二）齿部按摩

（1）上下牙齿叩击，先叩击门牙9~18次，再叩击磨牙9~18次。

（2）用一手食指桡侧按在嘴唇外侧，如刷牙状，左右来回按摩齿根部，先上后下，做9~18次。

作用：叩齿能宁神定志，帮助大脑入静、集中思想。平时叩齿可固齿防脱，预防牙疾。

（三）舌部按摩

（1）搅海。舌前部在牙齿内外上下各运转9~18次，再前后鼓漱9~18次。

（2）咽津。将所产生的津液（唾液）分三次，徐徐咽下。

作用：促进唾液分泌，增进消化功能，预防口腔疾病。适用于脾胃虚弱、消化不良、口苦口臭等症。

（四）眼部按摩

（1）用拇指或食指、中指指腹分别按揉眼眶周围的睛明穴、四白穴、攒竹穴、瞳子穴、太阳穴和风池穴，各9~18次。

（2）轻闭双目，两眼球先顺时针转动9~18次，再逆时针转动9~18次。

（3）两眼向前凝神远望半分钟左右。

（4）两掌心相搓至热，掩在两目上，熨目1~3分钟。

作用：消除眼睛疲劳，增进视力，明目开窍，预防眼疾。适用于近视眼、晶状体混浊、青光眼等症。

（五）鼻部按摩

用两中指指腹，沿鼻梁两侧，上推至鼻根部，下按至迎香穴，来回 9～18 次。然后按揉迎香穴 9～18 次。

作用：增强上呼吸道抵抗力，防治感冒和鼻炎。

（六）耳部按摩

（1）用中指指腹上下摩擦耳门穴 9～18 次。

（2）以拇指指腹和食指桡侧面捏住耳轮上部，从上到下摩运，当手摩运到耳垂时，稍用力向下拉，共 9～18 次。

（3）两手掌心分别按着两耳孔，指尖向后，中指放于后脑部，食指从中指上滑下弹击后脑枕部 9～18 次，做“鸣天鼓”状，使耳中听到“咚咚咚”的击鼓声。

作用：聪耳守神，益智开窍。可防治耳鸣、耳聋、头昏、头痛等症。

（七）面部按摩

两掌心搓热，贴在面部，向上平推至头顶，由后脑绕耳根再回到面部，做 9～18 次。

作用：消除疲劳，宁神醒脑，美容养颜。

（八）四肢躯干部按摩

（1）摩项。两手十指交叉互握，用掌心从后脑部向下擦按至大椎穴处，上下摩项 9～18 次，然后再左右摩项 9～18 次。

作用：预防颈椎骨质增生，改善脑部血液循环，有平肝潜阳，下降血压的功效。

（2）浴臂。将手心搓热，然后一手放在另一手臂上，沿手臂内侧由肩部向下摩擦至腕部，再沿手臂外侧由腕部向上擦摩至肩部。即沿手三阴经出，顺手三阳经进。两臂交换进行，各 9～18 次。

作用：加强手三阴、手三阳之经气，有疏经活络之功效。可防治风湿痹痛，滑润关节。

（3）摩胸。两掌相叠，掌心轻按胸部，先顺时针方向转圈按摩 9～18 次，再逆时针方向转圈按摩 9～18 次，也可配合呼吸，两手由下向上绕时吸气，由上向下绕时呼气。

作用：舒肺解郁，宽胸利气，强心益气。

（4）摩腹。两掌相叠，掌心放于腹部，先顺时针方向绕脐点转圈按摩 9～18 次，再逆时针方向绕脐点转圈按摩 9～18 次，也可配合呼吸，由下向上绕时吸气，由上向下绕时呼气。

作用：健脾助运，和胃宽肠，理气止泻。对脘腹胀满、食积不化、便秘腹痛等实症，按顺时针方向按摩；而对脾虚泄泻、中气下陷等虚症，则按逆时针方向按摩。

（5）擦腰眼。将手心搓热，然后两手置于身后，掌根部放在腰后肾俞穴的位置，上下来回摩擦 9～18 次。

作用：补肾强腰，疏通带脉。若治疗腰肌劳损等症，可增加摩擦次数。

（6）浴腿。将手心搓热，然后一手放在大腿外侧，另一手放在大腿内侧，从大腿根部到脚踝部上下来回推按摩擦 9～18 次，两腿交换进行。

作用：疏通足三阴和足三阳经脉，加强经气的流通，改善下肢的血液循环，消除肌肉疲劳，强壮筋骨，丰满肌肉。

（7）擦脚底。将手心搓热，然后用掌心摩擦对侧脚底涌泉穴 36 次，两脚轮换进行。

作用：镇静息风，清心安神。劳宫穴和涌泉穴是心包经和肾经的重要穴位，掌擦涌泉穴可起到心肾相交、水火相济的作用。可防治失眠、耳鸣和头痛等症。

思考题

1. 试述传统养生功法的锻炼价值。
2. 选择一种自我推拿手法，试述其动作要领。

参考文献

[1] 刘传进，朱礼金．体育与健康［M］．2版．北京：高等教育出版社，2015.

[2] 李建英，王黎明．大学体育与健康课程［M］．北京：人民体育出版社，2002.

[3] 赵健．中老年体育健身理论与方法［M］．济南：济南出版社，2007.

[4] 樊小兵，吴红雨，李凤雷．大学体育教程［M］．北京：北京邮电大学出版社，2010.

[5] 杜建国，刘振堂，耿道熙．大学生体育与健康［M］．成都：西南交通大学出版社，2014.

[6] 王萍．大学体育与健康教育［M］．天津：天津科学技术出版社，2009.

[7] 关月玲．体育锻炼常识［M］．咸阳：西北农林科技大学出版社，2012.

[8] 邓树勋，陈小蓉．现代大学体育理论与实践［M］．广州：广东高等教育出版社，2010.

[9] 杨磊．大学体育与健康教程［M］．北京：北京体育大学出版社，2016.

[10] 乔德旭．高校体育理论教程［M］．北京：北京大学出版社，2010.

[11] 康江龙．新编实用体育与健康教程［M］．成都：西南交通大学出版社，2010.

[12] 赵光圣，刘宏伟．跆拳道运动教程［M］．北京：高等教育出版社，2015.

[13] 赵健，耿道熙，闵凡亭．大学体育［M］．北京：高等教育出版社，2017.

[14] 蒋效愚．落实党的二十大决策布署 加快建设体育强国［N］．中国体育报，2023-5-8(7).

郑重声明